CONTIGO APRENDÍ

PROYECTO DIDÁCTICO QUIRÓN
EDUCACIÓN INFANTIL

Mari Carmen Díez Navarro

CONTIGO APRENDÍ
Miradas y reflexiones de una maestra
acerca de la educación y la crianza

Ediciones de la Torre
Madrid, 2024

Los relatos que componen los capítulos de este libro han sido publicados en diferentes medios. La mayor parte han salido en el *Diario Información* de Alicante. Algunos en *Márgenes*, Revista de Educación de la Universidad de Málaga: «Un tutorial no es un maestro», «Lo que nos chirría», «De prácticas y teorías» y «Practicando en la escuela infantil». En la revista *Aula de Infantil*, se publicó "Prohibidos los chupetes". Y en la revista *Quehacer Educativo*, apareció «Hagamos escuelas en las que se desee estar».

©
De la obra:
Mari Carmen Díez Navarro
De esta edición:
EDICIONES DE LA TORRE
Espronceda, 20 - 28003 Madrid
Tel.: 689 050 191
info@edicionesdelatorre.com
www.edicionesdelatorre.com
Primera edición: abril 2024
ET Index: 673DQI11
ISBN: 978-84-7960-796-8
Depósito Legal: M-6310-2024
Impreso en España / *Printed in Spain*
Gráficas Ulzama
Huarte (Navarra)

Dedico este libro a todos los alumnos
y alumnas que he tenido a lo largo de mi vida.
Ellos me han enseñado a ser maestra, a escuchar,
a mirar y a acompañar aprendizajes, relaciones
y afectos. Mi agradecimiento más sentido.

ÍNDICE

PRÓLOGO

Contigo aprendí
Que existen nuevas y mejores emociones
Contigo aprendí
A conocer un mundo nuevo de ilusiones
Aprendí
Que la semana tiene mas de siete días
A hacer mayores mis mejores alegrías
Y a ser dichosa yo contigo lo aprendí
Contigo aprendí
A ver la luz del otro lado de la luna
Contigo aprendí
Tu tez dichosa no la cambio por ninguna
Aprendí
Que puede un beso ser mas dulce y mas profundo
Que puedo irme mañana mismo de este mundo
Las cosas buenas yo contigo las viví
Y contigo aprendí
Que yo nací el día en que te conocí
ARMANDO MANZANERO

Mari Carmen hizo el prólogo de mi libro «Pensando en la infancia», iniciándolo con una samba titulada «El eterno aprendiz» y yo hoy tengo el honor de invitarla a bailar con el bolero de Armando Manzanero «Contigo aprendí». Y es que la música siempre estuvo en nuestras vidas, en nuestras aulas, en la educación de esta etapa tan esencial que es la Educación Infantil. Y el aprendizaje siempre fue protagonista de nuestro quehacer educativo frente al llamado proceso de enseñanza. Porque pusimos el acento más en quien aprende que en quien enseña. Eduardo Galeano nos mostró que la vida es un fueguito que brota desde dentro. Las maestras y los maestros solo debemos poner las condiciones para que el fuego prenda en cada uno de los corazones de la chiquillada.

Este libro tan especial me recuerda todo eso que yo aprendí de Carmen Díez. He tenido el privilegio de mejorar como maestro con todas sus publicaciones, conferencias, cartas, encuentros y conversaciones. Mari Carmen Díez Navarro es un referente, no solo para mí, sino para todo el profesorado de Educación Infantil de este país y parte de Sudamérica, y ha sido una guía para que muchas escuelas infantiles se vuelvan más saludables, sensibles y amables con la infancia.

Mari Carmen, contigo aprendí a escuchar a los niños con esa «oreja verde» que tú nos regalaste. Contigo aprendí a poner el alma en la mirada de la infancia. Contigo aprendí a escudriñar en «el piso de abajo» de las niñas y niños del aula, allá donde se forjan los afectos y las emociones. Contigo aprendí a hacer arte con cualquier objeto cotidiano que tiramos a la basura. Contigo aprendí que los cuadernos de aula no deben ser «del todo pedagógicos», sino que deben estar llenos de vida. Contigo aprendí que, no sólo educamos, sino que somos generadores de salud, bienestar y vida. ¡Contigo aprendí tantas cosas!

Mari Carmen, con este libro también pones en valor (que así se dice ahora) toda tu historia de niña, lo que te enseñaron tu madre, tu padre, tus abuelos o tus vecinas. Reconoces la influencia que tuvieron en ti, como maestra, esos cuentos, canciones, juegos, historias y experiencias de tu niñez. Es por ello por lo que con este libro también tú puedes decir «contigo aprendí» a todos los antepasados que te ayudaron a crecer. Y nos dejas un mensaje educativo que no debemos obviar: recuperar todo lo vivido y disfrutado de nuestra niñez que es el mejor material con el que podemos enseñar. Porque educamos con lo que aprendimos, con lo que sentimos, con lo que vivimos… en fin, con lo que somos.

El caso es que yo aprendí que Mari Carmen aprendía de las niñas y los niños, mientras ellos aprendían de ella. Su alumnado la recuerda siempre y ella lo recoge en estas páginas, ahora que ya son médicos, ingenieras, maestros o abogadas… y siempre personas. Con ella aprendieron mil historias, cada cual cosas distintas. Porque, como buena maestra, siempre respetó la diversidad en el aula, mucho antes que la diversidad fuera palabra sagrada, ella siempre profesó que cada cual aprende a su forma y manera, que somos diferentes y que cada quien tiene su fueguito que le arde por dentro en su momento y a su manera, y es necesario respetar el deseo y el entusiasmo, porque ese es el motor que nos mueve en la vida.

Este libro nos muestra lo esencial que podemos aprender de Mari Carmen, porque está lleno de vivencias desde la experiencia cotidiana del aula, desde el recuerdo que la emoción deja grabada en la memoria, con experiencias y actividades cotidianas que nos transportan a la esencia del aprendizaje y a la construcción de personas saludables.

El libro está estructurado en tres partes tituladas: Aprender, Criar y Convivir. Podría haberlo titulado: enseñar, educar y socializar, pero no es lo mismo. Porque Mari Carmen siempre huyó de las palabrejas psicológicas y pedagógicas para narrar lo que pasaba en su aula; por eso siempre utiliza palabras comprensibles, sentidas y, a la vez, profundas. Emplea un vocabulario más cercano a la música que a la racionalidad científica. Y es, quizás por eso, que su enseñanza se nos cuela en el alma.

Y cuando en la primera parte habla de aprender, cuenta mil historias que pasaron en su aula de las que hace reflexiones profundas mientras su alumnado juega en el patio. Y realiza narraciones singulares sobre las actividades cotidianas que acontecen en el aula de infantil, como contar cuentos, recitar poesías, jugar o trabajar en los «ricos talleres». Y siempre con la emoción presente. Y es que como ella dice: «enseñar y aprender son verbos muy afectivos».

Y cuando en la segunda parte escribe sobre criar, analiza con palabras sencillas y ejemplos cotidianos la complejidad de esta sociedad tan contradictoria en la que vivimos y los problemas que genera en el alumnado; y plantea que también debemos intervenir desde la escuela sobre las dificultades que la sociedad plantea. Explica con palabras coloquiales cómo afrontar la muerte, las separaciones, los límites, la violencia, las excesivas pantallas o los conflictos que a diario contempla la infancia. Además, critica cada *modernura* que nos llega con nombres supuestamente científicos que quieren dar soluciones definitivas a los problemas de la escuela, pero que solo ponen luces de neón a lo que se ha hecho toda la vida de forma natural.

Y cuando en la tercera parte nos habla de convivir nos narra historias de su colegio en las que comprendemos que nadie se educa solo, que la educación solo es posible desde el convivir de los seres humanos; porque nos construimos juntos, con las demás personas. Por eso en su aula siempre organiza encuentros, asambleas y discusiones compartiendo pareceres sobre cualquier tema. Pero, sobre todo, escribe, reescribe y argumenta de mil maneras, con citas y anécdotas por doquier, que la Educación infantil es la etapa más importante de la vida. Cuando habla del convivir también trata sobre cómo nos educamos fuera de la escuela; con el cartero, con los juegos y cuentos de la abuela, con la vida familiar, con las pantallas y los videojuegos, porque convivimos con todo lo que nos rodea y ahí radica la complejidad de la formación de la infancia en este mundo tan complejo. Ya se sabe que educa toda la sociedad con sus valores y sus miserias.

Ya conocíamos que Mari Carmen tiene una oreja verde, como la que describió Rodari, capaz de escuchar el lenguaje de la infancia, pero en este libro, además, tiene una mirada especial, capaz de escudriñar cualquier movimiento o conversación de la chiquillada, ya sea en clase, en un tren o mirando por la ventana a la vecindad. Por eso debemos aprender de ella, porque antes de dar soluciones a los problemas ha realizado un buen diagnóstico sobre la realidad de la infancia con su oreja verde y su atenta mirada.

Gracias, Mari Carmen, por seguir regalándonos libros como quien regala flores, para que podamos seguir oliendo a azahar y a jazmín, mientras decimos al unísono: ¡contigo aprendí!

Gracias por regalarnos este libro con el que seguiremos aprendiendo de ti.

CRISTÓBAL GÓMEZ MAYORGA
«El eterno aprendiz»

A MODO DE ENCUADRE:
NARRATIVIDAD, EXPERIENCIA Y EDUCACIÓN

Querida lectora, querido lector:

Cada uno de los relatos que contiene este libro posee vida propia, de manera que se dejan leer por separado. Aunque, claro, la obra ha sido pensada en su conjunto con una cierta unidad. Cada relato, podríamos decir, está emparentado con el resto formando una familia de historias. Así que estas primeras líneas buscan hacer las presentaciones.

Entonces, nos gustaría que entendieras que este encuadre no deja de ser un puñado de reflexiones que tienen el propósito de inaugurar la lectura. Y como cada lector es soberano (ya nos lo contó Daniel Pennac…), puedes elegir comenzar a leer por dónde te parezca (¡solo faltaba!).

¿Qué creemos que podría aportarte comenzar por aquí? ¿Sobre qué tratamos de pensar como parte de esa invitación a sumergirte en la obra?

Si tuviéramos que sintetizarlo, diríamos que se trata de hablar del poder de las historias en un doble sentido. El primero, porque como dijo Eduardo Galeano, estamos hechos de ellas, de tal modo que constituyen la materia prima de nuestra identidad. Seguidamente, estamos en disposición de decir que esto también ocurre en la vida educativa, en las labores de crianza y de enseñanza. Así que, para adentrarte en un libro de relatos, en esta historia de historias, quizá resulte de interés reparar brevemente en algunas ideas a propósito de la narratividad de la experiencia y de la educación.

* * *

No descubrimos nada nuevo si afirmamos que nos pasamos la vida contando(nos) historias. En el lenguaje común tenemos varias expresiones que dan cuenta de ello. «Si yo te contara…», «espera que te cuente y verás…» o «no sabes lo que me han contado…» son algunas de ellas, y nos dejan ver, precisamente, que vivimos permanentemente relatando vivencias. Algunas más prosaicas que otras, eso sí, aunque ello no quite que, como dice Nancy Houston (2017), podamos ser catalogados como una especie fabuladora.

Decir esto (que somos una especie fabuladora) o como lo han expresado en repetidas ocasiones Jean Clandinin y Michael Connelly, que somos una especie contadora de historias, no es solo un modo poético de nombrar las conversaciones que mantenemos a propósito de nuestras vivencias. Contamos historias y llevamos vidas relatadas porque así es como damos sentido a nuestra experiencia (Bruner, 2019). Porque componer versiones narradas de lo vivido es el modo en que los seres humanos experimentamos el mundo.

Fíjate

Nos despertamos angustiados tras una noche agitada y sentimos el impulso de tratar de ordenar los retazos de esa pesadilla, antes de que se nos escapen como humo entre las manos. Regresamos de una cita y nuestra compañera de piso nos pide que le contemos qué tal ha ido todo («¡Cuenta, cuenta!»). Una pareja rememora en su aniversario de bodas las aventuras y desventuras de la celebración («¿recuerdas cómo bailaba tu tío Luis?»). Nuestro hijo nos pide que volvamos a contarle cómo fue la noche en que nació (¡Cuéntame lo de cuando llegaron los abuelos!). Regresamos de un viaje y no paramos de criticar a aquel taxista que nos timó de camino al aeropuerto…

¿Y qué ocurre con nuestra vida en la escuela? Pues que aquello que vivimos cada día en ella, como en la vida misma (¿acaso la escuela no es también la vida?), se deja pensar bajo esta perspectiva narrativa. No nos referimos a que tengamos que andar a la caza de episodios extraordinarios (¿y si a mí «no me ha pasado nada reseñable» en la escuela?), sino al hecho de que lo que (nos) pasa en la experiencia educativa es vida que se vive y conformación subjetiva a partir de ese vivir (Contreras, 2016); y que sus sentidos se conforman y se dejan pensar a partir de las historias que nos contamos, pues «tanto los profesores como los alumnos son contadores de historias y también personajes en las historias de los demás y en las suyas propias» (Connelly y Clandinin, 1995, p. 12).

Una maestra cercana a su jubilación recuerda, mientras conduce a casa, su primer destino («Parece que fue ayer…»). Un padre y su hijo caminan hacia la escuela, preguntándose cómo es que la luna aún sigue visible en el cielo. Marta y Pedro observan detenidamente un polluelo muerto en el patio de la escuela, entre espantados y morbosos. El profesor Juan se sonríe cuando descubre que Alonso, aquel chico tan díscolo, lleva varios días preocupado porque su compañera de mesa, Lucía, está faltando a clase. Mercedes regresa a casa con su madre contándole lo mucho que le ha gustado que la seño les haya traído unas mandarinas para desayunar. La clase de 4º B ha tenido la oportunidad de leerles unas divertidas rimas de Gloria Fuertes a los más pequeños, y regresan a su aula emocionadísimos. El conserje mira el reloj y, mientras se retira el sudor de la frente, piensa que queda poco para que el curso finalice.

Esa vida que se vive en la escuela está llena de momentos que constituyen experiencias sustanciosas: los primeros días… y los últimos. La primera vez que… Sentirse cerca (o bien lejos). Enfadarse. Recibir un regalo. Percibir que le importas a tu seño. ¡Aprender a sumar tú solo! Sufrir en silencio porque no sabes leer y sientes que te tocará pronto. Oler el perfume de la maestra o sorprenderte con su nuevo corte de pelo… De hecho, hace ya varias décadas que hablamos del currículum, no exclusivamente para referirnos a las prescripciones normativas que enmarcan la experiencia educativa, sino precisamente, como currículum vivido y las historias que componemos a partir de ese vivir (Martín, Blanco y Sierra, 2019).

Esa noción de currículum nos recuerda que enseñamos y aprendemos dentro de relaciones que están vivas, que difícilmente pueden ser encorsetadas ni sujetas a normas. Por ello, las historias que nos contamos —y que a veces pueden resultar irrelevantes en el sentido más estricto de lo escolar o académico—, constituyen mucho de lo importante en términos de subjetivación. Y al ser rescatadas (compuestas) por la narración, nos ayuda a seguir dando forma a un mundo común.

¿Por qué comenzar con una carta?

Hablar de narrativas a través, no tanto de un ensayo al uso, sino de una carta, es toda una declaración de intenciones. Dicho de otro modo, una carta constituye un registro que, en continuidad con la naturaleza de esta obra, resulta en sí mismo una invitación a sumergirnos en aquello que se trata de explicar.

El género epistolar propone un contexto ciertamente íntimo de conversación, y es que una carta te habla casi al oído. De tal manera que las ideas que se van desplegando tienden a acomodarse en nuestra mente y en nuestro corazón, pues solemos buscarles acomodo a aquellas palabras amables que nos toman en serio.

Decimos que el escritor se dirige al lector, generando una estructura de cordialidad que favorece una cierta expectación, porque nos invita abiertamente a poner algo de nuestro lado, acogiendo lo que nos llega. En este sentido, una carta es un texto con una tonalidad que necesitamos explicárnosla apelando no a lo que vemos, sino a lo que oímos; pues los relatos, cuando son logrados, preservan algo del ritmo de la vida, que se traspasa a las letras[1].

Algo así ocurre cuando leemos textos experienciales. Al leer relatos, en nuestra mente van cobrando forma ideas que se vehiculan a través de episodios personales y que, a su vez, permiten ir captando el significado más profundo de las ideas. Por eso podemos llegar a decir que escuchamos con nosotros mismos, a partir de nuestro relato (Contreras, 2013, p. 65). Y es que como nos recuerdan McEwan y Egan (1998):

> Una narrativa, y esa forma particular de narrativa que llamamos relato, trata no sólo de los hechos, ideas o teorías, o hasta de sueños, temores y esperanzas, sino de hechos, teorías y sueños desde la perspectiva de la vida alguien y dentro del contexto de las emociones de alguien. Es conveniente recordar que todo el conocimiento que tenemos ha sido obtenido en el contexto de la vida de alguien, como un producto de las esperanzas, los temores y los sueños de alguien. Al concentrarnos en las narrativas en educación alentamos la esperanza de devolver así al contenido del currículum, y a otros aspectos de la enseñanza y el aprendizaje, las emociones humanas; sólo ellas, en efecto, pueden brindarnos significación y realización. (p. 11)

En todo caso, no solo se trata de una cuestión de cortesía o de un mero truco narrativo. Comenzar con una carta para apelar a la cualidad narrativa del sentido de la experiencia, es también una vía de acceso, un pasaje. ¿Hacia dónde? Bien, hacia la posibilidad de ir conformando un pensamiento pedagógico más elaborado, más reflexivo, más crítico, que tome como punto de anclaje la experiencia[2]; la de quien narra

¿Qué historias encontrarás, querido lector?[1]

---

[1] La obra de María Zambrano y su razón poética es una referencia ineludible a propsito de esto. Podemos señalar también que hay una discusión abierta a propósito de la disolución de las fronteras entre las humanidades y las ciencias sociales, y entre estas y ciertas formas de expresión ensayísticas y artísticas, dentro de lo que conocemos como investigación poscrítica (Hernández y Revelles, 2019).

[2] A lo largo de estas páginas, el término experiencia posee un carácter restringido, refiriéndonos en su sentido fenomenológico a la elaboración reflexiva de nuestras vivencias (Van Manen, 2003; Contreras y Pérez de Lara, 2010). y la nuestra. Pues como contaba la cita anterior, los relatos —también los que componen el grueso de esta obra— no son un producto que hable sólo, sino que los hacemos hablar, dándole un nuevo presente. Pues como decía Emilio Lledó (2011),

Vayamos ahora a los relatos en sí. Este libro que has comenzado a leer sigue muy claramente la senda que vamos describiendo. Es un libro de historias sobre educación y crianza que nos sumerge, ya desde sus primeras páginas, en un tejido narrativo que nos invita a pensar en nuestras propias historias; como hijas e hijos, como estudiantes, y puede que también como maestras y maestros (futuros o presentes) —un pensar con las historias y entre las historias.

Aquí encontrarás historias que abordan, entre otros, estos temas: la función del maestro, la sobreestimulación, el acercamiento al arte, los temas trascendentes, las huellas de la belleza, la importancia de la escucha, los diferentes modelos educativos, los avatares del vivir: alegrías, vínculos, desencuentros, celos, separaciones, pérdidas. También se habla en él del fenómeno de la adultización, de la permisividad, de la omnipresencia de las pantallas, del estrés, de la no tolerancia a la frustración, de los derechos de los niños y niñas, de la prevención, de los cuentos, de la creatividad, de la relación entre la práctica y la teoría, y hasta de la jubilación.

Veréis que unas veces las historias se cuentan en primera persona y otras se piensan desde un colectivo. Algunas hablan de tiempo atrás, otras de hoy mismo. Leeréis narraciones en las que los protagonistas son los niños, las familias, los abuelos, las visitas, la ciudad, la cultura… Todo un compendio de vida, de vínculos y de relaciones formando una trama flexible, juguetona e inquieta.

La narrativa de la autora incluye el reflejo de sus sentimientos en los escritos, algo poco habitual en la literatura pedagógica. Y es precisamente esta particular forma de relatar la que puede ampliar el ángulo de mira de los lectores, ofreciéndoles unas resonancias emocionales que, poco a poco, se van acostumbrando a tener en cuenta a la hora de analizar. Si pensamos que lo afectivo siempre está presente en las relaciones y los encuentros o desencuentros que se dan en el ámbito escolar, veremos la conveniencia de meternos en este lenguaje que da paso al sentir, y que no quita rigurosidad, sino que añade la complejidad pertinente a la interpretación de los hechos.

Éste es, pues, un libro que invita a pensar y a sentir. Un libro que hace recordar a nuestros maestros y maestras, a nuestros alumnos y alumnas, que nos pone en la tesitura de acordar o discrepar, que nos hace partir de nosotros mismos. Un libro con las puertas abiertas a reconocer las propias maneras y a aprender de las de otros. Os invitamos a poneros en el lugar de la maestra y a

---

«Si nadie escribe por escribir, todo escrito lo es para un lector. Por consiguiente, cualquier obra reclama en su misma estructura temporal al futuro lector o al intérprete para quien, en el fondo, escribe». (p. 81).

discriminar si os identificáis, o no, con sus modos de reflexionar y de actuar. Contemplar la experiencia de otra persona desde el balcón de la lectura de sus palabras, facilita ir formando una nueva piel, reafirmar lo que uno piensa, plantearse alternativas, abrir nuestro campo de posibilidades como maestros.

J. Eduardo Sierra Nieto y Ester Caparrós Martín

Introducción:
Maíz y frijol

Hace un tiempo tuve ocasión de participar como ponente en una video-conferencia con cinco ciudades de México. Las salas estaban conectadas entre sí, y con nosotros, aquí en la universidad de Alicante. Y resultaba muy curioso ver a los asistentes tomar asiento, escuchar y preguntar, aún sabiendo que estaban tan lejos.

El acto de apertura se inició con las intervenciones de las autoridades académicas. A continuación venía mi charla, que versaba sobre la función del maestro en la escuela de hoy. Después hubo un coloquio con preguntas muy interesantes. Y para clausurar el encuentro, tomó la palabra el director de la Educación Normal en la Ciudad de México, que cerró con una hermosa reflexión basada en un hecho real que vivió en carne propia, y que, según dijo, rememoró a raíz de una de las preguntas que me fueron formuladas sobre las funciones de los inspectores en el entramado de las instituciones educativas.

La anécdota que explicó era preciosa y estaba tan cargada de humor, que quiero recoger a mi manera sus palabras por lo muy significativas que me resultaron, tanto en la forma, graciosa y chocante, como en el fondo, que me llevó a iniciar una reflexión en la que estoy sumida y que quisiera compartir en este escrito.

El director contó que en el tiempo en que era inspector de escuelas, lo que se estilaba era que los maestros prepararan sus visitas de tal modo que cuando él propusiera examinar a algunos niños haciéndoles preguntas sobre los temas que considerara convenientes, saldrían sólo los alumnos más aventajados, que estarían situados en las primeras filas, asegurándose así unos buenos resultados en la evaluación. Pero en una de estas visitas, al pedir el inspector algún voluntario, se ofreció un niño de los que menos sabían. Y por mucho que su maestro quiso disuadirlo, disimular y hasta taparlo, el niño se hizo oír, así que empezó a preguntarle:

—¿Cuántos son los artículos demostrativos?

—Dos, señor inspector.

—¿Dos? ¿Y cuáles son?

—El maíz y el frijol.

—Pero, ¿cómo dices eso? —saltó el maestro enfadadísimo al ver que lo estaba dejando en mal lugar.

—Lo digo porque así es, son los artículos más demostrativos de si se puede comer o no en una casa.

—¡Muy mal!, ¡estás totalmente equivocado! —insistió el maestro ya fuera de sí. Ante lo cual, el niño, que se sentía lleno de razón por su propia experiencia de vida, respondió indignado:

—¡Cuando yo sea mayor y lleve mi carro cargado, le voy a echar a usted todo el polvo del camino!

Y por lo visto, eso influyó de alguna manera en el futuro de ese niño, que en un momento dado fue director general de transportes del gobierno mexicano. Parece que logró echarle el polvo del camino a aquel maestro que lo tapó y que desmereció su sencillo modo de expresar la verdad. Porque ciertamente, sin frijol y sin maíz, está demostrado que poco se puede comer, y no sólo en aquel México lindo y querido, sino en cualquier otra parte.

Me impresionó esta historia llena de esas injusticias cotidianas que conocemos bien, porque esta vez tenía un final lleno de fuerza, de vitalidad y de esperanza. Y sin saber ni cómo, me encontré asociando aquella narración con mis propias vivencias, aunque con un giro que ni yo misma me esperaba. Me puse a pensar en los niños a los que he visto descubrir tempranamente sus preferencias o aficiones en sus primeros encuentros con los materiales, el arte, las palabras, las máquinas, la música... Siempre me han sorprendido esas chispas de ilusión recién estrenadas, y siempre me han causado profunda admiración. Ver nacer una pasión es algo muy hermoso.

Como he sido maestra durante 46 años, me ha dado tiempo a ver bastantes de estos «despertares» que se vislumbraban desde muy pronto en los juegos de mis pequeños alumnos y que yo al principio no comprendía suficientemente, porque no me percataba de la importancia que tenía para ellos, del placer que les despertaba, de sus posibilidades creativas. Lo que sentía era apenas una especie de intuición, de curiosidad, de asombro.

Han tenido que pasarme unos cuantos años por encima para que fuera atando cabos y viendo que esas sentidas predilecciones que mostraban algunos niños no eran simples caprichos, sino nacientes deseos de recorrer determinados caminos, que en muchos casos se han convertido en dedicaciones profesionales, en medios de vida, en auténtico disfrute y motivo de realización personal. Y quisiera ahora rescatarlos de mi memoria y de mis papeles. Aunque sea sólo para mi. Aunque sea para constatar este hallazgo. Aunque sea, sencillamente, por gusto.

Andrea

Cuando Andrea tenía cuatro años ya bailaba sin parar. Se fijaba en los pies de los padres bailarines que venían en el Mayo musical a deleitarnos con sus actuaciones. Copiaba a su abuela cuando bailaba las danzas de la Algueña. Me imitaba a mí en los ratos en que bailábamos en clase. Se movía felizmente al son de la batería de su padre, del piano, del violín y de cualquier melodía que le saliera al paso. Con el entrecejo fruncido, con los rizos al viento, con el placer instalado en su cuerpo menudo y sandunguero.

Un buen día vino a la escuela Josep Cortés, mi profesor de baile, a hacer una demostración de bailes de salón, y le pedí que la sacara a bailar ¡Aquello fue impresionante! ¡Seguía todos los pasos, los ritmos, las maneras! Sin haberlos aprendido de antemano, sin ensayos, solo con su deseo abierto.

De ahí a decirle a sus padres que esta niña estaba llamada a bailar no hubo nada. Y ahora después de muchos años de formación, ¡es una de las primeras bailarinas del Ballet de Basilea!

De vez en cuando viene a vernos a la escuela y les cuenta a los niños su historia apasionadamente. «¡Tenéis que hacer lo que más os guste!» les dice. «Así seréis felices… como lo soy yo».

Manolo

Manolo era un niño observador, tranquilo, ordenado, formal. Respetaba al pie de la letra las instrucciones de trabajo, las normas y las sugerencias. Y no solo de los adultos, sino también de sus propios compañeros, que se lo disputaban para jugar por su talante afable y por ser tan buena persona.

Y aunque siempre se le viera plácido y amable, era en las sesiones de juego libre y en los talleres, (en los que se podía escoger actividad y materiales), cuando Manolo se ponía resplandeciente. Porque en ellas se permitía el lujo de elegir lo que más le gustaba, que era planear y construir. Hacía casas, pueblos, ciudades, carreteras, puentes, caminos, barbacoas, jardines, parques y hasta gallineros.

Me acuerdo que tuve muchas dudas sobre si intervenir o no para sugerirle realizar otro tipo de actividades. Al final, algo le indiqué y entonces me dijo con una convicción que no le conocía, que no podía hacer lo que le estaba pidiendo. Le pregunté por qué y me dijo: «Es que tengo muchas cosas que construir». Y así es, hoy día es un arquitecto entusiasta y ocupadísimo.

Alba

A los cuatro años Alba era una niña dulce, serena, imaginativa y soñadora. Le gustaba dibujar, disfrazarse, jugar con la arena, acicalarse con las joyas del tesoro de clase, ver cuentos, bailar, aprender…

¡Y lo hacía todo cantando! Su voz amable, entonada y cristalina nos acompañaba siempre. Era un canto muy particular el suyo, un canto evocador, suave y dulce, metido hacia adentro, estilo susurro. Si te fijabas en sus ojos, veías que había un chispeo alegre cuando estaba cantando. Levantaba el cuello, como un pajarito presumido, entonaba sus melodías semisecretas, y se iba poniendo esponjada y feliz.

Ahora es cantante. Ha organizado un grupo de canto a *capella,* que también dirige, y ha ideado la manera de que su voz reluzca como un diamante fresco, de que sus matices acaricien los oídos de los demás como un hermoso terciopelo, de que su voz se eleve rizada y caracoleante, extendiéndose con seguridad y fuerza hacia fuera, de cara al viento.

Es como si toda ella se hubiera transformado en pura espuma, energía, fulgor, sentimiento.

Álvaro

Álvaro nació contable. Le interesaban más los números que las palabras, las páginas de los libros que su contenido, las cuentas que los cuentos. Así que siempre estaba ideando cómo sumar, restar o repartir cantidades, o cómo enseñar a los compañeros «cuánto había dentro» del número 28, el 97 o el 42.

Antes de venir a la escuela, miraba en el teletexto el día del mes que era, el número de grados de temperatura o cualquier otra cosa que fuera cuantificable, y nos lo hacía saber como primicia al saludarnos por las mañanas. Se sabía los años y los meses que tenían todos los compañeros, promovía «timbas», para averiguar quién era el padre que más pesaba, el que más años tenía, etc. Y jugaba a la oca y al parchís con verdadero deleite, echando sus cuentas sonriente y feliz.

Cuando descubrió que la historia «tenía dentro», además de los años, muchos otros acontecimientos matemáticos, se empleó a fondo en ella. Y lo mismo le pasó con el solfeo. Ahora es un excelente informático.

Miguel

Miguel también era un apasionado de los números, pero lo mostraba mucho menos que Álvaro. Su carácter retraído hizo que conociéramos tarde su ilusión por los avatares matemáticos. Ocurrió medio por casualidad allá en el mes de enero, al realizar una tarea que consistía en inventar un cuento. El suyo fue un cuento repleto de cantidades, que hasta ahora he conservado como recuerdo.

El perro y los veinte monstruos

Érase una vez veinte monstruos y un perrito que se encontraron muchos bichos y se los comieron. Y entonces tres se fueron y cada uno se encontró su bicho favorito de comer y se los comieron «agustitamente», y al perrito no le daban nada y estaba muerto de hambre. Así que se fue a una casa que hubiera perros y había seis perros y siete cajitas de comida, y entonces vio que había para él y se quedó a comer allí. Y entonces los veinte monstruos aplastaron todas las ciudades que veían y hasta la casa de los siete perros, pero ellos se salvaron, por suerte. Y al final los monstruos calleron en un volcán encendido en Canarias, porque los perros los habían empujado hasta allí. Y colorín colorado, este cuento se ha acabado.

Miguel ha terminado este año Ciencias Exactas.

Manolito

Manolito nos hablaba bastante del trabajo de su mamá, que era enfermera en Nefrología. La diálisis lo tenía fascinado. Recuerdo que era menudo, pero se ponía de pie en un enorme tubo de cemento en el patio y, bien erguido, explicaba con seguridad y voz clara: «Entra la sangre por este tubo, y corre, y corre, luego pasa por este otro tubo, y cuando está limpia, sale por aquí». Sus compañeros lo escuchaban atentamente, yo también.

Al cabo de los años, apareció un día en el pasillo del despacho de dirección vestido con gran elegancia: traje gris plata, corbata de cuadritos a juego, cartera… Tocó a la puerta y, mirándome fijamente, me preguntó: «¿Sabe usted quién soy yo?». «Manolito Pérez», le contesté contenta.

Lo conocí por los ojos azules y por el aplomo con el que se manejaba. Sencillo, sin arrogancia, con una seguridad de lo más natural. Le pregunté cómo le iba y a qué se dedicaba, y me dijo… que fabricaba válvulas para el corazón. Al ver que yo sonreía, me preguntó qué pasaba y le conté lo que hacía cuando era pequeño. No se acordaba. Fue un rato encantador saber de él, verlo y reconocer que vivía movido por aquella pasión que empezó tan temprano.

Alejandra

Alejandra era una niña muy despierta. Era alta, delgada, alegre, sociable, y vivía los acontecimientos que la rodeaban con mucha pasión. Las cosas que más le gustaban, además de bailar, leer y presumir, eran dibujar y pintar. Sus trabajos plásticos tenían un estilo particularísimo, porque les añadía telas, botones, hojas, arena, papeles de caramelo que se traía en el bolsillo, y palabras, que primero solo eran letras juntas sin sentido, y después fueron rellenándose de significado.

Sus figuras humanas eran auténticos autorretratos, muy estilizadas, sonrientes, y llenas de vida. Las vestía con sus colores preferidos: rojo, rosa, granate y violeta, y le quedaban preciosas. Un día me dijo que creía que sabía leer. Le pedí que escribiera una palabra y puso con seguridad y alegría la palabra «alabarda», seguramente influida por el tema que estábamos trabajando, que eran «los castillos».

Ahora ha acabado sus estudios de Arte y Diseño, ha recibido varios premios y ha expuesto sus obras en numerosas salas. ¡Será hermoso ver qué producirán de aquí en adelante sus hábiles manos y su imaginación sensible y aventurera!

Conrado

Conrado tenía dos años y medio cuando recibimos en la escuela la visita de un músico africano, que nos deleitó con los ritmos de su tierra y nos dio a conocer todo tipo de tambores, bongós, yembés, timbales, etc. Esta visita se enmarcaba en el proyecto Mayo musical, que celebramos en la escuela cada primavera desde hace ya bastantes años.

La petición que hacemos a los músicos, que son familiares o amigos de los padres de nuestros alumnos, es que actúen delante de los niños como lo harían si estuvieran en un concierto. Y que después, en una segunda parte, inviten a los niños a bailar a su son. Pero con cierta frecuencia nuestros amables visitantes añaden una tercera parte a sus actuaciones, que consiste en dejar que los niños se acerquen a tocar para sentir directamente cómo suenan los instrumentos. Y esto es lo que pasó con el músico africano, invitó a los niños a tocar los tamborcitos mil, que estaban repartidos por el suelo a su alrededor.

Aceptando la invitación y atraído irresistiblemente por los nuevos sonidos, salió Conrado a escena y se puso a tocar con las dos manos como si siempre se hubiera dedicado a ello, como si tuviera el ritmo metido en el cuerpo, como si sus pequeños dedos hubieran despertado súbitamente a un sueño maravilloso. Estaba colorado, excitado, contento. Los demás quedamos impactados por su fuerza, por los ritmos logrados, por su concentración y su sonrisa, que le iba llenando la cara a medida que tocaba. El músico visitante estaba asombrado, los niños aplaudían sin parar, las maestras jaleábamos a Conrado…

Un momento difícil de olvidar. Un momento en el que presenciamos el nacimiento de una pasión. Un momento que marcó el tiempo presente, en el que Conrado es un famoso percusionista, miembro de la banda municipal de la ciudad, concertista y colaborador en varios grupos musicales. Para mí es precioso ver que, cuando toca, sonríe tan abiertamente como aquella increíble primera vez que tuve el gusto de presenciar.

Andreu

Cada tarde, a la hora del cuento, Andreu se acomodaba en el corro buscándose un sitio que respondiera a sus planes, y que solía ser unos cuantos lugares a mi derecha o a mi izquierda. Yo no me había dado cuenta del tejemaneje que llevaba entre manos, pero a lo largo del rato, noté que todas las miradas de sus compañeros se dirigían hacia él y puse atención.

Entonces vi que Andreu iba gesticulando y haciendo una especie de representación de mimo *sui generis* del cuento que yo contaba. Ponía la cara según se desarrollaba la historia, movía los brazos y las manos con expresividad, e incluso se incorporaba de vez en cuando para imprimir fuerza a su narración «muda». Era como si utilizara una especie de lenguaje de signos inventado por él.

Cuando acabé el cuento le dije a Andreu que me había gustado mucho su dramatización y le pedí que nos contara cómo hacía esas cosas tan bonitas que daban vida a los relatos. Él dijo que no lo sabía, pero que lo hacía «desde que era pequeño», y como tenía cuatro años, deduje que era algo que hacía desde que se reconocía como escuchador de cuentos.

Ahora forma parte de un grupo de teatro.

Javi

Ya a los cuatro años Javi era un niño muy reflexivo y observador. Siempre estaba mirándolo todo con gran curiosidad, y si algo no le cuadraba, lo preguntaba, o formulaba con energía sus quejas, dudas o hipótesis. Su padre lo llamaba Séneca y ciertamente le venía bien el cariñoso apelativo.

Me acuerdo que un día me preguntó:

—¿Qué tenemos hoy para comer?

—Y yo le dije que no lo sabía, cosa que le sentó bastante mal.

—Pero eso no puede ser. Cuando yo le pregunto a mi mamá qué comida hay, ella me dice: garbancitos, pollo, arroz… ¡Y tú también me lo tienes que decir!.

—Pero si no lo sé, yo no hago la comida, tendremos que preguntárselo a la cocinera». Entonces me propuso ir a la cocina para averiguarlo, y así se hizo.

Su madre me explicó que cuando Javi conocía alguna persona, la observaba concienzudamente, hasta que se formaba una opinión de ella y entonces sentenciaba. «Dice verdad» o «no dice verdad». Que venía a significar: Es de fiar… o no lo es. Lo que no habrían averiguado por el momento eran los criterios en los que se basaba para llegar a esa conclusión.

Pues bien, nuestro pensador ahora es un recién estrenado neurólogo.

Marina

Marina era vergonzosa y retraída. Hablaba poco, aunque se hacía presente con su mirada atenta y su sonrisa afable. Parecía un cervatillo, con su timidez y su curiosidad, con sus ojos siempre abiertos, con su rubor, con sus saltitos y sus movimientos tenues e incesantes.

Conmigo era cariñosa y cercana, pero en plan algo secreto. Yo sentía su afecto y creo que ella el mío, aunque el vínculo entre nosotras estaba menos explicitado que en otros casos. Con los compañeros mantenía buenas amistades por ser tan respetuosa, tan alegre y estar tan disponible.

Hace tres años, con quince cumplidos, alta y preciosa, vino a la escuela a participar en el Mayo musical tocando una monumental arpa, que nos impresionó a todos. Ella se situó frente a los niños y las maestras acariciando su instrumento y a la vez cobijándose en él.

Cuando salí a presentarla, se me ocurrió preguntarle: «¿Te acuerdas de cuando eras tímida, Marina?». Y ella me contestó poniendo cara de asombro. «¡Pero si aún soy tímida, Mari Carmen!». Y entre bromas y risas, me aceptó que quizás aún lo fuera un poco, a pesar de haber ganado el premio extraordinario a las concertistas noveles de este año.

Chus

Cuando iba a pasar a Primaria, Chus le hizo a su maestra una pregunta muy significativa: «¿Qué es lo importante?». Quería prepararse para ese cambio que ya era inminente. Y por lo visto, se preparó. Ahora ha terminado sus estudios de Cinematografía y está decidiendo si se dedicará a producir o a dirigir, o a las dos cosas, porque ambas la atraen irresistiblemente.

Cayetano

Cuando le preguntabas su nombre, decía: «Cayetano.com». Cuando le mirabas dibujar, veías rapidez, trazos seguros, vitalidad y muchas palabras. Cuando observabas sus juegos, notabas su implicación, su creatividad, sus sueños desplegados, sus alegrías. Pensaba limpiamente, sin esfuerzo, con soltura, y ponía en relación unos temas con otros con autonomía y libertad. Y siempre tenía ideas originales, sentimientos genuinos, dibujos significativos.

En una ocasión nos estuvo avisando que iría a la boda de su tía y llevaría las arras. Detalló su ropa, su ilusión y hasta el brillo de sus zapatos. Pero cuando llegó el día de la boda, nos confesó que no se había atrevido a llevar las arras porque le entró «una uforia muy grande». ¿Y eso qué es, Cayetano?: «Pues no sé si es rabia, furia o vergüensa», me contestó con cara de perplejidad.

Iba avanzando en su camino hacia la socialización con tiento y prudencia, pero con fuerza y ganas, así que adquirió un lugar central en el grupo, de modo que no me extrañó que apenas dos años después de haber acabado su etapa de Educación Infantil, se ofreciera para venir a mi clase a explicarles a los niños de cinco años lo buenos que eran los deportes para el cuerpo. Cosa que hizo con la gracia que lo caracteriza, según conté en su día en un artículo del que añado aquí un fragmento. Es maestro en Bretaña (Francia). Un buen maestro, cercano, escuchador y divertido.

Dani

Dani era un amante de los mejunjes y los experimentos. Igual estaba pringado de barro que de pintura, de harina, de cola, de chocolate, de café…

Proponía para los talleres hacer collages, purés, masas, juntar purpurina con témpera, arena con paja, arcilla con canela. Cosas así. Y cuando estaba poniendo en práctica sus ideas, alternaba una actitud silenciosa y observadora, con otra llena de excitación y curiosidad. La alegría del descubrimiento le llenaba los ojos de chispas y la boca de sonrisas.

Por eso la primera vez que vino a mi clase como papá a hacer magdalenas con los niños, no me extrañó nada que contara que en el momento de elegir profesión no sabía si decantarse por ser químico o cocinero. Lo único que tenía claro era que quería mezclar cosas para ver qué pasaba…

Hoy en día es padre de tres chicos y un excelente cocinero.

Lucía

Lucía se ha hecho educadora social, y le veo mucho sentido a su elección. Cuando tenía cinco años los compañeros la buscaban para que les ayudara a resolver las peleas. Lo verbalizaban así: «Lucía, dinos quién tiene la razón». Y le contaban… Entonces ella, menudita y morena como era, se ponía reflexiva, y lanzaba su opinión, que era muy respetada por los demás niños.

En una ocasión estábamos trabajando en torno a un proyecto sobre las plantas medicinales o «plantas de olor» (como las bautizaron ellos), y Gorka trajo un manojo de tila, comentando que era para «ponerse tranquilo». Yo planteé una improvisada escena teatral, cuyo argumento era que había unos novios que discutían, y tras una tacita de tila, se calmaban y hacían las paces (los detalles corrían a cargo de los artistas). Salieron Joan y Marta cogidos de la mano. Y de pronto, Joan dijo:

—¡Eres una cabezota!— A lo que ella contestó con un soberbio empujón. Después de unos cuantos trompicones más, se fueron a un bar a tomarse una tila, que los tranquilizó tanto... que cayeron al suelo sonrientes y medio desmayados. Acabados los aplausos y las risas, Lucía comentó con aire pensativo:

—Pues aquí hay uno que tiene que tomar tila.

—¿Ah, sí?, ¿y por qué?

—Porque arma lío y guerra.

—Se nos va a hacer tarde para comer —dijo en ese momento uno de los posibles candidatos al comentario de Lucía.

—Es buena hora, no te preocupes. ¿Hablamos? —pregunté. Varios dijeron que sí, porque, como apostilló Olga, «con estos líos no se puede jugar». Y de esta manera empezó la Asamblea de la tila, que supuso toda una revelación del clima que vivía el grupo:

—¡El jaleo es por este! —señaló Lucía.

—Sí, porque pega, empuja, y dice «gilipollas».

—Y si jugamos a «pies quietos» hace trampas.

—Y si es a mamás y a papás, se pide ser el perro, o el bebé, para hacer el loco, y molestar.

—A mí me empujó, y cuando me caí, me dio una patada.

—¡Eso no es así! Sí que empujo, pero patadas no doy.

—Y nos dices tonto a todos.

—Bueno, también dice cosas graciosas, que a mí me dan risa, dijo un amigo.

—Sí, es gracioso —apoyé yo.

—Pues a mí me dice: «Tú no juegas, porque lo digo yo, que soy el más fuerte, y mando».

—¿Y todo esto es verdad?— le pregunté directamente. Entonces, agachó la cabeza, dijo que sí, y lloró. Y no sólo él, lloraron cuatro o cinco niños más, y el resto se agobió bastante (incluida yo misma, que no sabía en qué iba a parar aquel conflicto, que tanto les movilizaba). Había una tensa emoción en el ambiente. Él no paraba de llorar. Entonces intervine para decirle:

—Ya ves lo que pasa, todos están preocupados por ti, te quieren, pero se quejan de las cosas que haces que no les gustan. A mí tampoco me gustan, aunque tú sí que me gustas mucho. Bueno, ¿qué dices?. —Siguió callado. Alguien comentó:

—¡Ay, a ver si se arregla ya!... Después de otro silencio y unos cuantos suspiros, el protagonista dijo:

—Ya no voy a hacer más todo eso. Aplaudimos todos, descansados. Y una pequeña pausa nos permitió saborear la tranquilidad que da «poner los puntos sobre las íes». Aunque duró poco, porque Olga, tras mi contundente declaración de apoyo al compañero, quiso comprobar si también ella tenía un buen lugar en mis afectos, y me preguntó:

—Y a ti, ¿quién te gusta más de aquí?

Viendo que la demanda iba totalmente en serio, y que hablaba como portavoz recogiendo el sentir de los demás, me dispuse a responder, calibrando cada sílaba, en medio de un silencio impresionante.

—Pues mira, lo cierto es que me gustáis todos, y bastante, cada uno por unas cosas, aunque también hay cosas que no me gustan. —Y aquí siguió una larga retahíla de bondades de cada cual, recitadas por mí, y recibidas por ellos, como suele decirse, «como agua de mayo». Hasta que por fin llegó la hora de comer, que transcurrió muy alegremente, después de los intensos momentos vividos.

Y es que han pasado tantos años por nuestra escuela Aire Libre, que los alumnos se nos han hecho mayores y se han convertido en antiguos alumnos; los árboles del patio han crecido hasta el cielo, y nuestro sueño pedagógico ha levantado el vuelo con la punta bien afilada.

Tenemos antiguos alumnos que se han hecho arquitectos, bomberos, médicos, cocineros, ingenieros, diseñadores, músicos, informáticos, bailarines, farmacéuticos, maestros, matemáticos, psicólogos, actores, abogados, escritores, deportistas, comerciantes, empresarios… En su mayoría viven por aquí, pero también los hay que residen en Alemania, Francia, Italia, Londres, Brasil, Japón, Chile o Estados Unidos. Eso sí, los que contactan con nosotros nos dicen que recuerdan con mucho afecto a su querido colegio.

Hay quien refiere momentos concretos, como el de aprender a contar con almendras, el de ir de excursión al «Rompeculos» el de votar el tema preferido para investigarlo con los compañeros. Hay quien se queja de que hayamos quitado la montaña del patio y aplastado los tubos contra el suelo, y no hay modo de convencerlos de que la montaña y los tubos están exactamente igual que estaban, y que los que han crecido son ellos. Hay quien recuerda incluso en qué hamaquita dormía, con quien jugaba al tranco o qué disfraz le gustaba más.

Nos cuentan que añoran las albóndigas, el arroz caldoso, los espaguetis, la olleta, la tarta del cole. Añoran el teatro de los viernes, la fiesta de los abuelos, los bailes, los cuentos, las rimas con sus nombres, las pasarelas de Carnaval, quemar la hoguera de San Juan, el juego libre, las conversaciones en círculo estilo tribu, el Mayo musical. Añoran una cotidianidad enriquecida con la alegría, el placer y la confianza.

Yo… los añoro a ellos. Y me gusta constatar que he presenciado varios «nacimientos pasionales» como éstos que he contado más arriba. Me gusta pensar que la vida emerge y sigue su camino abriendo sendas, buscando discurrir y disfrutar. Me gusta haber ejercido de acompañante de personas que empiezan su recorrido.

Respetemos las pasiones recién nacidas, estemos a la escucha de lo que nuestros alumnos desean, acompañémosles a vivir. Seguramente así nadie nos echará encima el polvo del camino, como le pasó al maestro aquel.

Capítulo I
Aprender
Contigo aprendí

Hace unos días regresé de un viaje a Montevideo en el que he tenido el gusto de entrar en contacto con bastantes maestras de Educación Infantil, con las que he compartido reflexiones, preocupaciones y experiencias acerca de las prácticas cotidianas en los centros escolares, suyos y nuestros.

Una de las cosas que hablamos fue el papel fundamental de la acogida particularizada en la escuela a los niños y niñas con sus diferentes familias, historias, temperamentos y aptitudes. Cuando un nuevo curso escolar empieza su andadura, se desencadenan muchos encuentros: cada niño con su maestro, cada docente con su grupo, cada familia con el educador de sus hijos, cada alumno con sus compañeros, cada maestro con su equipo.

Encuentros en torno al aprendizaje, pero revestidos de vínculos, de emociones, de nuevos apegos, de deseos, de inseguridades, de miedos y de esperanzas. Y hace falta lograr lazos de suficiente entidad, resistencia y afecto para que los implicados en el hecho educativo se sientan bien en sus respectivos lugares. Es necesario instalar dispositivos, procedimientos y empatías lo bastante potentes como para que cada cual perciba que puede ser él mismo, que no va a diluirse en el seno del grupo, que va a tener un sitio genuinamente suyo en las instituciones escolares que lo reciben.

Para nuestros niños más pequeños es imprescindible notar las miradas comprensivas de sus maestros animándoles a crecer, a avanzar y a aprender con implicación y alegría. Iniciar un curso escolar es algo muy delicado y supone gran dedicación y una puesta en juego valiente de toda la sensibilidad, los recursos pedagógicos y la intensidad sentimental que cada cual tenga en su haber.

También comentamos el difícil momento social, político y cultural que vivimos, envueltos en las imposiciones del consumo, de la moda, de la economía, de los medios, de la globalización. Y de los problemas que acechan a las infancias de hoy, y que en unos casos serán: sobreprotección, soledad, estrés, exigencia, o sobre estimulación y en otros: pobreza, hambre, guerra y carencias de todo tipo.

Conveníamos que hay un fenómeno actual muy generalizado que está dañando la crianza. Y es el olvido creciente de que para criar y educar a un niño no sólo hacen falta sus padres, sino todo el entorno que le rodea: la familia extensa, los vecinos, los maestros, los amigos, la sociedad, la cultura, los medios… Aquello de «para criar a un niño hace falta toda una tribu» que tantas veces se repite, pero que, por lo visto, no acaba de cuajar en las dinámicas de vida de este momento.

Sin embargo, a poco que observemos y pensemos, se puede concluir que los niños necesitan presencias, contención, cuidados y guía. Que no podemos renunciar al papel educador que nos corresponde como adultos, que ni podemos negarnos a responder a sus preguntas, ni dejar de ver sus proezas, ni mirar hacia otro lado cuando los vemos destrozar un árbol, pelearse o ponerse en peligro. No nos podemos desentender. No se puede ignorar a la infancia. Los niños están al lado nuestro y nos necesitan.

Coincidimos en algunas otras problemáticas, como las presiones que se dan aquí y allí hacia una escolarización de la primera infancia enfocada en la preparación para Primaria, y no con un tratamiento específico pensando en que los niños pequeños tienen unas características definidas y especiales en sus primeros años: están construyendo su psiquismo y su personalidad, aprenden con la exploración y el juego, han de ir pasando del impulso, la curiosidad y la intuición a la lógica, la simbolización y el pensamiento ordenado. Además de que tienen que conocer y controlar su cuerpo, adquirir el lenguaje, estrenar su creatividad, acercarse a los demás…

Ellas me hablaron, con orgullo y satisfacción, de su marco curricular reciente para la educación inicial, en el que se contemplan aspectos tan importantes como el juego, la exploración, la cultura, la creatividad, los cuidados, los sentimientos, el respeto, los aprendizajes y la relación con las familias. Y mientras me decían estas cosas, yo pensaba en las fichas que circulan por aquí, en los cuadernillos, en los deberes y en las demandas que tantas veces agobian a nuestros niños con el objetivo de que corran, adelanten y aprendan. Pero más desde el adiestramiento, la exigencia o el deseo de los mayores, que desde su propia motivación, que lleva otro ritmo, otros caminos y otras ilusiones.

Para mí es tan hermoso encontrarme con un antiguo alumno y que me diga: «contigo aprendí a hacer teatro», «contigo aprendí a bailar», «contigo aprendí a no tener miedo», «contigo aprendí a inventar cuentos», «contigo aprendí a comer pescado», «contigo aprendí a escribir cartas»… La educación infantil es una etapa muy importante, pero no precisamente para «adelantar» lo que vendrá después, sino para vivir lo que viene ahora.

¡Velo qué bonito!

Este mes de junio pasado leí en un libro de antropología de la educación: *Velo qué bonito*, de Ana M.ª Arango Melo (2018), el comentario de una madre indígena de la tribu de los afrochocoanos de Colombia, Marta Milena Moreno Mosquera:

> Para mí fue muy importante que mi hija comenzara a bailar desde muy pequeñita. Porque si los niños no se mueven desde pequeños se les pegan los huesitos. Les quedan pegados los huesitos y después no se pueden mover bien. O sea que cuando un niño no se sabe mover bien es porque la mamá no lo hizo moverse desde pequeñito y por eso se le pegaron los huesos. (p. 37)

El valor que le otorga esa comunidad al movimiento, representado por el baile, es tan importante, que la madre llega a culpar a quienes no ayudan a sus hijos a moverse, dando por sentado que si un niño no aprende pronto a desarrollar el movimiento, quedará impedido y a falta de flexibilidad, soltura y salud durante toda su vida.

Piaget, el prestigioso psicólogo y biólogo suizo, estaría muy de acuerdo con esta señora. Hace años ya dijo que: «Todo acto inteligente ha sido antes conducta motora», afirmación que he podido comprobar una y mil veces viendo aprender a mis alumnos, a base de explorar, curiosear, manipular, desplazarse, jugar. Moviéndose aprenden las nociones espaciales, las posibilidades de su cuerpo, las cualidades de los objetos, la manera de relacionarse con los demás, la forma de hacerse entender no verbalmente, el gozo de sentirse capaces, la libertad en los gestos…

Pensemos que el niño viene del mundo de las sensaciones, del cuerpo, de la voz, de la caricia, así que las herramientas principales con las que estructura su psiquismo son: los sentidos, el movimiento, el desplazamiento, el ritmo, la cadencia, el afecto y las palabras, que le son regaladas por el adulto de referencia para que comprenda el mundo. Si un niño está suficientemente cargado de energía y amor, si la madre o el padre han confiado en sus posibilidades y le han otorgado su presencia cariñosa y sus palabras, el niño crecerá con autonomía y seguridad en si mismo, se moverá, hablará, aprenderá y se relacionará con la fluidez necesaria.

Sin embargo, la cultura escolar aboga por la quietud y el silencio. Seguramente como supuestos símbolos de la concentración y el estudio. Seguramente queriendo «pre» y «sobre» escolarizar a los niños pequeños para que «adelanten» por estas precocidades de ahora que buscan rapidez y excelencia en los resultados, pero olvidan las necesidades de los niños. Seguramente creyendo que esta escuela de ahora es la misma que la de antes, cuando se empezaba la escolarización a los 5 o 6 años, cuando se jugaba en las calles, cuando se trabajaba tempranamente e ir a la escuela era una suerte y casi un privilegio.

Es como si la «cultura» escolar no se creyera que el niño puede avanzar a base de «naturalidades» (comer, tocar, correr, mirar, querer, buscar...), como si necesitara sentir que el saber escolar es algo absolutamente imprescindible, como si del niño apenas considerara una parte: la cabeza, «el piso de arriba» aquel lugar donde supuestamente se contendría el «pensamiento puro». Como si no entendiera que la identidad, el equilibrio y la madurez se van alcanzando a base de desear crecer, de ilusionarse con ser autónomo, de querer alegrar a los padres... motivos muy del «piso de abajo» el emocional, el gran olvidado de la escuela, al menos hasta ahora.

Por suerte somos cada vez más los maestros que estamos queriendo incluir en nuestras clases el cuerpo y el movimiento. Es decir, el mundo primitivo y pulsional del que venimos. Estamos queriendo incluirlo en el marco de la escuela infantil, afincada en el pasado reciente del nacer y el crecer. Estamos queriendo dejar de ignorar que el cuerpo nos tiene, nos contiene, nos presenta y nos representa. Que sufre cambios, que vive de superar procesos, y que, si buscamos la salud, no podemos vivir sin él.

Sin embargo, desde que el niño comienza a ir a la escuela, se le suele pedir que esté quieto, atento, limpio, formal y unas cuantas cosas más. Lo cual viene a ser silenciar el cuerpo. Como dice Neil Degrasse Tisson: «Pasamos el primer año de la vida de un niño enseñándole a caminar y a hablar, y el resto de su vida a guardar silencio y sentarse. Algo no funciona bien.». Y creo que una parte de lo que no funciona bien es nuestro propio miedo a todo lo referente al cuerpo.

En la vida social intentamos que no se nos noten el hambre, el cansancio, el sueño, las enfermedades, la fuerza, la debilidad, el estado de ánimo... Intentamos que el cuerpo esté «bien educado» y «sujeto» en cuanto a su «presentación» a la suciedad, al control de la agresividad, al deseo, al placer. En una palabra, intentamos «dejar al cuerpo en casa» en el ámbito donde todo empezó, donde se nos comprenden las debilidades, donde no hace tanta falta quedar bien, donde lo primitivo puede caber, donde los procesos se esperan y se confía en unos buenos resultados en un futuro próximo, porque media el amor.

Pero la escuela es «el afuera» el sitio del saber, y allí están bastante relegadas las emociones, el placer, el movimiento, la libre expresión, los juegos, las dudas, los errores… Se quiere a los niños callados y quietos, aunque así se geste la apatía y las ganas de salir corriendo. Y tenemos que lograr que no ocurra más, porque lo bueno sería justamente lo contrario: que el niño en la escuela pueda mostrarse «de cuerpo entero», que pueda jugar, tocar, crear, expresarse, bailar y ser feliz.

«¡Un cocolilo!»

«¡Un cocolilo, un cocolilo!» decía un niñito de dos años escasos en el asiento vecino al mío en el tren. Convencido y tenaz repetía a sus padres: «¡que viene el cocolilo!» con su voz de cristal y su media lengua, mientras yo pensaba cómo habría llegado a la vida de este niño tan chico la idea y la imagen del cocodrilo, semejante ser tan lejano y tan ajeno a su realidad cotidiana. Quizás lo vio en un cuento, quizás era uno de sus peluches favoritos, quizás aparecía en algún dibujo animado, y a partir de ahí se lo mostraron y le alertaron de un peligro que, probablemente, no estaría cerca de él en toda su vida.

No es que esto tenga una importancia tremenda, ni que vaya suponerle a la criatura ningún trauma, pero considero que no es conveniente esta estimulación sobrecargada y enriquecida que se les da a los niños ahora y que les saca de su centro, de su momento evolutivo y de sus posibilidades de acción.

¿Acaso no sería mejor que intentaran atrapar una hormiga con sus manos gordezuelas, que acariciaran algún animal doméstico, que jugaran con la tierra o con el agua? ¿No sería más útil para su autonomía aprender a mantener el equilibrio, a dar saltos, a bajar escaleras o a trepar a la cama? ¿No sería más lógico ir extendiendo su conocimiento y dominio de la realidad desde sí mismos hacia el afuera, como decía Vygotsky, avanzando hacia su zona de desarrollo próximo, que es la que les pilla más cerca, la que están preparados para asimilar, la que pueden ir controlando con sus juegos y sus movimientos? ¿No sería más sano seguir su ritmo natural, sus intereses y sus asombros cotidianos, en lugar de abrir precozmente y de par en par las ventanas (y las pantallas) al mundo en toda su anchura?

A los dos años lo que le corresponde a un niño es tocar, mirar, moverse, explorar, manipular, reconocerse a sí mismo y familiarizarse con las personas que le cuidan. Toca sentir las alegrías del cuerpo: comer, dormir, correr, gritar, jugar… Toca descubrir la belleza en las caras y las voces de sus padres, en la naturaleza, en los juguetes, en los cuentos, en la música, en lo hermoso. Toca ir recogiendo sensaciones, sentimientos, impresiones, experiencias, afectos, seguridades. Toca descubrir a los otros y aproximarse a ellos.

También toca probar a decir, alegrarse de ser escuchado y comprendido, gozar al notar que todo va adquiriendo sentido por medio del lenguaje que calma, explica, ordena y expresa. Toca aprender a estar solo, manejarse con independencia creciente, vivir en su propio territorio. Toca enfadarse y empezar a decir que no con energía. Toca curiosear, disfrutar y aprender a sostener las pequeñas frustraciones cotidianas.

Sin embargo, he visto muchas veces a adultos bien intencionados, adictos a «enseñar al que no sabe» aleccionando a sus bebés y a sus hijos de corta edad y ofreciéndoles cumplidas y «estimuladoras» explicaciones sobre educación vial, arte, funcionamiento del cuerpo, valores, letras, números, idiomas, etc. He visto a niños que han incorporado a su lenguaje palabras como: hipótesis, improvisación, velocidad, contaminación, compartir, respetar, fluir, rectángulo, viral y más, hablando como pequeños sabios. Y he visto maestros que están tan deseosos de alcanzar los objetivos del currículum, que ponen a sus alumnos de dos años a colorear dibujos, a contar, a reconocer letras, a memorizar nombres de artistas, a rellenar fichas, a nombrar animales, colores, y formas. Como si fueran mayores. Como si no se dieran cuenta de que lo suyo es jugar y curiosear la vida. Como si pensaran que el empezar pronto garantiza la sabiduría. Como si se les hubiera olvidado que los niños maduran despacio y muy a su manera.

¿Cuándo pensamos darles el tiempo que necesitan para curiosear los objetos, la naturaleza y las demás personas? ¿Cuándo les ofreceremos la autonomía y la libertad de acción que los llevará a confiar en ellos mismos, a superar dificultades, a encarar retos? ¿Cuándo les daremos permiso para vivir su crecimiento incluyendo los impulsos, el descontrol, la inseguridad, el miedo, la oposición y el desafío? ¿Cuándo dejaremos algún vacío, algún silencio, algún aburrimiento, que inviten al niño a hacer, decir o intentar algo que sea verdaderamente propio?

¿Cuándo aceptaremos que los pequeños de la tribu han de generar su propio deseo de saber a partir de sus experiencias, de sus carencias y de sus afectos? ¿Cuándo permitiremos que los niños sean niños y vayan creciendo poco a poco, recorriendo su camino, avanzando con las idas y venidas de cualquier ser en evolución?

Que una cosa es estimular y otra atiborrar. Y si lo que queremos es que los niños se llenen de saberes, habrá que dejar que, al menos, se les despierte el apetito. Así se podrán dirigir hacia el conocimiento teniendo cierta libertad de acción para vivir su niñez entre asombros y manoteos, entre curiosidades y probaturas, entre nuestros acompañamientos respetuosos y sus radiantes vitalidades.

¡A los ricos talleres!

La práctica educativa con niños de edades comprendidas entre los tres y los seis años lleva, por un lado, al convencimiento de que la labor del maestro se sitúa más en la línea de acompañante —sugeridor, «abre caminos»— que en ninguna otra, y por otro al hecho de reconocer que el deseo de saber de los niños es muy profundo, siempre que nadie lo interrumpa con desconfianza, tareas absurdas o con la prohibición de jugar o de explorar.

Esta búsqueda placentera del conocimiento la ha de hacer el niño en libertad: libertad de elección de tarea, de elección de dónde y con qué investigar, libertad de ensayar, de cansarse, de volver a empezar, de tener oportunidades de conocer y de apropiarse de la realidad. Profundizando en esta vía, propongo una organización de la jornada escolar introduciendo talleres, de forma que las actividades en grupo grande alternen con las realizadas en pequeños grupos o individualmente, ya que la clase organizada de esta manera permite flexibilidad de la acción educativa y puede acomodarse mejor a las necesidades del niño.

Hablar de talleres sugiere trabajo. Son actividades o tareas que se proponen para la asimilación de ciertas nociones relativas al tema que se esté trabajando y se hacen en un tiempo determinado y en los espacios destinados a tal fin. Pero la forma es muy diferente a las propuestas tradicionales, en las que el maestro explica, los alumnos escuchan y luego se realiza el trabajo. Aquí los niños en pequeños grupos se acercan al material y le buscan posibilidades, lo comentan con los compañeros, lo plasman en construcciones, producciones plásticas, recorridos, actividades manipulativas, juegos inventados, etc. Una característica importante de estos talleres es que son de libre elección, lo cual supone que el niño puede elegir actividad, taller, compañeros, orden de las tareas, ir a un taller o a varios…, siendo las propuestas siempre lúdicas, atractivas y de descubrimiento.

Cuando empecé a hacer talleres, me parecía imposible proponer a los niños varias tareas simultáneas a las que podrían acceder según eligieran. Para mí era tremendo no poder estar con cada uno de ellos acompañando su trabajo. Aunque lo peor de soportar era que no realizaran todos el conjunto de tareas propuestas en los distintos talleres. Empecé corriendo desaforadamente de un taller a otro para mirar lo que hacía cada cual, para «ayudarlos» (o más bien controlar su tarea). Después estuve un tiempo «haciendo propaganda» de los talleres que más me interesaba que hicieran para ver si conseguía que acudieran todos los niños, o repetía estos talleres para que no quedara nadie sin pasar por ellos. En fin, trucos maestriles. Poco a poco aprendí a proponer las tareas que veía precisas al grupo entero en sesiones colectivas y ofrecer en los talleres otro tipo de trabajos que pudieran realizarse en pequeños grupos, o en parejas. Así podía respetar sus deseos, sus ritmos y sus momentos sin tanto padecer. También aprendí a situarme en el taller que quería observar mejor, o en el que veía que hacía más falta, sin necesitar controlar los demás talleres.

Posteriormente he aprendido que cada niño tiene unas vías de aprendizaje más desarrolladas o útiles que otras, así que ahora puedo ver que si un niño acude con frecuencia a construir, a pintar, o a modelar, eso no tiene por qué ser indicador de que algo no marcha bien, sino que seguramente está trabajando para mejorar sus cualidades específicas, o sus gustos. Pienso en Ivo que, absorto y feliz, se dedica a hacer «inventos», como colgar objetos y calcular sus trayectorias, meter un juguete en una rueda de bicicleta y observar que tarda más en dar las vueltas, construir rampas y lanzar o deslizar cosas por ellas. En Lucía, que pinta y pinta sin parar, con distintos colores, estilos, e instrumentos, con bocetos previos o sin ellos, añadiendo cosas pegadas o colgadas, ilustrando las historias que ella misma se imagina, con calma y disfrutando de su actividad. En Jorge, que monta trenes y estaciones. En Carmen, que juega a maestras con las amigas. En Helena, que intenta leer palabras en sus cuentos favoritos. En Maia y Noa, que se escriben cartas...

En este momento soy una fiel defensora de los talleres de libre elección porque creo que se favorece más la autonomía y el sentimiento de ser valioso y capaz si se permite que los niños aprendan a elegir, aceptando y valorando que cada cual tenga sus preferencias y especialidades. Esto ha requerido un tiempo, una práctica, unas reflexiones compartidas con las compañeras y unos cambios. Es decir, un filtro personal y una apropiación del recurso partiendo de mis características, mi experiencia, mis habilidades y mis limitaciones. También los niños han de apropiarse de este modo de trabajar. Hay quien entra en un taller y se pasa ahí casi todo el tiempo. Hay quien «colecciona» talleres, y va a todos los que puede, protestando si no le da tiempo a recorrerlos. Hay quien elige en función de lo que eligen sus amigos, hay quien elige según su propio gusto, y también se da quien tiene dificultades para elegir. O porque no quiere perderse nada, o por inseguridad, que a elegir también hay que aprender.

El caso es que recomiendo y mucho estos «ricos talleres para hombres y mujeres», como solemos decir en mi escuela para señalar el comienzo de cada sesión.

Generalmente en nuestra escuela entran materiales de todo tipo, a los que damos un uso creativo y divergente, por el bien de los niños y de su creatividad sin inhibiciones. Combinar la dimensión de juego, de placer y de invento, con el sentido de la estética y la belleza es el modo en que nosotros concebimos la expresión plástica. Por eso los padres nos traen todo lo que les parece que nos podría servir ¡y nos sirve!: varillas de madera, rodillos de cartón, telas, lanas, disfraces, zapatos, botones, soportes varios, corcho, fichas, revistas, etc. Con todos los materiales recopilados, las incursiones en los libros de arte y las imaginaciones sueltas, empezamos a lanzar propuestas, a probar, a componer, a crear, y animar a que los niños inventen.

Hace un tiempo en mi clase estuvimos viendo un libro sobre la vida y la obra del artista Christo Javacheff. Al decir su nombre Ángel preguntó: «¿Es el Cristo de las iglesias?». «No, es otro», le contesté sin más entretenimientos, pero sonriendo para mis adentros. Como a mí me habían impresionado tanto las fotografías de las transformaciones monumentales del artista, les dije con entusiasmo que había sabido de un artista al que le gustaba empaquetarlo todo: palacios, camas, pianos, motos, puentes, ¡hasta el aire! ¡Un día empaquetó una montaña, rodeó unas islas de telas y de pétalos de flores, y puso una cortina en el campo! Él cambiaba espacios, que a veces eran grandísimos. Mientras les contaba, iba mostrándoles el texto página a página. Nadie se cansaba, todos miraban y lanzaban exclamaciones. Hubo un párrafo del libro que despertó mucho interés y comentarios por su evocador contenido.

«Envolver es una actividad sumamente emotiva. Las criaturas son envueltas en pañales, los cadáveres son envueltos en mortajas. Las momias son envueltas. Nosotros estamos cubiertos con ropas. Las vendas sirven para envolver.».

Aquí hubo que interrumpir para que cantáramos La virgen lava pañaaaales y los tiende en el romeeeero…» (capitaneados por Claudia y Paula). Nueva interrupción para buscar en el diccionario la palabra mortaja, y escuchar a algunas niñas que se pusieron a decidir cómo iban a querer que fueran sus «trajes de morir». Las momias también tuvieron sus comentarios encuadrándolas en películas varias, y por supuesto las vendas, que varios conocían de cerca por haberlas llevado, «mi escayola me picaba tanto, que tenía que rascarme con una aguja larga de hacer jersey de mi abuela» detallaba Lucas.

Nada más acabar el libro, quisieron probar a hacer como el artista y propusieron empaquetar cosas del patio, de clase, de la escuela… Mientras yo iba a por papel de embalar granate y cordeles, ellos trajeron del patio ramas, piñas, piedras, una pelota deshinchada, una pala, un cubo, una rueda… y lo fueron envolviendo con ciertas dificultades. No les resultaba fácil lograr tapar del todo el interior, pero al final lo consiguieron.

Después hubo que votar para ver qué empaquetaríamos de la clase. Las propuestas fueron: un zapato, una pizarra, una silla, un camión… ¡y a mí! (Por lo visto Pablo quería quitarme de en medio por un tiempo). Ganó el camión, que fue envuelto entre varios niños. Acordamos no decir lo que tenía dentro cada paquete y colocamos los «secretos» productos en la ventana de la entrada de la escuela. El conjunto quedó estupendamente y la complicidad de no contar lo que habíamos envuelto nos hizo pasarlo muy bien. Cuando los padres les preguntaban qué había en el paquete, ellos fabulaban entre risas: un cerdo, un fantasma, una cuna...

Unos días después Jordi nos dijo que había visto una montaña empaquetada como las que salían en el libro de Christo. Se refería a una cantera que está protegida con una red metálica por los desprendimientos de piedras. Rubén comentó que él lo que había visto era un palacio tapado. Aludía a la Diputación de Alicante, que estaban remozando en esa época. Y Paula habló de unas cajas muy grandes empaquetadas «como las del libro de Christo» que estaban subiendo a un barco del puerto.

Envolver cosas resultó, pues, ser un buen tema en torno al cual nos acercamos con los niños al hecho artístico. Nos permitió crear espacios nuevos con intención de belleza, y jugar a disfrazar juntos la escuela, a camuflarla y a llenarla de asombro en la medida de nuestras posibilidades.

Viva Christo («el otro»).

Retratos de familia

Al principio de curso pedí a mis alumnos que trajeran cajas de pasta dentífrica, de pomadas, de medicinas, de cerillas. Cajas más bien pequeñas. Las hemos utilizado para hacer construcciones, para leer lo que pone escrito, para jugar, para simular una ciudad, para el taller de equilibrio, para hacer marcos de fotos... Hay quien juega con ellas metiendo una caja dentro de otra, quien las clasifica, quien busca las cajas más pequeñas, quien prefiere las alargadas, o las anchas, quien saca los prospectos de las medicinas y se los colecciona, quien las huele...

Uno de los usos que les hemos dado ha sido la fabricación de «Las cajas de la familia». Cada niño elegía una caja que se plantara bien y cortaba unas cartulinas del tamaño de las caras de su caja. En ellas se dibujaba a sí mismo y a cada miembro de su familia lo más guapos que podía. Después las iba pegando, de tal modo que todas las familias quedaron representadas plásticamente y ocuparon un lugar muy visible de la clase, en la parte superior de una estantería, desde donde nos acompañaron un tiempo.

Mientras las hacían, los niños tuvieron ocasión de explicar quiénes vivían en sus casas, cómo se llamaban sus hermanos, si la abuela pasaba temporadas en la casa… Algunos incluso pintaron a sus animales de compañía porque, según ellos, también eran «de la familia». Mario dibujó su periquito arriba y su tortuga abajo. Estela del Mar recordó a su perrita Ágata, que había muerto y estaba enterrada en un campo cercano. Pieter dibujó a sus dos enormes perros...

Los padres alabaron lo bien que habían quedado los retratos familiares, y yo, como maestra que soy, aproveché la ocasión para pedir a los niños que contaran el número de miembros de cada familia e hicieran una clasificación: las familias de un solo hijo, las de dos, las de tres, las de cuatro... Todo eran ventajas.

Encontré muy significativo que una de mis alumnas quisiera matizar ante el grupo su nueva situación vital: «Esa caja de la familia que he hecho me vale, pero es de antes, ahora yo vivo unos días con mi mamá y otros con mi papá, así que tendré que hacerme dos cajas más». Otra de las ventajas fue escuchar los razonamientos que los niños iban haciendo a lo largo del trabajo: «Yo sé por qué quieres que las cajas se planten bien, para que las familias no se caigan». «He hecho a mi hermano bajito porque siempre me está chinchando». «A mí me ha salido mi madre un poco gorda y es que le ha crecido bastante la barriga».

En diciembre usamos las cajas para hacer con ellas unas creativas tarjetas de navidad. La propuesta era inventar cada cual una tarjeta utilizando las cajas. Primero pensarían la idea y dibujarían el boceto en un papelito, luego buscarían las cajas idóneas, elegirían el color de la cartulina y la pintura, y por fin realizarían su tarjeta. Tenían que pensar su tarjeta autónomamente, sin copiarse de otros y sin «repetir». Había que verlos poniendo caras de pensar, cerrando los ojos y sonriendo cuando ya habían decidido lo que iban a hacer.

Lo fueron haciendo en grupos de seis, mientras los demás jugaban. Las conversaciones eran toda una fabulación, habían transformado las tarjetas en un invento, en un juego, en algo nuevo:

—Yo he pensado que mi tarjeta sea un avión, yo iré metido dentro, por eso he elegido una caja que tiene un trozo transparente y así era como si fuera el piloto.

—Yo pondré una cartulina negra como el espacio de noche, y le pondré estrellas por el cielo, porque voy a hacer una nave.

—Yo me haré a mí misma de flor con una cajita flaca y me pondré mucha purpurina.

—Yo voy a hacerme de bailarina con un tutú de tela de verdad pegado en la caja.

—Yo haré un autobús de la línea H y yo al lado de pie como cuando voy a casa de mi abuela.

—Yo me haré en una barca pescando.

—Yo seré un robot que sólo dice: «Feliz Navidad». «Feliz Navidad». «Feliz Navidad».

Los dos proyectos han sido muy bonitos. Las tarjetas quedaron preciosas y las casas de la familia llenaron la clase de connotaciones afectivas. Pero para mí el buen resultado ha sido lograr un proceso de creación sentido, divergente e impregnado de ellos mismos.

¡Y todo gracias a unas cajitas simples y mondas que se libraron de la basura y pasaron a la historia!

Escuchando los sueños

Los niños se acercan espontáneamente a las cosas bonitas con naturalidad y sencillez. Les gusta la belleza que encuentran en las piedras que brillan, en el reflejo del sol, en las flores, en los colores, en las historias, los poemas, las formas, etc. Les apasionan los contenidos que les resultan significativos, hermosos, sorprendentes o mágicos. Les llaman la atención los simbolismos, las fantasías, los retos y las metáforas.

Acarician las puntillas, los rizos de los amigos, el tacto rugoso de los cuadros, la superficie de las esculturas, la suavidad de las hojas «finitas», lo hermoso. Así que, abordar temas artísticos en la escuela infantil viene del deseo de ofrecer a los niños vías para la expresión y la búsqueda de la belleza y el placer. Bienes de todos, bienes culturales, que se desvisten de su solemnidad para acercarse a ellos.

Este año en mi clase crear historias ha sido una de las actividades mejor vividas y más demandadas por mis alumnos. Cada mañana pedía a cinco niños que escribieran una palabra en la pizarra y cuando ya las teníamos escritas, las leíamos juntos y yo les improvisaba una historia corta y divertida en la que aparecían las cinco palabras de referencia. Al principio, como no sabían escribir, les ponía palabras sencillas y les ayudaba pronunciándolas despacio y alargando exageradamente los sonidos.

Pronto algunos niños empezaron a querer ayudarme a hacer las historias, así que decidí añadir algo más a este magnífico juego de fabulación y complicidad que estábamos viviendo. Y fue la confección de una caja que contenía tarjetas con fotos de lugares, animales, vehículos, palabras y unos cuantos objetos sugerentes: un lazo, una cabra negra, un collar de perlas, una estrella dorada, una moneda china, un huevo azul…

La caja estaba adornada con una tela bonita, tenía una fotografía de una niña con unos auriculares puestos y cara de estar soñando despierta, y llevaba un cartel que decía: «Escuchando los sueños». Cuando la presenté a los niños, les expliqué las instrucciones para su utilización: había que cerrar los ojos, sacar cinco cosas de la caja, colocarlas en el suelo y comenzar la historia. Les recordé que tenían que pensar quién sería el protagonista, cómo empezaría, qué ocurriría y cómo acabaría.

¡La estrenamos inmediatamente! Ese día les dio tiempo a ocho niños a hilar unas historias que resultaron realmente preciosas. Los demás escuchábamos en silencio, aplaudíamos, nos reíamos o nos emocionábamos, según. En días posteriores todos los niños tuvieron oportunidad de inventar. Y luego la caja se utilizó en los talleres, en ratos libres, y cada vez que al menos dos niños se ponían de acuerdo para regalarse historias el uno al otro. Después Helena propuso dibujar las historias que inventaban, y así se hizo.

En la reunión de padres hubo tanto interés por aquella caja que los niños habían comentado, que la probamos allí mismo. La mamá de Lucía empezó una emocionante historia que fue finalizada por la de Estela del Mar, recibiendo un sentido aplauso del resto de asistentes.

Puesta a buscar las ventajas de esta actividad para explicárselas a las familias, me di cuenta de que la caja había servido a los niños para atreverse a fabular delante de otros, para obtener un plus de seguridad, confianza y autoestima, para ordenar y estructurar el hilo narrativo de las historias, para despertar el deseo de leer y escribir, para disfrutar con las narraciones de los demás, para ejercitar la imaginación, para crear diversión, comunicación, complicidades y ambiente de grupo, para conocer mejor a los compañeros y sus habilidades y para tener a mano una eficaz herramienta de entretenimiento autónomo.

Puesta a pensar en los momentos vividos con mis alumnos gracias a la caja de escuchar los sueños, lo que me llega a mí como ventaja es el placer de lo que empezó como un sencillo juego de palabras y acabó siendo un momento de encuentro imaginativo y cariñoso.

Los sábados por la mañana voy a hacer la compra a un pequeño mercado de barrio en el que compraba mi madre. Con algunos tenderos se ha establecido una relación de confianza, por eso no me extrañó que la chica de la panadería, sabiendo que soy maestra, me hiciera un comentario sobre un tema de educación. Me dijo que un familiar suyo estaba muy satisfecho de llevar a su hija a una escuela en la que imponían a los niños un fuerte ritmo de aprendizaje, ya que, según su opinión, a los niños había que «apretarlos» para que rindieran al máximo.

Ella no estaba de acuerdo, pensaba que es mejor que no haya tanta exigencia, porque si a un niño se le «aprieta», demasiado, lo probable es que «se ahogue». O sea, que se ponga nervioso, apático, rebelde, que no atine a nada. Me preguntó cómo lo veía yo y, a modo de respuesta, le conté este hecho que habla por sí solo y que puede servir de ilustración a mi pensamiento.

El curso pasado se había incorporado a mi clase una niña nueva. Tenía cinco años, venía de fuera y se volvería a ir, sólo iba a estar con nosotros unos meses. La madre me había dicho que no le gustaba ir a la escuela y que solía temer que los demás niños le pegaran o se metieran con ella, porque no sabía defenderse. Sin embargo, la niña desde el primer día se mostró contenta, habladora, juguetona y sociable. Nos explicó cosas de su pueblo, de sus amigos y de su familia. Se incorporó sin problemas en una discusión que había en clase sobre si las hadas existían o no, argumentando acaloradamente su opinión: «A ver, ¿alguien de aquí ha visto un hada, una bruja o un esqueleto andando por la calle?... ¡Pues eso es porque no existen!». A la hora de ir al patio, salía con los compañeros ni más contenta, a la hora de jugar, disfrutaba muchísimo alabando los juegos, los juguetes, los disfraces o el tesoro, y si había que escuchar una lectura, hacer un teatro o recitar un poema, siempre se mostraba atenta e ilusionada.

Lo que sí que manifestaba con claridad es una actitud de fuerte evitación hacia todo lo relacionado con el trabajo de representación en el papel. Le costaba empezar a dibujar, decía que no sabía, o me pedía que le señalara yo la silueta del dibujo para pintarlo por dentro. En los talleres, elegía los más parecidos a juegos o a experimentación, rehuyendo los de pintar, hacer collage, o recortar. Y si la tarea propuesta era dibujar un bosque, un león o un amigo, hacía las figuras pequeñísimas, sin apenas presionar en el folio, costaba verlas. En esos ratos perdía su naturalidad habitual, y se ponía seria, callada, e insegura, entregándome sus trabajos mirando hacia otro lado, como si temiera mi desaprobación.

Para poder entender lo que le pasaba y ayudarla a superar su temor, volví a entrevistarme con sus padres, y me comentaron que la maestra que había sido su tutora desde los tres años «apretaba» mucho, les ponía fichas todo el día y a su niña le decía que hacía todas las cosas mal, «para que se esforzara más». Con el fin de que me hiciera una idea del tipo de modelo educativo que la niña había vivido, me comentaron que era como si fuera una escuela antigua, (aunque la maestra no era mayor), en la que se funcionaba con tarea, disciplina y los conocidos premios y castigos, llegando en una ocasión hasta a ponerle «orejas de burro» a una compañera de su clase.

Después del vuelco que me supuso oír esto, me pareció que no había mucho más que indagar, porque lógicamente, la niña reaccionaba así para evitar aquellas situaciones que le generaban miedo, inseguridad y mal concepto de sí misma y sus capacidades. Invité, pues, a los padres a animarla y a valorarle sus trabajos, y también a protestar con contundencia ante esta penosa situación para que no se repitiera el curso próximo cuando la niña volviera al pueblo y fuera a parar a la misma escuela, porque no había otra.

Por mi parte, me dispuse a emplear todas las estrategias posibles para despertar en ella el deseo de experimentar con materiales atractivos, y así encontrarle el gusto a pintar sin asustarse plasmando en el papel sus vivencias, conocimientos e imaginaciones. Pegamos hojas, plumas, y «perlas». Pintamos con ceras, témperas, chocolate, café. Modelamos lobos, arañas y caracoles. Hicimos un autorretrato, y un mural colectivo en el que participó, distraída de su dificultad al verse entre el bullicio de los demás niños. Por fin un día dibujó un pájaro precioso, de buen tamaño, con rayas de colores y sin ningún susto aparente, y eso fue todo un acontecimiento en clase. Ella nos miraba aplaudirle, extrañada de ser la protagonista de una valoración tan sentida.

No nos dió tiempo a darle la vuelta del todo a sus miedos, sólo un poquito. Tampoco he sabido si logró olvidar el sufrimiento experimentado, ni si sus padres conseguirían frenar esta mala práctica tan perjudicial para la autoestima de los niños. Pero sí sé que entre todos tenemos que intentar que estas cosas no pasen, porque lo importante no es que los niños pinten o no pinten, sino que, en aras a una supuesta motivación extra de cara a su mejor aprovechamiento escolar, se les subestime, o se les ataque con estas u otras dañinas «apreturas».

¡Y a mí que ya se me habían olvidado las «orejas de burro!»...
Ojalá esto no haya sido más que una anécdota excepcional.

Hace poco he sabido de una escuela infantil que recibe a niños y niñas entre los cuatro meses y los tres años, en la que se expone un insólito cartel que dice: «PROHIBIDO LOS CHUPETES». La sorpresa que me ha causado me ha llevado a pensar que quizás estaría bien recordar qué significa realmente chupar para un niño pequeño, en plena etapa oral, en plena dependencia de quien le alimenta, en plena adaptación al mundo exterior, en plena crianza.

Desde que el mundo es mundo se sabe que los niños pequeños se lo llevan todo a la boca, la zona que más sensibilizada tienen, por ser la puerta al alimento y al vínculo con la madre o la persona que le nutre. La boca es un importante lugar de supervivencia cargado de conexiones, de afecto y de calor. Para un bebé chupar es lo que más se parece a comer. Es un consuelo, es calmarse, es revivir las sensaciones placenteras que acompañan el momento de alimentarse. Es recordar el tacto, el olor, la voz y la compañía de quien le cría y le sostiene. Chupar también es curiosear, aprender, entretenerse. Es una especie de juego primitivo, en el que se dan juntos el afán de conocer y la búsqueda de calma, placer y satisfacción.

Cuando un bebé chupa un objeto, es como si lo radiografiara, como si se lo grabara dentro, haciéndose un catálogo de los objetos y sus cualidades, que le permitirá compararlos, distinguirlos y así ir dominando su entorno. Pero cuando lo que chupa son sus dedos, su sábana, o su chupete, a esos efectos del aprehender, se añaden los del autoconsuelo y la relajación. Es como si los bebés tuvieran en la boca un autorregulador, una posibilidad permanente de estar tranquilos, un huequito particular para encontrar la calma que aún no pueden lograr de otra manera.

El pediatra e investigador Terry Brazelton (2001) nos explica que «el bebé tiene el reflejo de amamantamiento que se presenta al tocar al recién nacido cerca de la boca. Entonces se dará la vuelta hacia esa dirección en busca del «pecho». Y cuando se le acerca un dedo para que succione, se puede observar su coordinación para chupar, que se manifiesta en tres etapas. En primer lugar, lame con la punta de la lengua la parte del dedo más próxima a la boca. Luego mueve la parte posterior de la lengua en torno a la mitad del dedo. Por último, succiona la punta del dedo.», Brazelton (2001) afirma que «chuparse el dedo es un patrón saludable de autocontrol. Cuando el bebé se enoja o trata de calmarse, recurre a esto a fin de controlarse».

Tanto es así que, a lo largo del tiempo, se han ideado diversas modalidades de chupetes, con el fin de ayudar a los bebés a encontrar quietud cuando la necesitan. Desde el propio pecho de la madre a los dedos del niño, desde pequeños paños blancos impregnados de azúcar, miel o infusiones de hierbas relajantes, a caña de azúcar. Desde pan duro a chupetes de goma, más o menos grandes, más o menos blandos, más o menos adaptables.

Las amapolas no huelen demasiado bien, se marchitan enseguida y además dejan los dedos manchados de un polvillo pringoso. Pero alegran el campo, iluminan el suelo con sus rojos brillantes y te hacen sentir que es primavera. Una vez tuve la suerte de ver amapolas de otros colores: azules, anaranjadas, amarillas, salmón, color fresa… Ondeaban al viento entre las lápidas del minúsculo cementerio de un pueblo de montaña. Una imagen sorprendente y magnífica que difícilmente olvidaré.

Allí me contaron que, tiempo atrás, a los niños pequeños les daban como sonajeros las cabezuelas de estas amapolas multicolores, que estaban llenas de semillas y sonaban muy bien al moverlas de acá para allá. También las usaban para ayudar a los bebés a dormirse hervidas en infusión y empapando unos pañitos limpios que los niños chupaban.

Sin embargo, no todo el mundo acepta bien esta necesidad natural de chupar de los niños. Hay quienes la ven con normalidad, abogando porque el niño use sus propios recursos y animándolos a estrenar una posición vital autónoma. Pero hay quienes están en contra aludiendo a la higiene, a la adicción, a la dificultad de abandonar el chupete o el dedo en el momento oportuno, o a la posible deformación de los dientes. E incluso hay quienes piensan que el niño no tiene por qué llegar a estar nunca intranquilo, y que si alguna vez ocurriera, los padres tendrían que procurar distraerlo, evitándole cualquier mínima tensión, inquietud o cansancio. Un camino de sobreprotección que agota a bebés y a padres, y en el que subyace la pretensión de darle todo resuelto al pequeño y de no confiar en que él también puede intentar buscar por si mismo la calma con chupeteos, balanceos, o una buena siesta.

A algunas personas les inquieta ver a un bebé chupándose los puños, o con el dedo pulgar metido en la boca. Les suena a desconexión, a carencia, a suciedad, a contagio, a abandono. Aunque en realidad sería de lo más normal. Pensemos en un bebé molesto por tener hambre o sueño, que para calmarse da grandes chupetones a lo que le venga más a mano, ¿por qué alarmarse? Pensemos en un niño menor de dos años que cada tanto hace una parada en sus juegos para descansar mientras chupa un ratito su dedo o su chupete, ¿qué tiene esto de raro? Si el niño alterna su actividad de exploración con ratos de calma, en los que chupa y reposa, estaríamos ante la manera natural de entretenerse y buscar placer. ¿Por qué tanto sobresalto? ¿Qué miedos se nos despiertan a nosotros los adultos, ya seamos padres o maestros, ante esos momentos en que vemos al niño autoabastecerse? ¿Acaso nos da rabia no serles imprescindibles?

Cuidado con esos carteles de «Prohibidos los chupetes», evidencian un modo de entender el acompañamiento que no respeta las necesidades de los niños. Cuidado con correr y acelerar los procesos de crianza. Cuidado con olvidar la ternura que precisan los niños de edades tempranas. Cada cosa a su tiempo, primero chupar y después dejar de hacerlo.

Las puertas de mi clase

«Las puertas siempre han sido lugares sagrados, comunican los distintos mundos», nos dice Martín Garzo (2012, p. 51). En las casas mexicanas de otros tiempos ponían una cabeza de jaguar en el dintel de las puertas para proteger a los que allí habitaban. En otras culturas se colocaba en el quicio de la puerta de la casa familiar una diminuta caja que contenía palabras o rezos y se tocaba al entrar y al salir a modo de bendición. Hay muchas costumbres en torno a las puertas, ese elemento tan real y tan simbólico a un tiempo que nos habla de que hay un adentro seguro y un afuera aventurero, ¡y los dos hacen falta!

En nuestra escuela las puertas están pintadas de amarillo «huevo frito». Son vistosas y acogedoras con ese bonito «color sol», que decía Alina a sus cinco años. Y nos sirven no sólo para dar paso, sino también para exponer fotos, láminas de arte, canciones, avisos o noticias. Las abrimos para que entren las familias a compartir con nosotros saberes y cariños, oficios y aficiones. Para que entren los amigos a traer informaciones, habilidades y alegrías. Para que vengan los compañeros a hacer talleres, a ver teatro, a bailar. También se abren para dejarnos salir a ver la ciudad, la calle, los museos, los castillos, el mar… Porque estamos abiertos a las personas, a los aprendizajes, a los juegos, a las relaciones, al emocionarnos, al desear, y la actitud que sustenta esta apertura al exterior es la que nos hace mantenernos curiosos, activos y ávidos de pensar y de sentir.

Yo siento que las puertas de mi clase se abren al mundo, que guardan secretos y tesoros, que preservan de fríos y calores, que cuentan nuestras cotidianas historias, que nos cuidan. Y me gusta comprobar que a la vez que se ocupan de mostrar nuestras diversidades y bellezas, tienen la opción de cerrarse para ofrecer bordes, para limitar, para contener, dar cobijo y defender el territorio personal y del grupo.

Cada puerta en mi aula sostiene un «eje informativo», una parcela de saber grupal, o cultural. La que da entrada a la clase tiene el nombre del aula, una lámina de los animales que nos representan y carteles de bienvenida o de anuncio. Por detrás hay un letrero que reza: «Colección de palabras» y se va rellenando con las palabras que los niños eligen como sus preferidas. En la puerta que da al patio se suelen poner dibujos que representan las canciones y poesías que vamos aprendiendo. Actúa como una especie de cancionero colectivo y es bonito ver cómo los niños se sitúan ante ella, solos o con otros, para cantar o recitar. Es un espacio literario muy sencillo y asequible.

En la puerta que da al aseo hay una serie de registros en los que se muestran las características de los niños. En lo alto pone: «ASÍ SOMOS» y allí se sitúan los gráficos con el color del pelo y de los ojos de los niños y niñas de la clase, las alturas, los pesos, los dientes caídos, el número de hijos de cada familia, los que llevan gafas, los chicos y las chicas, etc. Héctor sugirió una vez hacer un registro con «los que tenemos la nariz ganchuda y los chatos». Aitor propuso reseñar los que tenían el ombligo hacia fuera como su hermano, o hacia adentro, como él. Lorenzo quería que se anotara dónde nació cada uno (para poder poner que él era el único nacido en Argentina). Emma quiso que apuntáramos los que estuvieron en incubadora, como Iker y ella. Otro cuadro propuesto por Aitana era de las patrullas de amigos. Adriana quiso que se apuntaran los novios para poder estar con Antonio en un «corazón de amor», porque, según decía: «estaba muy orgullosa de él».

El hecho de que cada cual esté en todos los registros es la clave de su éxito para los niños, y de su valor, porque los cuadros hablan de diferencias y de inclusiones, de lo individual y lo grupal. Hablan de que hay muchas maneras de ser y de estar, y todas nos sirven y nos parecen válidas. Lo que viene a decir que todos valemos, mensaje muy estimulante y consolador para quienes empiezan su recorrido vital y necesitan autoestima y seguridad. Es corriente ver a uno o a varios niños consultando los cuadros y constatando su presencia en esas pequeñas instancias de realidad compartida.

¿Serán estas maniobras asuntos matemáticos, grupales o emocionales? ¿Tendrán contenidos lingüísticos, psicológicos, de conocimiento físico o social? Yo lo que veo es que contienen muchos objetivos curriculares y muchos saberes, pero también muchas vivencias de grupo, y mucha calidez. Es como si representaran las miradas de todos puestas en los demás, y en si mismos. Es una constatación práctica de que cada cual es mirado por todos sus compañeros y por mi. Y no sólo mirado, sino respetado en su genuino modo de ser, y aceptado, y querido.

Qué interesante sería lograr tener en nuestras escuelas unas puertas que se abran a la vida, que no atrapen, que dejen entrar y dejen salir. Unas puertas que nos ayuden realmente a dar a los niños un lugar segurizador y afectuoso: su escuela.

En mi escuela aprendemos de muchas y variadas cosas. Ahora estamos averiguando el significado de nuestros nombres. Para ello manejamos varios libros, en uno de los cuales aparece el significado del nombre de Carlos y se lo comunico:

—Mira, en este libro dice que tu nombre significa: Dios cura.

—¡Ah, me gusta! —contesta él en tono alegre.

—Pero como Dios no existe, no sé de qué te alegras tanto, —le responde Pedro en plan bravo.

—Sí que existe —comenta Lía.

—Yo lo que digo es que si Dios no existe ¿para qué existen las misas? Mi abuela ha visto hoy la misa de la tele —argumenta Luis.

—Los que creen en Dios van a la iglesia a oír la misa y los que no creen no van. No pasa nada —digo yo en plan conciliador.

—También están los que creen, pero no van a la iglesia, como yo —dice Carlos.

—Pues yo no quiero ir a la iglesia y me hacen ir, y me aburro mucho, porque no puedes ni moverte, ni hablar. Menos mal que sólo voy cuando le echan el agua a algún primo.

—También se va para casarse.

—Yo no sé si Dios existe o no, pero la sirenita Ariel sí que existe, me lo ha dicho mi mamá —afirma Luisa.

—No existe, es de mentira, sólo existen las sirenas de verdad, que están en el mar —respondía Pedro.

—¡Que no! Que las sirenas son seres mitológicos, ¿a que sí? —apuntaba Hugo.

—¡Pero Dios sí que existe, que me lo ha dicho mi papá! —seguía Luisa.

—Mi papá tampoco cree en Dios, ni yo. Mi abuela sí, es de ésas que van a la iglesia —añadía Hugo.

—Pues Dios sí que existe, que yo he ido a verlo —insistía Luisa.

—¿Adónde?

—A Terra Mítica, a la parte de los faraones, que Dios era un faraón que se murió, subió al cielo y ahora es Dios.

—¡No existe! ¡No existe! —corean Hugo y Pedro.

—Vamos a decir lo que creemos a ver quién gana, si «Sí Dios» o si «No Dios».

—¿Qué va a ganar? —me pregunta Alfredo.

—No lo sé, ¿por qué me lo preguntas a mí?

—Es que él quiere votar a lo que va a ganar —me aclara su amigo.

Votan y salen 18 votos al «Sí que existe» y 5 al «No existe». Entonces Hugo me pregunta qué creo yo y le digo que no lo sé seguro. Me dicen que ponga otra raya en el gráfico con «los que no lo saben seguro» y así lo hacemos.

La conversación acaba con el recitado del «Jesusito de mi vida», que inicia Pablo y al cual se suman la mayoría de los niños, incluidos los de «Dios no existe». Una escena surrealista, unas opiniones teñidas de magia y un gracioso momento a recordar.

No es la primera vez que oigo conversaciones de este tipo, sobre ideas y significados importados de las creencias de cada familia. Pero esta vez las afirmaciones que salían contenían más sentencias que argumentación y un tono beligerante que no sé interpretar. Noto, eso sí, la mezcla que mantienen los niños entre el pensamiento mágico y el inicio del realista, y la dificultad en distinguir lo real, de lo fantástico y de las creencias. También veo deseos de «ganar» a ultranza, apoyo a las opiniones de los amigos, y silencio en muchos de los niños que aún no han recabado datos sobre el tema y han preferido escuchar.

Recuerdo que antes me sentía molesta si los niños hablaban de estas cosas en clase. Me preocupaba no saber manejar la conversación, que se dijera algo que provocara quejas de alguna de las familias por no sentirse respetados en sus creencias, o bien que me preguntaran directamente a mí qué es lo que creía. Con el tiempo he ido aprendiendo a escuchar a los niños, a hacer aclaraciones si lo veo necesario, a decir lo que pienso con naturalidad y a proponer como vía el respeto a lo que cada persona cree. En cuanto a los temas trascendentes y en cuanto a las cosas de todos los días.

Lo bueno es que en la escuela se pueda hablar de los asuntos que nos andan por adentro: de la trascendencia, de la muerte, de los sentimientos, de las creencias, de la familia, de la televisión, del juego, del aprendizaje, de los amigos y de los enemigos. Porque este hablar desde dentro de nosotros mismos dice mucho de nuestra subjetividad, de nuestro deseo de saber, de nuestra necesidad de compañía, de nuestra búsqueda de relación con los demás, de nuestros tanteos y averiguaciones para encontrar el sentido de la vida.

Huellas de belleza

Como sabemos, sobre las personas recaen huellas y recaen cicatrices. Ambas cosas nos influyen y nos hacen falta para construirnos, a modo de aportes, identificaciones, recuerdos, o a modo de roturas que darán paso a cambios.

Como nos dice la RAE: Una huella es la señal que deja alguien o algo al pasar o al rozar. O un rasgo que deja algún suceso en nosotros.

Yo tengo en mi haber, por suerte, varias huellas de belleza en las vivencias de mi infancia. Mi madre me contaba unos cuentos preciosos. Mi padre me cantaba zarzuelas y habaneras con voz de barítono. Mi abuelo me llevaba al cine y al teatro. Leía tebeos gratis los domingos en el kiosko de unos conocidos. Jugaba en la calle con mis amigas, bailábamos ofreciendo espectáculos al vecindario, nos disfrazábamos y hacíamos collares de estrellitas de sopa y lazos de papel seda que pinchábamos en una patata gorda con un alfiler para venderlos como broches. Pasaba ratos en casa de las vecinas de mi abuela, que eran modistas, allí jugaba con botones antiguos y aprendía sobre la forma de actuar de las personas. Y además mi tía Horten me enseñaba buenos trucos para no aburrirme. Uno de ellos fue inventar historias con las palabras que escuchaba decir a los que caminaban cerca de nuestro balcón.

En cambio, mi iniciación en las artes plásticas fue muy pobre. En los colegios a los que fui, solamente copiaba dibujos, calcaba, reseguía siluetas ya hechas, las coloreaba y completaba con un escueto «Felicidades» las tarjetas de Navidad, del día del padre o de la madre. O sea, que mis vivencias en este sentido fueron escasas, así que la sensibilidad que crié fue más casera que escolástica, más juguetona que cultural. A base de actividades que más bien eran juegos, como: dibujar palabras en la arena de la playa, colocar preciosamente mis tesoros encima de la cama, inventar caminos en los ladrillos de cemento veteado del zaguán, escribir pequeños poemas, hacer mapas, imaginar figuras en la forma de las nubes… Pero me daba miedo crear dibujos sin pauta ninguna. Hacer algo totalmente nuevo en el papel se me antojaba imposible, este sistema de lo «medio hecho» me había convencido de que era una total inútil en materia creativa.

Vayamos ahora a las cicatrices. Una cicatriz es cuando la piel se desgarra y se crea una nueva piel para cerrar la herida, aunque ya será de otra textura y dependerá para formarse de su capacidad de regeneración, de su encarnadura (RAE). Las huellas que tenía en mi haber en temas de lenguaje, juego, curiosidad y música fueron suficientes para permitirme fructificar, por eso en mis clases siempre ha habido: cuentos, teatro, música, poesía, escrituras, bailes, juego, invento, indagaciones, bromas, atrevimientos y sueños. En cambio, como mis experiencias en materia plástica, fueron tan escasas y bloqueadoras, y además en mi formación inicial se continuó con las copias y las manualidades, mi recorrido como maestra empezó con la repetición de mi propio proceso. Mis alumnos sólo copiaban y hacían «trabajitos manuales».

De ahí pasé a la gran hazaña de proponerles hacer dibujo libre y trabajar en talleres, en los que se elegía el material, la tarea, el tiempo a dedicar y en los que no todos hacían lo mismo al mismo tiempo. Y además de los talleres, la realidad me proporcionó varias ocasiones, verdaderos hitos, que le dieron la vuelta a mi práctica cotidiana. Estos vuelcos fueron auténticas heridas, no sólo cognitivas, sino también narcisísticas, que me pusieron a pensar, a imaginar cosas nuevas, a estudiar, a desear y a dudar si podría o no hacer avances que fueran efectivos y útiles. Por un lado, Lola, madre de unas alumnas de la escuela, que era maestra, nos explicó a mis compañeras y a mí, sus creativas prácticas en las producciones plásticas en su escuela anterior de Barcelona. Quedamos admiradas y quisimos seguir indagando. Otra madre de la escuela, Rosa, museóloga, nos invitó a trabajar con los niños sobre arte abstracto. Susto y asombro, ¿podríamos?

Aquí, y aunque partimos con inseguridades, nos sujetamos el miedo y nos decidimos a emprender la aventura. Entonces se nos fueron formando otras pieles para cicatrizar, disfrutar y comenzar de nuevo. Y para que las producciones plásticas de los niños no fueran nunca más aburridos rellenos, estereotipadas simplezas o apaños sin sentido, sino que les sirvieran para experimentar, para expresar, para pasarlo bien, para decir de si, para soñar y para tentar la belleza con sus pequeñas y ávidas manos.

Ahora cualquier propuesta de trabajo plástico nos parece aceptable, si contiene libertad, asombro, juego, experimentación, y la silvestre belleza que producen ellos. Le hemos perdido el miedo a lo nuevo, nos hemos acostumbrado a hacer buena encarnadura. Sabemos que con lo nuestro, más lo que viene de fuera, se conformarán otras pieles, otros inventos, otras posibilidades. Y las esperamos ilusionadamente.

¿Quién se anima a huir del estereotipo y acercarse a la belleza?

«Mirar santos»

Esto de «mirar santos» viene de muy atrás. Allá por el siglo XIII los únicos que sabían leer eran los religiosos, el resto de personas estaban alejadas de la cultura y se mantenían en una situación de analfabetismo o ceguera a la lengua escrita que los relegaba a una exigua posición de «mirones», frente al saber, que en esos momentos pertenecía al ámbito eclesiástico. Por entonces surgieron las Biblias para pobres, en las que había unos dibujos que plasmaban escenas del Nuevo Testamento y que eran el medio principal que el pueblo utilizaba para acercarse a conocer los relatos bíblicos. De ahí viene lo de «mirar santos», que venía a ser mirar las imágenes que traían los libros.

Pues bien, yo de pequeña miraba apasionadamente los textos buscando los «santos», y recorriendo las páginas una a una en busca de bellas imágenes que iluminaran mi ya de por si copiosa imaginación. Miraba, incorporaba lo nuevo, elegía, soñaba y hasta acariciaba las hojas en las que aparecían las ilustraciones que más me emocionaban.

Recuerdo dos imágenes que me acompañan desde entonces. Una es la cara de una princesa hindú que estaba en un libro llamado Cuentos indostánicos (AA VV, 1958). La veía tan serena, tan sugerente y tan bonita, que me daban ganas de ser como ella. Cierro los ojos y es como si la viera. La otra imagen aparecía en un libro antiguo y magnífico que aún conservo: Cuentos de la abuelita. Es de una bruja a la que los reyes olvidaron invitar cuando se celebró el bautizo de una de sus hijas. La bruja se enfadó tanto que lanzó una terrible maldición a la niña: «¡Te condeno a que se enamore de ti un gran guerrero que matará a tu padre, a tu madre y a tus hermanas el mismo día en que se case contigo!». Esas palabras tan duras, iluminadas en el rostro dibujado de aquella mujer, me produjeron una impresión que ha durado hasta hoy.

Generalmente, incluso ahora, primero miro los santos y después los milagros. O sea, primero las ilustraciones y después las palabras. A veces descubro que van juntos, al alimón, acompasadamente, apoyándose y encontrándose en cada rincón, en cada coma, en cada suspiro, en cada latir. Es como disfrutar de dos lecturas en una: la historia y los dibujos. Como un brindis de imágenes y palabras. Otras veces parece que hay dos hilos que discurren paralelamente, o que divergen, alejándose el uno del otro. Entonces me vale más la pena leerlos «por separado», porque noto como un divorcio entre el texto y la ilustración, no siento coherencia, sino más bien que cada uno va a la suya.

Como es sabido, las imágenes tienen un recorrido mucho más veloz que las palabras. Son como una foto que se cuela dentro sin mediar apenas nada y no hay modo de librarte de ellas, aunque quieras hacerlo. Y es que entrar en nuestro mundo afectivo es mucho más sencillo que salir, por eso hay que tener cuidado con ofrecer a los niños imágenes pobres, violentas, estereotipadas, confusas, tristes, ajenas. Dejemos que cada cual construya su imaginario con libertad y anchura, y que nadie invada, robe o destruya su potencial imaginativo.

La lectura de imágenes antes era una aportación novedosa a nuestro imaginario en construcción. Pero ahora las imágenes que nos llegan son tantas que ocupan casi todo el sitio y se corre el peligro de que sustituyan no sólo a las palabras, sino a nuestras propias imágenes en lugar de simplemente proponerles sugerencias o estímulos creativos. De hecho, hay tal cúmulo de oferta icónica que es difícil mantenerse firmes y mirar hacia adentro para buscar una voz propia, un color personal, una manera de imaginar nueva, sin injerencias, ni repeticiones, nuestra. Nos rodean los anuncios, las pantallas, los video-juegos, los dibujos animados, la información, los estereotipos proliferan y la propaganda busca insaciablemente un consumo que es su razón de ser.

También en los libros para niños, en los cuentos y los poemarios la ilustración ha ganado mucho terreno. En el dúo de la palabra y la imagen, se está desvaneciendo la fuerza del leer y se está potenciando el gozo de mirar, aún con el riesgo de perder un acuerdo que sabemos que es necesario. Me pregunto cómo haremos para encontrar un equilibrio que no cercene las imaginaciones, que abra paso a los sueños genuinos, a los inventos particulares y a las imágenes que nazcan directamente de nuestra subjetividad.

¿Quizás con una ilustración más respetuosa con los textos y con los niños?

¿Una ilustración que tenga más de arte que de descripción de las historias?

¿Una ilustración que sea sencilla y sugerente, que ilumine sin excesos, invasiones, ni exclusividades?

El perfume de leer

Mi primer libro fue uno de esos librillos de Comunión, de nácar y oro, al que pasaba, febrilmente, las hojas, mientras recorría el pasillo de la escuela de mi madre, puesta de batín de franela hasta los pies y de dos breves años. Claro está que no lo leía, pero lo palpaba muchísimo, y ese contacto con el papel fino y apergaminado, fue un bautizo en toda regla para mi andadura lectora.

El colegio y la casa eran todo lo mismo. Yo solía trastear en el patio interior, al pie de la palmera, con mi capazo de cachivaches, mientras se me iba llenando el oído de:» la m con la a ma». Es por eso que no puedo saber cuándo empecé a leer por mi misma. Lo que sí me ha llegado por Vicentina, la carnicera, es que un buen día y casi sin despuntar del suelo, leí en voz alta los precios de los filetes para sorpresa y asombro de la clientela. A partir de entonces, me dedicaba a leer con entusiasmo los cartelitos del cine, los anuncios de los tranvías, el papel del bote de La Lechera, el prospecto del bicarbonato y, en fin, todo lo que caía en mis manos.

En el instituto apareció en mi vida don Francisco, el profesor de literatura. Un señor alto, de pelo blanco, que en los últimos cinco minutos de clase y antes de que sonara el timbre, nos recitaba con voz profunda: «Abenámar, Abenámar, moro de la morería» y toda una sarta de lindezas, que me tenían enamoradísima. Y no sé si por la admiración o por el interés que me despertaban las cosas que nos leía, empecé a leer libros «de verdad»: *Platero, Alfanhuí, El romancero gitano*... Pero sin abandonar los tebeos, los cuentos, ni la colección de Bruguera, con su Heidi, sus Mujercitas, su Corazón, etc. Y cuando encontraba algún momento propicio, a hacer incursiones en la librería de mis padres, para leer a escondidas: Las uvas de la ira, Cumbres borrascosas… El caso era leer.

Hasta aquí un esbozo de mis cimientos lectores, que han reunido: palabras, historias, relaciones, voces familiares, entretenimiento, imaginación y belleza. Desde aquí un mínimo esbozo de mi manera de entender el valor de la lectura.

Yo le llamo leer a entrar en otros mundos, en otras dimensiones, en otras posibilidades. Le llamo leer a buscar compañía, a jugar a ser otros, a tener una historia distinta, a atravesar pasadizos de miedo, de amor, de rabia, de ternura, de excitación, de deseo, de envidia, de coraje. Le llamo leer a vivir otras vidas por medio de las palabras. A nadar otros mares. A soñar otros sueños. A envolverse de belleza.

Eso sí, este vestir de alma las palabras se ha de transmitir sin el peso de presiones u obligaciones. Más bien por contagio, por afecto, por cercanía, por placer. Se ha de vivenciar desde adentro. Se ha de disfrutar poco a poco, un rato cada noche, un momento en cada desvelo, un instante en cada sueño. Es cuestión de animar a los niños a meterse en la piel de otros, a conocer otras formas, otros sentires, a temblar con cada susto, con cada peligro, con cada duda, con cada beso.

Leer es sentirse humanos, entender a los demás y abrir tu puerta para ser entendido. Leer es comprender, aprender, soñar, desear, vivir. Leer puede hacer que te sientas mujer, niño, dragón, sapo o tormenta. Leer te pone en contacto con tu propia interioridad, con tu propio relato, con tu propio ser. Leer te hace sentirte en compañía de otras personas. Por eso creo que es preciso, indispensable y urgente atrapar y atesorar los momentos de lectura. El mundo necesita consistencia, argamasa, sentido, humanidad, y leer aporta todas esas cosas, además de belleza.

Como maestra de niños pequeños, me gusta presenciar sus primeros momentos de acercamiento a los libros. Es divertido ver que cuando conocen los cuentos, los toman por juguetes, así que se entretienen en toquetearlos, chuparlos, apilarlos, pasarles las páginas, o lanzarlos por los aires. Lo que menos hacen es mirarlos, pero eso es hasta que alguien se sienta a su lado y se los va contando. A partir de ahí ya los escuchan, los acarician, los contemplan. Y es que sin ese acto de llevarlos de la mano a las palabras y a las historias, no habría posibilidades de conocer y amar la lectura.

La afectividad puebla cada página de los libros, porque siempre vienen de parte de alguien que está dispuesto a prestar al niño su voz y su saber, siempre suponen un regalo, siempre están revestidos de cariño. Así de bonito lo dice Maurice Sendak refiriéndose a los padres, aunque lo podemos hacer extensivo a los maestros, a los amigos y a todo el que sienta el deseo de contagiar a otros la aventura de leer:

«Cuando mi padre me leía, yo me recostaba sobre él y me volvía parte de su pecho o de sus brazos. Y yo creo que los niños que son abrazados y sentados en las piernas —deliciosamente acariciados— siempre asociarán la lectura con los cuerpos de sus padres, con el olor de sus padres. Y eso siempre te hará lector. Porque ese perfume, esa conexión, dura para toda la vida».

Como tú, piedra pequeña

Los niños están muy cerca de la tierra y sus aconteceres. Persiguen hormigas, les cuentan las patas a los escarabajos, hacen comida con hojas y semillas, dibujan su nombre con una rama en el puro suelo... Entre sus múltiples andanzas «terrenales», están la búsqueda y captura de piedras que les llaman la atención por algún motivo: porque «brillan al sol», porque «parecen un huevo», porque «son muy blancas», porque «están frescas», etc.

En el enorme patio de nuestra escuela, las piedras son interrogadas a diario por la insaciable curiosidad de los niños, que las someten a sus manejos para sacarles brillo, o ver sus matices de color, rugosidad o frescura. Sabiendo esto, y con el doble objetivo de que aprendieran y disfrutaran, pedí una vez a mis alumnos que trajeran un mineral a clase. Y la estantería de las cosas naturales se nos llenó a rebosar de maravillas, que nos fascinaron por sus colores, formas, procedencias o curiosas propiedades. Entre los minerales aportados por los niños había: mármoles, ópalos, calcitas, rocas volcánicas, talco, carbón, corales, etc. ¡Hasta arena rescatada de los zapatos de Roque tuvimos en nuestra exposición!

Recopilamos cuatro rosas del desierto que causaron sensación por ser tan bonitas y porque supimos que se forman con arena. Las ágatas nos impresionaron por su belleza, además de venir acompañadas con la coincidencia de que la perra de Estela del Mar se llamaba «*Ágata*» y acababa de morir. Las piedras volcánicas también tuvieron un éxito tremendo por el impacto del volcán y sus peligros. A los niños les gustó mucho ver sus distintas tonalidades desde el rojo hasta el negro y enterarse que hay una que era utilizada «antiguamente» para fregar las cazuelas: la llamada piedra pómez.

Los «minerales que manchan» lograron muy buena acogida: la hematita de Noa, que nos manchó los dedos de rojo, el talco de Dante que nos puso las manos blancas, el grafito, carbón con el que se hace la mina de los lápices. Había otros minerales que gustaban por muy variados motivos: la pirita por su forma de cubo y su brillo dorado, la pizarra por ser «tan fina», los que brillaban por su esplendor innegable, el cuarzo rosa por su color, etc.

Capítulo aparte merecieron las piedras preciosas, a las que los niños llamaban «bonitas» y que disfrutamos gracias a algunas madres que nos prestaron generosamente sus joyas: turquesa, malaquita, lapislázuli, ámbar, jaspe, ojo de tigre, amatistas, jade y, por supuesto, oro y plata. En las casas los joyeros fueron curioseados por los niños, que pedían a sus padres lupas o linternas «para ver mejor» los minerales engarzados en los pendientes, collares o pulseras. Por supuesto aprendieron a distinguir «las joyas de plástico» de las verdaderas, usando el truco de Candela: «si están frías, son minerales y si no, no».

Fue muy interesante hablar de las diferencias entre los seres vivos y los no vivos. Para los niños resultó sorprendente darse cuenta de que los «no vivos» duraban más que los vivos, «¡y eso que no tienen vida!», decían perplejos. También les chocó saber que algunos minerales muy duros eran frágiles. Al hablar sobre las minas los niños evocaron a los Siete enanitos, y yo no resistí la tentación de cantarles una canción que dió pie para decirles que el trabajo de minero es duro y tiene riesgos de muchos tipos: accidentes, enfermedades. Se está quedando la Unión/ como un corral sin gallinas/ con tanto minero enfermo/ en el fondo de la mina.

Rocío, la mamá de Dante, vino un día a explicarnos cosas sobre el tema cargada de libros de la Universidad, muestras de minerales y sonrisas. Nos explicó que vivimos en un planeta que se llama Tierra, y que en él están los minerales, que no están hechos por las personas, sino que son naturales, y además son muy importantes y nos hacen falta para vivir. También nos dijo que los minerales tienen curiosas propiedades: la mica es un mineral blando y el diamante durísimo, que corta a todos los demás minerales. El talco mancha los dedos y de él se fabrican los polvos de talco. La magnetita es como un imán. El alumbre sirve como desodorante y para después del afeitado. El azufre es venenoso. Contó que hay quienes dicen que los minerales son buenos para la salud, que dan suerte como la amatista o la piedra de luna, o que simbolizan cosas.

La verdad es que aprendieron bastante, y además pudimos hablar de otros temas que salían a colación: la duración de la vida, las duras condiciones del trabajo en las minas, la belleza de las piedras, el papel de los recuerdos, los gustos de cada persona… Descubrimos que ninguna piedra es igual, como las personas, que somos todas diferentes. También que a la mayoría de las personas nos gustan los minerales, por eso en las casas suele haber algunos que se guardan «de adorno», o como recuerdo de algún sitio.

Y es que para aprender con los niños no hay mejor cosa que subirnos al carro de sus intereses, acercarnos a sus curiosidades y acompañarlos en sus búsquedas y sus alegres asombros:

> Así es mi vida,
> piedra,
> como tú.
> Como tú, piedra pequeña,
> como tú,
> piedra ligera,
> como tú,
> canto que ruedas
> por las calzadas y las veredas…
> LEÓN FELIPE

El oficio de los niños es jugar

No me canso de recordar la gran importancia que tiene el juego para los niños y las niñas, lo bien que se sienten al dejarse ir, al imaginar historias, retos y posibilidades, la gran creatividad que se genera en ellos al jugar. Así que, siempre que puedo, comento que el oficio de los niños es jugar, soñar en voz alta, poner en acción sus deseos, probar sus habilidades, conocer sus limitaciones, enjugar sus conflictos y elaborar sus tristezas o alegrías. Jugar tocando, mirando, sintiendo, moviéndose, corriendo, pensando, fabulando. Jugar copiando del mundo adulto y transformándolo según sus necesidades. Jugar haciendo comidas, experimentos, viajes, luchas o bodas. Jugar solo o con otros, con la tierra, con el agua, con las hojas, con las sombras…

Para que un niño juegue tiene que haber vivido momentos muy especiales con sus padres, ratitos de llenarse de ilusión, de cariño, de gozo compartido y ratitos de ausencia también, en los que ha de buscar el modo de entretenerse, ha de inventar acciones que le ayuden a esperar. Tiene que haber recibido permiso para pasar el tiempo en esas peripecias: chupar, toquetear, manipular, apilar, construir, acariciar, organizar. Tiene que haber tenido sonrisas y aplausos ante su jugar incansable. Tiene que haber gozado de placer y ganas de más. Y será desde ese jugar apasionado desde donde podrá ir cogiendo costumbre de estar consigo mismo, de cambiar la realidad circundante, de repetir las preferencias, de escapar de lo temido o lo *displacentero* y de buscar soluciones a los pequeños problemas no resueltos que a veces le inquietan.

Ahora estamos en el tiempo de los juguetes y me gustaría «alertar» a las familias con respecto al tema. Por un lado, les pediría que tuvieran precaución con los juguetes caros o automatizados, porque son más indicativos de la moda o el estatus que del juego libre, abierto y flexible que los niños necesitan. También les pediría que tuvieran en cuenta cómo son sus hijos, nietos o sobrinos a la hora de elegir juguetes para ellos, porque si miras o escuchas a un niño, puedes intuir qué juguete viene mejor a su modo, a su estilo, a sus maneras.

Les diría que buscaran juguetes más bien «quietos», «mudos», «pasivos», porque en la medida en que los juguetes no hagan tantas cosas, darán paso a que los que se pongan activos sean los propios niños. También les diría que no descartaran (por pobres, baratos o anticuados) los juguetes «de toda la vida": pelotas, cazuelas, herramientas, coches, muñecos, piezas de construcción, animalitos, cartas… Este tipo de juguetes son los pacientes acompañantes que se dejan hacer, que resisten los manejos de los niños, que les permiten crear y conocer. Les pediría que no olvidaran los juguetes a los que jugaron ellos y con los que tanto se divirtieron, les darán muy buen juego, y les invitarán a contar y a compartir sus vivencias con los niños.

Y, desde luego, les rogaría que retrasaran al máximo la entrada de los juguetes digitales en las vidas de los niños y las niñas. Bloquean su capacidad de simbolizar, les provocan pasividad al ofrecerles todo pensado, les dejan semi hipnotizados a base de los abundantes recursos visuales y auditivos que llevan incorporados y les convencen de que lo que diga la pantalla es algo «a seguir» sin dudas ni dilaciones, lo cual a la larga crea personas dependientes, poco imaginativas y sin criterios personales.

Una vez hablamos sobre los juegos y los juguetes en la reunión con las familias de mis alumnos de cinco años. Y al preguntarles a qué jugaban cuando eran pequeños, se generó un ambiente muy alegre y divertido, lleno de historias personales y de juguetes caseros e interesantes. Un padre habló de la «galera» que le fabricó su tío con una plataforma de madera y unas ruedas que giraban en todas las direcciones, otro contó que él jugaba a hacer puntería usando cajas o botes como blanco en el campo de su abuela, una mamá se emocionaba diciendo que hacía composiciones muy bonitas con ladrillos y piedras que se iba coleccionando. Otra contaba entre risas que su juego era disfrazarse con la ropa del armario de sus abuelos. Hasta hubo un papá que nos hizo una demostración de jugar a las chapas cogiendo prestadas las que teníamos en un bote en la estantería. Fue un rato inolvidable.

Después de rememorar juntos estas emociones no me costó nada pedirles que jugaran con sus hijos a esas cosas que tan bien recordaban y tanta diversión les habían proporcionado. Y les pareció una buena idea.

Algo así nos cuenta en este texto Horacio Albalat (1992), pedagogo y poeta:

> Me acuerdo que, de chico, mi abuelo me fabricó un juguete con el que jugué muchísimo. No era nada complicado, solamente era un palo con una rueda en la punta. Mi abuelo le hizo un hoyo, más o menos en el centro y luego la clavó al palo. Me acuerdo que verificamos muy bien que la rueda girara con libertad. En realidad, el juego era muy elemental: agarrar el palo y llevar rodando la rueda por delante… Sin embargo, lo divertido era ir corriendo para que la rueda girara cada vez más rápido ¡A veces parecía que la rueda me llevaba a mi! Era fantástico pasar por el borde de la banqueta, esquivar al gato casi rozándole la cola, pasar corriendo por el charco de agua de la cuneta, meterse en casa esquivando las sillas… Era como manejar un carro, o mejor aún, un tráiler. Ir viajando por todas partes, por todo el mundo.

Los cuentos alimentan el alma

Contar cuentos es como dar de comer. El que narra ofrece la mesa, las historias y las palabras. También, a modo de condimentos, su emoción, su voz, sus sentimientos, su experiencia. El que escucha come los manjares ofrecidos. Por el gusto de saborearlos, por curiosear, por soñar, por ampliar su repertorio de relatos y su conocimiento de las personas, de sí mismo, de la vida. En definitiva, por alimentar el alma.

Recuerdo con especial calidez algunos cuentos que me contaba mi madre. Siempre con tono de misterio y de asombro, como si no supiéramos las dos de antemano lo que iba a pasar. Con las expresiones muy semejantes, con parecida musicalidad. Apenas con el placer de algún mínimo cambio a modo de sorpresa, de algún suspiro nuevo que enriquecía las historias. Mis cuentos preferidos eran: «El hombre del saco», «La mano negra», «Los tres pelos del diablo y Blancabella». Qué bonita aquella cantinela que se decía cada tanto en esta historia: «¡Blancabella, tiende tu cabellera y me subiré por ella!». Había otros cuentos que también me gustaban o me asustaban, como uno en el que salía un hacha que colgaba en el patio de una casa amenazando con caer a lo largo de todo el cuento.

Mi padre me explicaba historietas de su vida, andanzas de niñez y juventud. Algunas hasta podría recitarlas ahora con sus mismas palabras, tan escuchadas y disfrutadas. También me leía un libro: *Canciones de mi abuelita*, que contenía un pequeño xilófono para acompañar canciones cuyas letras figuraban escritas y con unas preciosas ilustraciones. Por supuesto las cantábamos con entusiasmo.

Otra de nuestras diversiones en torno a los libros era leer a dúo los poemas de *Las mil mejores poesías de la lengua castellana*. Ahí mi padre se entregaba a fondo, poniéndole teatralidad a cada poesía con su entonada voz de barítono:

Con diez cañones por banda, viento en popa a toda vela, no surca el mar, sino vuela, un velero bergantín. ¡Qué bien lo pasábamos! De tanto repetirlas y dramatizarlas las memorizábamos los dos, y luego nos servían para hacer bromas, para entretenernos en los viajes, para jugar o inventar. Cuando me veía seria me recitaba: La princesa está triste, qué tendrá la princesa, los suspiros se escapan de su boca de fresa... Y cuando me veía alegre me decía: Moça tan fermosa non vi en la frontera, que aquesta vaquera de la Finojosa. Estas cosas nunca se olvidan.

Creo que estas primeras experiencias literarias compartidas en la casa de mis padres marcaron profundamente mi afición a las palabras, a las lecturas, a los relatos. Desde que me reconozco, he disfrutado escuchando cuentos, leyéndoselos a los niños, narrando experiencias y anécdotas a los mayores, contando... Me encanta el clima que se genera en el acto de narrar, las expresiones soñadoras en los ojos, el silencio, el suspense y también las emociones que convocan en cada cual las historias con sus subidas y bajadas, sus ilusiones, sus sorpresas, sus miedos y sus finales más o menos felices.

Me gustan los cuentos de antes y los de ahora. Los ilustrados y los que están sin ilustrar. Los cortos y los largos. Los conocidos y los desconocidos. Los que son para niños y los que son para mayores. Los que están en los libros, los que yo misma invento y los que se inventan los niños. Me gustan los cuentos en forma de tebeo, de chiste, de *batallita* familiar, de película, de «chisme» de teatro, de cuadro, de escultura, de poema.

Me gustan los cuentos por sus tiempos y sus «destiempos», por esa irrealidad provocadora que invita a imaginar y a soñar, por ese desear ser como alguno de los personajes, por ese sentirme en conexión con otras personas, por ese reconocer en lo que otros sienten, mi propio sentir. Y es que las personas necesitamos las historias para conocernos y acercarnos los unos a los otros.

Así que durante años he contado cuentos, y los sigo contando. A mis hijos, a mis nietos, a mis alumnos, a los niños y niñas del pueblo al que vamos a descansar y también a muchos maestros y maestras que han querido escuchar mis experiencias y reflexiones pedagógicas de maestra con deseos de cambio.

En los cuentos hay variantes y repeticiones, bondades y maldades, presencias y ausencias, miedos y envidias, alegrías y penas, vida y muerte, guerra y amor. Italo Calvino (1993) decía que los cuentos contienen todo un catálogo de comportamientos humanos y que si un niño escucha muchos cuentos, se puede hacer una idea de las situaciones en las que se puede ver a lo largo de su vida. Haceres humanos de tiempo atrás, y de más atrás, que hablan de lo que nos conmueve a las personas, de los sentimientos, de las relaciones, de la incertidumbre. Es decir, de lo universal en lo que coincidimos y de lo particular en lo que nos diferenciamos.

Ana Pelegrín (1982) expresa así su añoranza de los cuentos: «A mí (como supongo que a tantos) me ha quedado hambre de lo maravilloso. Y esta sensación de privación crece con el tiempo. Crece también la nostalgia de la fantasía, del viaje, de lo misterioso» (p. 51).

A mí también me acometen esas nostalgias, pero yo sacio mi hambre de lo maravilloso leyendo nuevas historias, creándolas o contándoles cuentos a los niños que me caen cerca.

Aprender de otros

Me gusta contemplar los procesos de aprendizaje, ver cómo las personas aprendemos, admirar el placer que da la adquisición de saberes nuevos. Y sobre todo me gusta verlo cuando estos traspasos de conocimiento se dan horizontalmente, o sea, cuando los niños aprenden de otros niños. El asombro maravillado ante la pericia del hermano mayor o del compañero de la clase vecina, encienden un especial brillo en los ojos del aprendiz, una repentina avidez por captar, una pizca de envidia, un deseo que chispea y que busca que fructifique el crecimiento compartido.

Aprender es una actividad compleja que empieza por mirar, observar y discriminar. Sigue por entender, recoger la información, practicar, memorizar, seguir un proceso. Y acaba con la asimilación de lo aprendido, su ubicación entre otros conocimientos ya adquiridos y su aplicación cuando se considere necesario. Durante los primeros tiempos de crianza los niños y las niñas aprenden mirando e imitando a sus padres, hermanos y demás miembros de la familia. También aprenden de las voces, ruidos y ritmos de su casa que envuelven su día a día. Y de las secuencias que traen las comidas, los cambios de pañal, el sueño y las caricias, que van poniendo orden y ayudan a que el niño se oriente y aprenda.

Al principio aprende por pura necesidad de adaptación y supervivencia. Después por la fuerza de los vínculos con las personas que lo crían y lo animan a seguir creciendo. Aprende para agradarlos, para contentarlos, para responder a sus demandas, a sus ánimos, a sus estímulos amorosos. Y poco a poco, aprende a aprender, de tal modo que siempre lo vemos atento a las voces, los movimientos, las luces, las repeticiones.

Cuando se da cuenta de qué balbuceos, movimientos o actitudes se esperan de él, los repite y va añadiendo su estilo propio al repertorio que recopila. Si el niño empieza a ir a la escuela infantil, los aprendizajes se dan de una manera parecida. Lo mira todo, escudriña su alrededor, se vincula con la maestra, que será su sostén afectivo, observa y escucha a otros compañeros y así va metiéndose en el ambiente de la clase y de la escuela, ampliando los canales de entrada y aprendiendo a manos llenas. De las maestras le llega el baño afectivo y de acogida, las palabras, los cuidados, los cuentos, la comida, los juguetes, la limpieza y el sueño. De los demás niños le llega su energía, sus grititos de satisfacción o incomodidad, sus sonrisas, su manera de comer, de jugar, de tocar, de mirar y de moverse.

Es bonito ver cuando el niño aprende fijándose en otros niños, porque de ahí surgen nuevas posibilidades y parece que las emociones se disparan. Se percibe una ilusión adicional en cada cual, que nota que los otros son parecidos a él y se esfuerza en copiar de ellos, en atraer sus miradas, en mostrarles lo que sabe. Lo he visto en las clases de un año cuando juegan hacer torres y, aunque cada cual vaya la suya, todos ven a los demás y toman nota de sus logros. Lo he visto en los de dos años cuando hacen rodar coches enérgicamente ante la mirada de los demás. En los de tres cuando gritan con todas sus fuerzas para demostrar su potencia nueva. En los de cuatro cuando corren midiendo el patio por el puro contento de moverse con su agilidad recién descubierta. En los de cinco cuando se suben de pie en una rueda gorda y les explican a los pequeños cómo hay que sostenerse. También lo he visto en los talleres mezcladitos en los que los niños y niñas de distintas edades se reúnen en pequeños grupos para hacer trabajos de expresión plástica, construcción, poesía…

Por eso he querido destacar la alegría genuina que se produce, señalarla con el dedo, valorarla y recomendar su utilización en nuestra práctica diaria. Porque cuando un niño aprende de la mano de otro niño, su aprendizaje es más natural, más significativo, más vital, más vinculado. El que enseña se siente capaz y generoso, el que aprende se convence de que saber con ayuda de un amigo es algo importante. Y los que miramos sentimos que la vida sigue, y que es hermosa.

Así que propongo que demos ocasión a los grupos de niños para que se reúnan, se mezclen, jueguen y trabajen juntos. Agrupamientos estables, como los talleres internivelares (o mezcladitos), agrupamientos esporádicos y momentos en los que los niños se puedan juntar sin más ni más: patio, comida, juego libre, teatro…

En nuestra escuela hay niños y niñas de uno a seis años, y en los patios los más mayorcitos hacen toda clase de inventos y proezas que los pequeños y medianos admiran y valoran. Así que de tanto en tanto les pedimos que muestren sus habilidades. Son ratos divertidos, que ellos llaman «espectáculos». El público jalea y aplaude, los protagonistas de la demostración se esmeran para satisfacer a los espectadores, y estos les agradecen sus enseñanzas con sonrisas y bravos. En los proyectos de trabajo hay oportunidad también de invitar a algún niño mayor para venir en calidad de experto a explicar algo a las clases. Los niños los escuchan con gran atención, les preguntan cosas y aprenden de ellos.

Este intercambio de información y experiencia a edades tempranas me recuerda a aquello que hacían los mayores de la calle explicando a los pequeños cómo se tiraban los petardos, cómo se ponían los coloretes, cómo nacían los niños o qué cara había que poner para gustar a los chicos.

Aprender de otros, un placer al alcance de todos.

Un tutorial no es un maestro

En estos días de virtualidad, de reuniones en las nubes y videollamadas de todo tipo, las pantallas han cobrado un enorme protagonismo para todos. Acudimos a ellas para comunicarnos con otros, para entretenernos, para leer, para mirar, para observar la naturaleza, para curiosear museos, parques y circos, para disfrutar películas, recitales, deportes, espectáculos... Y también para aprender.

Nuestros niños han estado en este tiempo de encierro recibiendo clases de sus maestros y maestras (que han hecho un gran esfuerzo en ponerse al día en nuevas tecnologías), han buscado información para hacer trabajos a distancia y han visto muchísimos tutoriales para averiguar cualquier cosa. Desde cómo se atan los cordones de los zapatos, a cómo se mezcla la pintura para que salga color violeta, desde cómo se escribe correctamente una palabra a como se hace la prueba del nueve.

Esta explosión digital ha ilusionado y entusiasmado a muchas personas y las ha llevado a sacar la conclusión de que los tutoriales son tan sumamente efectivos e importantes, que solo es cuestión de tiempo que las escuelas desaparezcan por completo, porque de aquí en adelante los niños podrán abastecerse de todos los conocimientos que les sean necesarios, simplemente asomándose a sus ordenadores, tabletas o móviles.

Este comentario, que ya he escuchado unas cuantas veces, me parece totalmente injustificado, porque ignora la dimensión humana de la relación educativa entre un maestro y su alumno. Una relación compleja y hermosa, que contiene muchos más matices y elementos a considerar que la simple transmisión de saberes.

En primer lugar, está la potencia de los vínculos que se crean entre profesores y alumnos, esos hilos afectivos que hacen que cada maestro conozca, escuche y comprenda a los niños que tiene a su cargo con un miramiento diferenciado y cuidadoso, poniendo el acento en la diversidad que hay entre ellos, partiendo de sus historias particulares, de sus capacidades, de sus dificultades, de sus identidades en construcción, de sus genuinas subjetividades. Y que lleva a los niños a aprender muchas veces para lograr la atención y el cariño de sus maestros.

Por otra parte, pensemos que los maestros acompañan la evolución de los niños con su presencia implicada y activa, con su actitud de acogida, su escucha, su sensibilidad, su ofrecimiento de las normas y su deseo de que los alumnos crezcan y aprendan lo más saludablemente posible. Pero también acompañan con su trabajo continuado e innovador de cara a mantener viva la curiosidad innata de los niños, a despertar su deseo de saber, a encender la llama del interés por el conocimiento, de tal modo que aprender sea un placer y una búsqueda llevada a cabo por cada cual y por el grupo clase.

Cuando preguntamos a otras personas qué maestros recuerdan más y por qué, las respuestas generalmente van en el sentido de recordar a los maestros que se mostraban más cercanos, que se comunicaban con sus alumnos y les hacían partícipes de alguna de sus aficiones, aventuras, o circunstancias vitales. Esos maestros que escuchaban, bromeaban, animaban, cuidaban, se mostraban como personas, y querían a los niños, además de enseñarles.

Ir a la escuela con ganas de que la maestra te mire el pelo recién cortado o las zapatillas nuevas, dice mucho de una relación estrecha, tierna y agradable. Aprenderte las tablas para que tu maestro sonría y te dedique unas cariñosas palabras de valoración, es una parte tan importante del proceso de aprendizaje, como la mejor de las explicaciones teóricas. Con frecuencia vemos que los niños aprenden y trabajan para alegrar a sus maestros, … o que interrumpen la clase para llamarles la atención. Y es que cada niño necesita tener «algo» con su maestro, una relación particular, afectiva, que le haga sentirse mirado y comprendido por él, un vínculo que le sostenga y le permita tolerar los frenos necesarios, las pequeñas frustraciones cotidianas y las dificultades que vayan surgiendo.

La mirada, la sonrisa y las palabras del maestro se entremezclan con las del niño y conforman una trama afectiva que sustenta el edificio del aprendizaje y crea un ambiente en el que tanto el saber como la relación ocupan un lugar prestigioso y placentero. Nada que ver con el «trato» con un tutorial, medio máquina, medio robot, medio loro. Nada que ver la explicación de una técnica o un procedimiento a base de claridad, orden y repetición, que a base de un buen vínculo afectivo, un ambiente de acogida y un grupo de referencia en el que se puede ir creciendo y avanzando.

Y es que los tutoriales lo que hacen es recrear la relación educativa tradicional en la que «el que sabe» habla, explica y repite, y «el que no sabe» atiende, escucha e intenta aprender y memorizar los nuevos conocimientos. En este formato no es posible que el aprendiz interactúe con el que realiza la transmisión en un tutorial, ni que se miren o se comuniquen. Lo único posible es ver, escuchar y repetir, sin implicaciones afectivas, sin pasión alguna, sin ilusiones o complicidades.

Si los niños aprendieran mirando tutoriales y no en la escuela con sus maestros, como dicen algunos que quizás llegue a pasar, lo que puede que se acabase no son las escuelas, sino el mismo deseo de aprender. Porque un tutorial no es un maestro y una pantalla no es una escuela.

Enseñar y aprender son verbos muy afectivos.

«Estaciones de aprendizaje»

Acaba de llamarme por teléfono un maestro joven con una voz muy simpática y amable. Me ha comentado que le habían facilitado mi número de teléfono en el Centro de Profesores de su pueblo, porque, según me ha dicho, en su escuela estaban buscando un ponente que les hablara de: «Estaciones de aprendizaje».

Le he pedido que me lo repitiera por si no lo había oído bien y ha vuelto a decir: «Estaciones de aprendizaje». Entonces he sonreído haciendo una brevísima pausa casi imposible de advertir, pero que él ha captado hábilmente desde lejos. Y con gran delicadeza y discreción ha añadido:

—Bueno, si es que este tema entra en tu especialidad…

He aprovechado enseguida para decirle:

—Pues no, la verdad es que no sólo no entra en mi especialidad, sino que no tengo ni la menor idea de lo que son las «estaciones de aprendizaje».

—Ah, pues, disculpa que te haya molestado —ha dicho, y se ha despedido.

Nada más colgar el teléfono, he puesto en Google «estaciones de aprendizaje», y he descubierto que el asunto consiste en que los alumnos trabajen sobre un tema que estará «fragmentado», y tendrá diversas actividades a realizar situadas en diferentes espacios de la clase, a los que llaman «estaciones de trabajo» : mesas, sillas, esquinas, puertas…

Como fundamentos de esta metodología ponen los descubrimientos de las neurociencias sobre la motivación y como ventajas indiscutibles dicen que sirven para trabajar de forma individual, pero que también pueden favorecer la cohesión grupal y el clima de confianza en la clase. Además de servir de repaso y evaluación. Sin olvidar que los alumnos que necesitan movimiento, por tener necesidades educativas especiales, (como los que están diagnosticados de TDH), se sentirán muy favorecidos. O sea, que estas estaciones sirven para todo. Impresionante.

Me he quedado perpleja. Otra «metodología» maravillosa disfrazada de novedad y eficacia que circulará probablemente por seminarios y cursos, hasta llegar a los maestros y las escuelas con deseos de innovación. Para mí es increíble que una simple y monda secuenciación de contenidos, que es algo que todos los maestros conocemos, adquiera la «categoría» y consistencia de una metodología por obra y gracia del marketing pedagógico, de la moda, del bulo y del ansia de novedades.

Yo me imagino una clase con «estaciones» como una especie de recorrido en el que los niños, como si fueran subidos en un tren, y armados con sus lápices, sus gomas y sus cuadernos, van parándose en las diversas «estaciones» para trabajar unos contenidos secuenciados y divididos en tareas. Eso sí, al ritmo del cha-ca-chá del tren, que seguro que es de lo más atractivo y estimulante.

En la época del confinamiento me acometió otro asombro básico parecido a este. Fue cuando vi anunciada una charla que se llamaba: «Juego consciente y aceites esenciales». Nada menos. Aquello me sirvió para reír y comentar. Esto de hoy me ha hecho otro efecto, me ha puesto a pensar.

Y es que viene siendo cada vez más frecuente que alguien, generalmente de la Universidad o del mundo editorial, se invente metodologías que se anuncian con todos los tópicos pedagógicos del momento y que suelen ofrecer inacabables méritos para toda clase de alumnos y de problemáticas. Las inventan en un despacho (sin apenas comprobar su efectividad en los niños), las bautizan con la mayor gracia que pueden y las venden, últimamente a través de Internet. Los maestros, deseosos de mejorar y de no quedarse atrás, se esfuerzan por ir conociendo las novedades y se deciden a probarlas, previo pago, desde luego, de un buen dinero.

Se venden muchísimas cosas, no siempre útiles: grandes programas de planificación global del centro, programas de educación inclusiva, de lenguaje no sexista, de gestión de conflictos, de abordaje del acoso escolar, de educación emocional, de acción autorial, de relaciones con las familias, de nuevas tecnologías, de educación artística, etc.

Parece que la cesta de la compra que aparece en tantos productos a adquirir, se ha hecho extensiva ahora al terreno pedagógico. Como si las buenas teorías y las buenas prácticas se pudieran comprar enlatadas y aplicar sin más ni más. Como si cualquier cosa sirviera para aprender. Como si los acontecimientos que pasan en el aula no tuvieran que atravesar el corazón de los maestros y de los niños.

Me pregunto si no sería mejor que mirásemos lo que ocurre en nuestras aulas, que intentáramos conocer bien a los niños y a las niñas, y que nos inventáramos nosotros mismos las maneras de llegar hasta ellos y facilitarles el aprendizaje.

Me pregunto si no sería mejor que nos formásemos leyendo a los maestros de la pedagogía y la psicología, tanto antigua como moderna, para ir profundizando verdaderamente en los significados de la relación educativa.

Me pregunto si no sería mejor hacer un poco de introspección para entender qué aspectos nuestros se ponen en juego en las vinculaciones con los niños y sus familias, y así poder afinarlos, controlarlos y renovarlos.

Me pregunto si no sería mejor visitar las clases de otros maestros y aprender de ellos.

Me pregunto qué es lo que ocurre en esta sociedad y en este momento histórico, en el que parece que todo, hasta la manera de estar en la escuela, ha de ser dictada por otros y ha de pasar muy deprisa, superficialmente, sin la suficiente reflexión, autonomía y creatividad, sin ponernos en juego como personas y como profesionales.

Dependemos en exceso de las normativas, del tiempo, de las exigencias exteriores, de las demandas de innovación, de las inercias antiguas y las manías modernas. Y entre todo este maremágnum, nos perdemos a veces sin diferenciar el fondo de la forma, lo genuino de lo teñido de novedades efímeras, la paja del oro.

Hagamos escuelas en las que se desee estar

Me preguntan qué sería adecuado que hicieran los niños y niñas de 0 a 6 años en la escuela infantil. Y para contestar a esta pregunta, he pensado hacer una visita a las aulas de mi escuela. Así que he entrado de puntillas, he olido a niño, he observado lo que ocurre por allí, he escudriñado la cotidianidad, he disfrutado el sentir de cada momento y he pensado de nuevo sobre todo ello. Necesitaba impregnarme de los ritmos, las palabras, los movimientos, las risas y los empujones de los niños. Necesitaba ver a los más pequeños rodar, gatear o hacer sus pinitos para ponerse de pie. Necesitaba escuchar sus balbuceos y verlos embobarse con sus manos, con las sombras, con los sonidos y con los labios de los demás. Necesitaba verlos hablar, dibujar, correr, reír, bailar, aprender… Necesitaba pisar escuela otra vez, volver a asombrarme, volver a admirar.

Y es que reflexionar acerca de la primera infancia requiere partir de los propios niños, de sus circunstancias y de sus necesidades. Por eso es tan importante no perderlos de vista, si no, nos podemos confundir y creernos que son «otros» que son distintos, que son más mayores de lo que son. Incluso podemos pensar que estamos hablando de «escolares», de «alumnos», o de «estudiantes», y no de esos pequeños en pleno crecimiento, impulso y explosión vital.

La división de la etapa «de cero a seis años» en dos partes: 0-3 y 3-6, en aras de una supuesta eficacia, ha originado todo un fenómeno de aceleración en las propuestas educativas, de desconsideración de las necesidades reales de los niños chicos y hasta de olvido de la tarea principal de esta etapa, que es acompañarlos a construirse como personas.

Todo el esfuerzo se pone ahora en los aprendizajes, para que los niños estén «bien preparados». De tal modo que los dibujos de los niños de tres años ya no son pseudo garabatos, como correspondería, sino que se basan en colorear siluetas o reseguir puntitos con letras o números (aunque no entiendan lo que están haciendo). Las clases de cuatro años están totalmente invadidas de los conceptos del currículum y las producciones de los niños de cinco años son sobre todo escritura, sumas o restas.

Y lamentablemente, estas prisas que abundan en el 3-6, se van contagiando al 0 -3, donde se intenta «adelantar faena», llenando las paredes de las clases de letras vocales y donde se empuja a los niños a ser autónomos a base de puro adiestramiento, olvidando que ellos tienen otras muchas e importantes tareas en las que ocuparse. Han de solventar la añoranza que sienten al haber salido del hogar familiar, han de armar otros vínculos que los sostengan, han de habituarse a un lugar distinto a su casa, han de dejarse cuidar por otras personas. También han de encajar que la mirada de las maestras no será exclusivamente para ellos y que tienen que aceptar que no siempre podrán realizar de inmediato sus deseos. Además, claro, de tener que aprender a hablar, a controlar su cuerpo, a desplazarse, a comer y beber sin atragantarse, a probar alimentos variados, a masticar, a empezar a sensibilizarse con la belleza que aparece en los cuentos, en la naturaleza o en la música, a dar sentido a lo que les rodea. Muchas cosas para tan pocos años.

Por si faltaba algo, la industria editorial ha visto en estos niños pequeños un buen negocio y se ha dedicado a elaborar para ellos unas «fichas de trabajo», en las que ya está casi todo hecho, en las que triunfan los dibujos estereotipados que taponan la creatividad, en las que se trabaja en plano y no en volumen, como les correspondería a los pequeños, que lo que entienden y necesitan es tocar, explorar y sentir a manos llenas.

Al principio estas fichas eran para los niños de cuatro y cinco años, después las sacaron para los de tres, pero ahora ya hay fichas hasta para los niños de un año. Y lo que se propone en ellas son unas tareas tan imposibles e incomprensibles para los niños, que las tienen que hacer las maestras, o llevándoles la mano, o señalándoles dónde estampar o pegar lo que se les pide. Son tareas medio absurdas, que a la larga insegurizan a los pequeños, además de quitar tiempo a sus verdaderas ocupaciones: la exploración libre, el juego, el movimiento, el lenguaje y el tomar conciencia de sí.

El periodo entre los cero y los tres años es un tiempo fundamental, un tiempo de procesos, de recopilación de experiencias, de apropiación del lenguaje, de control corporal. Un tiempo de pasar de ser un bebé a ser un niño pequeño, de hacerse un imaginario propio, de jugar, de conocer y conocerse. Es un tiempo de plantarse en el mundo desde la fragilidad y la inmadurez de una cría desvalida, cuyos recorridos vitales no deben ignorarse, ni apremiarse. Los niños 0-3 son pequeños.

El tramo entre los tres y los seis años es un momento de reconocimiento de la propia identidad y acercamiento a la de los demás, de iniciación a lo social, de descentración paulatina, de ejercicio de la autonomía, de apertura al saber, de ingreso en la cultura y la belleza, de disfrute al descubrir, de empezar a pensar, a argumentar, a comprender las normas y a producir creativamente. Pero los niños 3 - 6 también son pequeños.

¿Qué prisas nos corren? ¿Por qué los pensamos más grandes de lo que son? ¿Por qué este empeño en arrebatarles su momento primitivo, narcisista y mágico y transformarlos en escolares antes de hora? ¿Estamos haciendo una escuela que los acepta como son y escucha sus necesidades reales o una escuela que se mantiene sorda a las características de los niños pequeños? ¿Queremos lograr una escuela a la que los niños deseen ir o de la que deseen salir corriendo?

Las cuentas claras

Una tarde presenté como gran novedad el juego del «3 en raya» en mi clase de niños y niñas de 5 años. Ya conocían La oca y el parchís y pensé que era el momento de introducir un juego que exigiera un mayor descentramiento, que les hiciera ponerse en el lugar del oponente y empezar a pensar teniendo en cuenta el punto de vista de los otros.

Les expliqué que había que lograr colocar las tres fichas alineadas, o sea, «en raya». Y que había una regla que decía que la ficha del centro no se movería. A continuación, jugué una partida con cada cual. Algunas fueron vertiginosas, otras se eternizaban, porque mis oponentes no se atrevían a tirar...

Qué rato más divertido pasamos, qué emocionados estaban y qué caras de perplejidad ponían cuando les ganaba. Había quien intentaba colocar las fichas en posición «ganadora» desde el primer momento, quienes tiraban las fichas sin guardar el turno, quienes pretendían mover la ficha del centro y quienes apenas pensaban en la jugada, como si pudieran ganar mágicamente.

Uno de los niños, Arturo, jugó con calma, pensativo y concentrado, pero perdió y se fue a su sitio muy serio. Al rato vino a protestar porque, según decía, el que tenía la ficha en el centro ganaba, porque «como ya tiene una ficha puesta, eso es mejor para él, porque solo le quedan dos por poner». Me pareció una buena reflexión y así se lo dije, pero me vi obligada a explicarle que también hay jugadas ganadoras que no pasan por el centro y, por tanto, no afectan a la ficha que hay en medio. Él no se lo creyó hasta que no lo vio con sus propios ojos, para lo cual tuvo que estar un rato mirando jugar a los demás. Cuando por fin lo comprendió, me dijo con lágrimas en los ojos: «es que tú eso no me lo habías dicho y yo no lo he podido pensar bien».

Me pareció que tenía razón, él jugó en cuarto lugar y no le dio tiempo a captar realmente el juego, de modo que le ofrecí otra oportunidad. Esta segunda vez, eligió poner una de sus fichas en el centro, porque aún mantenía la hipótesis de que era más ventajoso el lugar central. Sin embargo, volvió a perder. Pero ya no protestó, se fue afectado, pero conforme. No es tan sencillo asumir las reglas del juego.

Me pareció muy bonito notar lo acertada y rápidamente que pensaba Arturo. También me gustó que protestara hasta que le quedaron las cosas claras. Vi que aguantaba la frustración de perder y también que hizo todo un esfuerzo para no desmoronarse. Tenía un buen grado de seguridad en sí mismo. A la hora de merendar, todos hablaban del 3 en raya, de perder y ganar, de hacer trampas…

Pues bien, así es como «hacemos Matemáticas» en la escuela infantil. Jugando, aprovechando para contar las croquetas que se comen, los años que se cumplen o los días que faltan para irnos de excursión, haciendo estimaciones, comprobándolo todo… La vida cotidiana está cargada de momentos que se nos ofrecen para ser pensados, asimilados y aprendidos. Y es que clasificarnos según los colores de la ropa, contar los coches que hay en el aula, o averiguar cuál es el padre más alto de la clase, son actividades de gran valor matemático, que reflejan vivencias grupales y afectivas entendibles para todos.

Estar atentos a las situaciones «contables», «medibles», «observables», y exponerlas a la curiosidad de los niños, hace que ellos «cojan costumbre», y que ese andar mirándolo y tocándolo todo que ya hacen espontáneamente, se transforme en un hábito que les ayudará a poner orden en su diaria exploración, en su conocer, en su modo de establecer relaciones y en el florecer de su radiante pensamiento.

Yo solía anotar en el diario de clase estos hermosos «sucesos matemáticos», para no olvidar su riqueza y para explicar a las familias de los niños que a pensar se aprende pensando y que aproximarse a las matemáticas no es copiar cifras, o repetir números, sino disfrutar de vestir de orden y simbolismo aquellas cuestiones de la cotidianidad que nos pasan cerca. Como estas que siguen.

«A la hora de comer Marc pide 3 croquetas en vez de 2. Le digo que, si sobran, le daré otra. Entonces mira la bandeja y dice: "Yo aquí veo más de 20 croquetas y nosotros somos 20". "Pues sí, es verdad —le contesto—, pero como son 2 por cabeza nos hacen falta 40". Se calla, pensativo. Tendremos que hacer un día dos croquetas de plastilina cada uno y las contaremos para que lo compruebe.».

«Un día propuse contar las muñecas que teníamos en clase. Joanna sugirió que pusiéramos juntas las que tenían falda, «porque eran niñas». Guillermo dijo que había que juntar a los bebés «que están desnudos», y Marina añadió que a las Barbies había que ponerlas solas, «porque había pocas». Total, que hacen 3 grupos y los cuentan por separado: 12 bebés 10 niñas y 3 Barbies. Yo les ayudo a contar el total: 25. Les pregunto si son más que ellos, pero no lo saben, así que les pido que cada cual coja un muñeco y sobran 5, ¡son más que nosotros!

El padre de Javier había traído de Jaén un buen puñado de mazorcas de maíz. Alguien dice de contarlas y ya directamente cogen una cada uno, pero esta vez nos faltan tres. ¡Hay 17, ahora hemos ganado nosotros!».

«Les leo que los elefantes pueden vivir unos 70 años y enseguida se ponen a hablar de las edades de sus padres.

—Mi padre es mayor que mi madre.

—Mis padres son igualitos, empatan a 42.

—Pues mi papá va ganando, tiene 58.

—Mi mamá gana también, es la que más pocos años tiene: 31.

—Por eso está tan guapa.

—Oye, que mi padre también es guapo, aunque tenga 58…»

Un nuevo reto matemático y afectivo nos espera. Las cuentas claras.

«¿Hablan peor los niños últimamente?»

En el coloquio que siguió a una charla que di sobre comunicación y escucha en la escuela, una maestra me hizo esta pregunta: «Yo tengo a los niños y niñas de dos años y noto que la mayoría hablan menos, más tarde y más enredado. ¿Crees que es porque se les habla poco, por la vida acelerada que llevamos, o por la influencia de las pantallas?». Así le contesté: «Me parece que es cierto lo que dices y también las causas que apuntas».

A los niños se les habla poco, vamos todos corriendo y las pantallas silencian los diálogos. En estos momentos se están dando unos recortes importantes a la dedicación en el proceso de aprendizaje del lenguaje por parte de los niños. Ahora quienes realmente tienen la palabra son las pantallas. Cada miembro de la familia habla con su respectivo móvil. La televisión llena el espacio sonoro y relacional en las casas. Los ordenadores, tabletas y móviles invaden los lugares de reunión, juego, trabajo y aprendizaje. Hasta las nanas y los cuentos se escuchan grabados.

Se están produciendo unos efectos alucinatorios en la sociedad en su conjunto, de tal modo que, a cambio de la supuesta sabiduría y omnipotencia que parece que nos regala la tecnología, le devolvemos sumisión, adicción, dependencia, tiempo y entrega. Esto me hace pensar en la fascinación que sentían los indígenas de la selva americana ante las cuentas de colores que Colón y sus marineros les daban. Entregaban su tierra, su oro y sus riquezas a cambio de simples abalorios.

De hecho, hay un exceso de conexiones virtuales y un defecto de conexiones reales que se está notando en la crianza. Los bebés muchas veces quedan lanzando su gorjeo al aire, esperando el eco en las voces de los suyos. Pero ese eco no siempre llega, hay interferencias, ruido, no-miradas que, inevitablemente, tendrán consecuencias. Quizás una de ellas sea la que señalas, que los niños hablan menos y más tarde.

La pertenencia al mundo de la palabra es lo que nos diferencia del resto de seres vivos. Para que un niño viva, no basta una biología que lo traiga al mundo, es imprescindible que sea acogido mediante la palabra de los otros, esencialmente la de sus padres. Es importante hablar con los niños desde el nacimiento y darle sentido, desde la palabra adulta, a sus demandas. (Manuela Castaño Garrido).

Aprender a hablar es un hecho muy hermoso, pero muy complejo. Contiene sonidos, dicción, observación, ritmo, imitación de los movimientos de los labios, repeticiones… Contiene significados, simbolismos y los tesoros que guarda cada palabra. Pero, por encima de esto, contiene lo afectivo, el deseo de hablar para que otros oigan y celebren lo que uno está diciendo. Y es aquí, en este punto central, en el que estamos fallando. Parece que no hay tiempo para entretenerse enseñando las palabras y escuchando las probaturas de los niños con ellas.

Para lograr desarrollarse saludablemente el niño necesitará encontrar un modo efectivo de comunicarse con el mundo. Sus tanteos empezarán desde el mismo momento en que nace y se llevarán a cabo a partir de todos los canales expresivos posibles. De hecho, el niño pequeño nos habla de sí mismo con su cuerpo, sus movimientos, sus juegos, sus lágrimas, sus sonrisas. Cuando nace es su llanto el que dice por él. Después son sus expresivos ojos los que nos cuentan cómo se siente. Más adelante empieza a gorjear como si fuera un pajarillo y sus balbuceos acompañan las carcajadas, las toses, el jugar a esconderse y esos amagos de palabritas que se le vuelven triunfos nada más intentarlas: ajjjjo, mamamama, papapapa...

Así, poco a poco, él instala su propio estilo comunicativo desde el que nos hace saber que está contento, que está enfadado, que quiere que le cojan, que tiene hambre, que tiene sueño, que extraña. Utiliza todo un repertorio de gestos y sonidos, de movimientos de calma o desazón, de señales cargadas de significado para quienes lo cuidan. Puede mostrar satisfacción y plenitud. Puede mostrar inquietud, nerviosismo, alegría, emoción. Puede mostrar curiosidad, apatía, cansancio, dolor, tensión. Y ganas de vivir o desganas. Porque desde los primeros momentos el niño expresa, cuenta sus sensaciones, reclama sus placeres, exige sus necesidades. Y aunque lo hace de una manera primitiva, suele obtener la escucha y la conexión que precisa, ya que hay un vínculo amoroso que tiene «las entendederas» predispuestas al entendimiento. Así que cuando el niño dice «ta» y le alarga el peluche a su madre, suele recibir como respuesta otro «ta» que le retorna el muñeco, el gesto y una sonrisa que le animará a seguir comunicando.

Cuando hay una buena situación vincular, de estos intercambios surgen el «decir de sí» el expresarse, el abrirse al afuera, a los demás, a lo nuevo… Es decir, se instala la posibilidad de expresar lo que se siente, de airear el mundo interior, de «salir». Pero cuando hay situaciones difíciles en las que falta la disponibilidad de las figuras de referencia por estar en crisis o ausencia, el niño se encuentra sin ese fundamental «interlocutor válido», que le tendría que facilitar la entrada al mundo de los otros. Y entonces, al no encontrar quien lo reciba y aliente, su fluir comunicativo puede irse deteniendo, en perjuicio de su salud y su equilibrio.

En estas fiestas que vienen regalemos a nuestros niños tiempo, escucha y juguetes de los que invitan a jugar. Y dejemos las pantallas a un lado, hay cosas más importantes.

En una ocasión, los niños de mi clase encontraron en el patio algo insólito: un pequeño hueso, que aún conservo pegado con cinta adhesiva a mis papeles y que me ha impulsado a escribir este relato.

Enseguida surgieron hipótesis para saber de quién podía ser aquel hueso.

—Será de una lagartija muerta que hemos visto esta mañana.

—O de un gatito, porque yo vi un gato negro por el patio un día.

—Podría ser de una rata.

—O de un pollo.

—¿Será de una persona?

—Si es de una persona, tendrá que ser diminuta.

—Yo creo que puede ser de Michael Jackson.

—Eso mi padre puede saberlo, porque es médico fisioterapeuta.

—Podríamos llevar el hueso a un museo, que en los museos hay muchos huesos.

—Les podemos preguntar a los padres y a las madres del colegio.

—Pues pégalo ahí en un cartel que diga: «¿Alguien puede decirnos de quién podría ser este hueso?».

El cartel se puso en la pared y el padre de Jero (fisioterapeuta), nos explicó que, seguramente, sería un trocito del dedo de un perro mediano. Información que fue confirmada después por la madre de Rocío, que es veterinaria.

Este suceso nos llevó a emprender un interesante proyecto de trabajo sobre los huesos, en el que los niños aprendieron muchísimo y que tenía una motivación sustanciosa que expresaba Carla con gran convencimiento: «Queremos saber cómo son los huesos de las personas y de los perros, por si volvemos a encontrarnos un hueso.».

Para los niños pequeños, la vida se muestra cargada de sorpresas, asombros y descubrimientos. Cualquier cosa que pasa les despierta la curiosidad y el deseo de saber, de tal modo que se les llena la boca de preguntas, la imaginación de hipótesis aventuradas y el pensamiento de saltos inquietos.

Seguirles la pista a sus interrogantes, ideas e ilusiones es aprender a conocerlos, acompañar sus procesos y valorar sus búsquedas. Por eso nos conviene, tanto a los padres como a los maestros, mantenernos a la escucha de las conversaciones que se van suscitando entre los niños, a partir de los avatares de la cotidianidad, ya que las cosas que ocurren les dan ocasión de despertar su capacidad de pensamiento, de practicar sus indagaciones y, además, nos permiten a los adultos que hagamos de acompañantes de sus investigaciones.

Cuando un niño se interesa por algo, sus ojos brillan de una manera especial, sus pensamientos se aceleran, su imaginación rebrota, sus experiencias se ordenan y se disponen a comprender e incluir algo en su haber. Es decir, el entendimiento se pone a caminar a la par que las ganas, lo que genera un placer y un avance notorios, que repercutirán en su autoestima y le harán sentirse capaz y estar bien dispuesto a recibir lo nuevo con agrado y a seguir practicando ese escudriñar la realidad, que le llevará a conocerla y dominarla cada día un poco más que el anterior.

A veces los comentarios o preguntas de los niños parece que se salen del tema, o que apuntan a algo disparatado o sin sentido, pero si ellos nos dicen los motivos de sus planteamientos, veremos que, prácticamente siempre, hay unos porqués de lo más razonables, que remiten a su mundo afectivo o familiar, a alguna experiencia o información que les ha llegado, e incluso a algún sueño. Quitar importancia a lo que plantea un niño que está despertando a su deseo de saber, no es buena idea. Es mucho más indicado seguir las pistas que nos dejan sus inquietudes, porque por muy estrafalarias que parezcan, pueden conducirnos a algún aprendizaje, a alguna vivencia o a alguna creativa divergencia.

«Yo sé por qué no se cae la Torre de Pisa: porque tiene raíces», dijo una vez Felipe. Escribí su idea en un papel y lo puse a la vista de las familias ¿Quién nos iba a decir que, después de su comentario, hubiera una visita a cargo de dos padres (jardinero y arquitecto), que nos aclararon «lo que tienen debajo las plantas, y lo que tienen debajo las torres»?

Adriana quiso plantar una galleta a ver si nos crecía una planta que criara galletas. Y así lo hicimos… pero crió hormigas. Un misterio que nos hizo continuar averiguando.

Hablando de lo que era arte, uno de los niños comentó que «el demonio era feo y malo».

Le pregunté cómo se le había ocurrido decir eso en ese momento y me dijo que, como estábamos hablando de cosas bonitas, él pensó en lo contrario, en cosas feas y entonces le vino a la cabeza el demonio, que su primo le había dicho que era feísimo. Una asociación personal tan respetable como cualquier otra.

Y es que a pensar también se aprende. Aunque no de sopetón, sino poquito a poco, en los sucesos cotidianos, en los libros, en los diálogos, en las dudas… y siempre acompañados por el pensamiento y la confianza de otros.

.

He ido a visitar la exposición «Etruscos» del Museo Arqueológico acompañada por una amiga. Hemos ido despacio, admirando cada detalle de lo expuesto: joyas, estatuas, monumentos funerarios, platos, jarras y hasta pequeños coladores que se mostraban, espléndidos, ante nuestra vista.

Había una figurita preciosa, sumamente delgada, que representaba la sombra de un joven. Estaba estilizada al máximo y era como si fuera actual, moderna en su diseño, forma y color. Se me ha quedado grabada en los ojos y en la sensibilidad por su asombrosa belleza y porque, aunque parecía frágil, ha demostrado ser resistente a los años, al desgaste y al olvido. Qué atrevimiento el de su autor, que creó algo diferente a lo acostumbrado, saltándose los cánones de la escultura de su tiempo y adelantándose a posteriores estéticas. Qué osadía seguir el impulso interno de hacer una representación simbólica de esa sombra discreta que nos acompaña toda la vida, que se estira y va de puntillas hacia nosotros mismos.

Mientras mirábamos, hemos visto que unos adolescentes nos seguían los pasos, acompañados por las informaciones de su solícita guía. De reojo, los veíamos tontear, hacerse fotos al lado de la cabeza de Júpiter, reírse con los desnudos, pasar ligeros ante las urnas cinerarias... Al salir, nos hemos tropezado con un grupo de niños pequeños, que escuchaban a malas penas las explicaciones que les daban, pero observaban con atención todo lo que se iban encontrando.

Me han recordado una ocasión en la que fui con mis alumnos de 5 años al museo y, aunque pedí que el recorrido fuera reposado, íbamos demasiado deprisa. En medio de la carrera, uno de los niños lanzó una especie de grito de socorro: «¡Para, para!», le dijo a la monitora. Ella, cariñosamente, le preguntó si necesitaba algo y el niño le contestó estas significativas palabras: «Es que yo nunca había visto un muerto y ahí hay un esqueleto de bebé y quiero mirarlo más rato». «¡Ah!, perdona», dijo la chica, aflojando el ritmo.

Aquel fue un momento de aprendizaje interesante para todos. Los adultos nos miramos con gestos de excusa, los niños se fueron en tropel a ver al bebé muerto y empezaron a formular preguntas, que fuimos respondiendo con toda la calma que pudimos recopilar, después de la merecida «amonestación». Estábamos sentados en el suelo, envueltos en la penumbra del museo y yo pensé que, si los escuchamos, los niños nos señalan sus necesidades, intereses y deseos.

En uno de los pasillos del museo, había una serie de objetos situados a poca altura y los niños enseguida se inventaron un juego. El que iba delante tocaba una almeja fosilizada, y decía: «piedra». Entonces todos repetían: «Piedra, piedra, piedra». Luego decía tocando una caracola: «Caracola», los demás le hacían el coro, y así. Cuando llegaron donde estaba el esqueleto de una cabeza humana, el que encabezaba el grupo se paró, tocándola con la punta de un dedo, mientras pensaba cómo llamar a «aquello». Por fin susurró: «Muerto», y se oyó un eco medio secreto, que murmuraba una y otra vez la temida palabra: «Muerto, muerto, muerto». Una palabra que ese día adquirió connotaciones reales para los niños, abriendo paso a sus hipótesis e interrogantes y poniendo cuerpo a lo que, hasta el momento, solo habían sido imaginaciones al escuchar hablar de la muerte en cuentos y películas.

Después de la visita, nos hemos sentado a tomar un café al sol. Los pequeños también estaban fuera, debajo de un gran ficus, cantando. De pronto, una niña ha ido a abrazar el enorme tronco del árbol y un niño se ha acercado a una zona en la que había una valla que prohibía pasar. Sus diligentes maestras los han devuelto corriendo a su sitio.

Nos han recordado a las hormigas exploradoras, ya que han expresado las ganas que tenían todos de reconocer el terreno, de olfatear los rincones, y, en fin, de escudriñar a fondo el espacio que rodeaba el museo. Pero sus maestras no lo han interpretado así. Para ellas, no eran activos investigadores, sino díscolos escapistas, que podían contagiar a los demás y provocar una desbandada. De modo que han sofocado sus búsquedas haciendo aparecer una gran tela circular de colores y han pedido a los niños que se cogieran a ella por alrededor. Una vez sujetos a la tela (¿o atrapados en ella?), han jugado a alzarla, bajarla, taparse o destaparse, y han estado entretenidos, hasta la hora de irse.

Nosotras hemos comentado que ir de excursión a un sitio nuevo, quizás se habría merecido agotar al máximo las posibilidades de juego, indagación y conocimiento del lugar visitado. Y que las propuestas con la tela las podían haber realizado cualquier día en el patio de su escuela. Pero, a veces, a los maestros nos invaden los miedos: a los peligros, a la pérdida del control, a saltarnos lo planificado... Y eso nos puede dejar sordos a las necesidades y demandas de los niños. O quizás se nos haya olvidado que lo propio en las primeras edades es jugar, tocar, curiosear, moverse, explorar.

¡Cómo me gustaría que los maestros tuviéramos un poco más de atrevimiento! Que fuéramos valientes para probar maneras de intervenir nuevas, abiertas y flexibles; para meternos en los juegos de los niños, en su lenguaje, en sus inventos; para explicarles a sus padres que un niño que propone no es un ingobernable, sino una persona que empieza a pensar.

¡Cómo me gustaría que nos atreviéramos a ir al Museo Arqueológico y dejáramos a los niños caminar, curiosear, perseguir palomas, conocer algún trocito de historia, sonreír y abrazar a los árboles!

Así le dijo Emiliano a sus padres hace unos días. Tiene tres años y este curso ha empezado a ir a la escuela. El año pasado se mostró interesado en los dinosaurios, después quiso hacer letras como su mamá, luego estuvo imitando a sus perros y ahora quiere dibujar. Va cambiando de intereses según le marca su enorme curiosidad. Y en esto del dibujar especifica que quiere las hojas en blanco. Quiere trazar como le dicten sus imaginativos anhelos. Él necesita dibujar desde adentro y poder reconocer como propios los trazos que salen de su mano. No tiene miedo, se siente seguro y capaz. Y lo será, si no se le pretenden cosas que excedan sus posibilidades.

Emiliano me ha hecho pensar en Gabriel, un niño que vino de otra población para asistir unos meses a nuestra escuela. Tenía cinco años y era curioso y juguetón, como Emiliano. Se llevaba bien con los compañeros, sabía decir su opinión y defenderla, tenía buen humor... Sin embargo, cuando yo proponía hacer un dibujo y repartía las hojas en blanco, Gabriel perdía su aplomo, se ponía a temblar y me pedía que le hiciera «da rayita», porque «sin rayita no podía hacer nada».

Las primeras veces le aclaré que en esta escuela cada persona dibujaba como sabía y que a mi me gustaban los dibujos de todos, porque siempre eran diferentes y bonitos. Le animé a dibujar, pero no se atrevía. Una de las veces casi lloró. Así que pedí a algún amigo que lo ayudara hasta que consiguiera dibujar por sí mismo. Alguien le hacía «da rayita», y él se ponía a rellenar de colores la silueta, como le habían enseñado en la escuela del pueblo. Un día se animó a dibujar un gran pájaro con las plumas de colores, como uno que había visto en el zoo y esto provocó que sus compañeros le dieran un sentido aplauso, al cual me adherí contentísima.

Los padres me explicaron que la maestra que tenía era muy exigente y le rompía los trabajos si consideraba que estaban mal hechos. Decían que en el colegio estaba atemorizado, pero que como no había otra escuela en el pueblo, «tenía que acostumbrarse». Les expliqué que este tiempo era importante para Gabriel, ya que es cuando se inicia el deseo de aprender, cuando se adquiere confianza en uno mismo, cuando se aprende a expresar lo que se piensa y se siente. Y que convendría que hablaran con la maestra y le pidieran que frenara sus demandas.

También les pedí que estuvieran muy pendientes del niño y valoraran sus producciones. En fin, les dije lo que se me ocurrió, incluyendo la posibilidad de visitar al inspector para que se tomara interés en las consecuencias de esa actitud tan rígida en una maestra que trabajaba con niños pequeños. No he sabido más de Gabriel. Espero que le haya ido bien. Pero qué sufrimiento tan vano, qué manera de empezar la escolaridad tan triste, qué idea de la escuela tan agobiante que se formaría este niño y quizás otros compañeros por el comportamiento de la maestra.

Si los primeros dibujos fueran realmente abiertos, de exploración, de descubrimiento, difícilmente los niños se asustarían. Si la actitud de los adultos fuera de valoración de sus producciones, irían llenándose de seguridad. Si los niños pudieran ir recorriendo el camino que va desde el garabateo hasta el dibujo representativo, sin que nadie les dijera que lo que hacen no está bien hecho, todo sería un devenir placentero para ellos. Si hubiera una buena acogida a las probaturas de los niños sobre el papel y no un aleccionamiento hacia el relleno de color, el repaso de puntos y los dibujos estereotipados a copiar, seguramente los niños no tendrían nunca la sensación de que no saben dibujar. Además no es cierto que lo que hacen esté mal. Están caminando, es el primer momento de un largo proceso que no hay que interrumpir, sino provocar y acompañar.

Por suerte en la escuela infantil vemos que cualquier niño tiene capacidades creativas y que el mejor modo de aprender a crear es empezar desde bien temprano a recorrer nuevas posibilidades. No hay más que ver a los niños embebidos en sus probaturas, tejemanejes, mezclas e inventos. En sus producciones de todo tipo: ciudades de maderitas, casas para hormigas en el arenero, «cemento» hecho con el barro del patio… Producir es derramarse, sacar fuera nuestra particular manera de percibir, sentir cómo transformamos las vivencias en materiales inéditos, recién nacidos. Pero aunque se nace curioso y ávido de placer, esos impulsos pueden quedar en nada si no se da paso a la expresión libre del niño. Si no se alienta, protege y espera el producto nuevo, reinventado por cada cual. Y entonces, según se reciba ese producto, se seguirá adelante, o se dedicará uno a repetir lo conocido. A veces la alegría de jugar con los personajes o formas que aparecen en los dibujos, hace que el autor hable con ellos mientras los va dibujando, o que cante, o que sonría. Sin embargo, en otras ocasiones, el miedo a equivocarse o a no contentar a los adultos, lleva a algunos niños a bloquear su mano, su imaginación y su confianza.

La mirada de los otros siempre será un importante punto de referencia y de apoyo para atreverse a avanzar, para confiar en las propias competencias, para notarse aceptado. No es cualquier cosa recibir el dibujo de un niño. En él va puesto su sello, su nombre, su estilo, su ser. Importante papel, pues, el de nuestra mirada de maestros o de padres. Ha de estar. Ha de acoger. Para los niños pequeños los productos que salen de ellos mismos están revestidos de una fuerte capa de narcisismo, que habrá que cobijar lo mejor que podamos para que sientan que lo que sale de sí mismos es bien recibido. O lo que es lo mismo, que ellos son valiosos.

No podemos dejar al azar el hecho de que un niño disfrute dibujando en las hojas blancas, como Emiliano. O que otro sufra al ver sus hojas rotas, como Gabriel. Porque esto no es cuestión de suerte, sino que depende de nosotros, los maestros, de nuestras metodologías, actitudes y planteamientos.

Capítulo II
Criar. Escuchar la vida que pasa

Hace tiempo que reconozco que el día a día en la escuela es el hilo conductor de la maraña de vidas que se reúnen cada mañana y que van fluyendo juntas, mientras se entremezclan, se anudan o se alinean, formando una trama sólida, potente y más o menos amable. Las miradas, las voces, los afectos, se tejen con los olores, los colores, los sabores, y con las caras, los cuerpos, los deseos... Y los encuentros se van dando junto a los desencuentros, los aprendizajes junto a las distracciones, los sueños junto a las realidades.

De tanto en tanto un sobresalto, un asombro, un chispazo sentimental. O una noticia, una alegría, una pérdida. También un descubrimiento, un dolor, una añoranza. Y todo funcionando al unísono, como si estuviera preparado, como si los tiempos de cada acontecimiento brindaran al tropezarse unos con otros.

Cuando empieza el curso la trama está en su sitio, pero vacía. Aún no hay movimiento, cada cual se apoya en alguno de los cordeles, que van haciendo de guías y allí empieza a cobijarse y a revestir su pedazo. Hay niños que se fijan en las cosas que hay en la clase, quienes miran hacia fuera por las ventanas, quienes buscan calma y apoyo en los demás, quienes me toman a mí como referencia de seguridad. Otros miran más bien hacia adentro y piensan en sus familias para recopilar fuerzas ante lo nuevo. Algunos llegan a llorar, no saben donde ponerse para no sentirse perdidos.

Y a medida que van transcurriendo los aconteceres cotidianos, cada uno va saliendo de su rincón y se va acercando a los otros, a los juguetes, a las palabras, a las músicas. Va armando nuevos apegos dando puntadas y aportando sus hebras personales al tejido del grupo que empieza a conformarse. Es como si el grupo fuera un telar con los hilos extendidos, pero aún sin tejer, y se fuera anudando a base de las cosas que van pasando entre unos y otros. Cada niño con los amigos, con los niños de otras clases, con la maestra, con la escuela. Cada grupo-clase con otros grupos-clase, con las otras maestras, con el resto del personal, con las familias con los visitantes... Un bordado, que adelanta, vuelve atrás, se para y sigue, según el momento y las circunstancias vitales, individuales o colectivas.

Hoy ha habido uno de esos momentos memorables por su sencillez y su sabor a las cosas de cada día. Yo estaba mirando fotografías de la clase de los Caballitos (3 años), tenía que elegir algunas para la página web de la escuela. En ellas se mostraban unos quehaceres muy de mi agrado: los niños aparecían jugando con coches y rampas, cocinando, pintando, soplando burbujas de jabón, elevando torres con cubos de esponja, bailando, jugando a médicos, disfrazándose, mirando cuentos...

En esas estaba cuando he escuchado en el patio contiguo a un grupo de niños de la clase de los Ositos (dos años y medio) que jugaban al mercado. Una niña preguntaba con voz cantarina: «¿Qué queréis comprar?». Y sus compañeros le iban indicando lo que deseaban en un gracioso tono de interrogación que alguien inició y que continuaron los demás:

—¿Tienes manzanas?

—¿Tienes melones?

—¿Tienes naranjas?

—¿Tienes uvas? ...

Un buen repaso de vocabulario frutícola y un buen derroche de alegría compartida. De pronto se ha oído un llanto, alguien había chocado con un compañero y le intentaba consolar con apresurados: «perdona, perdona». Al ratito la voz de Inma, la maestra, anunciándole a uno de los niños que ya lo ve a punto para quitarle el pañal: «Voy a hablar con tus padres para decirles si te quitamos el pañal, creo que ya puedes controlar solo». Después sonaron risas, algún silencio y la pregunta harto conocida: «¿Puedo jugar?».

Un corto tiempo de escucha cazado al azar, diez minutos que han sido capaces de divertirme y de emocionarme. El privilegio de escuchar la vida que pasa.

Creo que los que trabajamos en centros que acogen a niños de edades tempranas, hemos de estar abiertos a su primitivismo y a sus balbuceos relacionales, sin pretender tenerlos todo el tiempo ocupados en tareas pautadas, o «escolares» que, supuestamente, van a hacer que aprendan miles de conocimientos a mansalva.

Sería bueno que confiáramos más en ellos, en sus juegos, en sus brillantes capacidades y en un entorno familiar y social que también enseña. Y que recordáramos que, además de los aprendizajes propios, han de lograr otras cosas no menos importantes: conocerse, expresarse, interesarse por los demás, ejercer su curiosidad, tolerar las dificultades y aprender a combinar sus necesidades y placeres con los de los otros. Casi nada.

Modernidades

Se nos gastan las palabras, los conceptos, las maneras. Nos es insuficiente decir las cosas como siempre se han dicho, y hasta pensarlas. Ponemos gran interés en no hacer o decir nada que pueda ser antiguo, obsoleto, pasado de moda, caduco. Hay una sensibilidad especial para oler lo viejo y ahuyentarlo, desprestigiarlo, abandonarlo, olvidarlo. Una sensibilidad que nos lleva a aplaudir las innovaciones, a admirar «lo último» a apuntarnos a practicar lo nuevo, y a repetirlo, a comprarlo.

Parece que andamos tan ávidos de novedades, que hacemos cualquier cosa por no anquilosarnos, rutinizarnos, «abuelarnos», aburrirnos. Y en esta especie de carrera hacia lo moderno, perdemos bastante de la experiencia acumulada, de la escucha a los mayores, del saber colectivo, quedando expuestos a unas modernidades que no siempre son auténticamente nuevas.

Así descubrimos que al empuje por vivir resurgiendo de la adversidad, se le llama ahora resiliencia, como si acabara de inventarse el concepto al teñirlo con una palabra desconocida, trasladada del vocabulario científico. (Resiliencia es la capacidad que tienen algunos minerales de volver a su estado anterior después de sufrir un impacto o deterioro). O que al hecho de estar totalmente atentos a un pensamiento o sentimiento en el momento presente, se le bautiza con el nombre de *mildfulness*. Por poner algún ejemplo.

Para este blanqueo semántico tomamos palabras de disciplinas específicas, de otros idiomas, (sobre todo del inglés), o bien las fabricamos con el fin de que nos suenen más contundentes y magníficas que las de todos los días. Incluso añadimos tintes de actualidad reforzando con prefijos «innovadores» algunas buenas voces al uso: reinventar, retomar, repensar, empoderar, megaimportante, minicasa, hiperactivo…

A mí estos «hallazgos» a veces me cogen por sorpresa, como me pasó con el *baby led wearning* del que tuve noticia por unos padres jóvenes, que me comentaron que su hijo se alimentaba con ese «método innovador». ¿Y cómo es?, les pregunté, manifestando mi total ignorancia. «Pues que no toma la comida triturada, como se hacía antes, la toma aplastada o a pedacitos. Es una forma de comer mucho más sana y natural, hace que se fortalezcan los músculos de la boca y la mandíbula, que se utilicen pertinentemente las muelas, que se noten las consistencias y los sabores, etc. etc.».

Se me escapó una sonrisa. Estaban describiendo la forma de darle de comer a un niño pequeño que se ha venido utilizando toda la vida. Es decir, antes del antes que ellos conocían. Antes de la batidora, y hasta del pasapurés... Pero como el «método» tenía el nombre en inglés, un halo de novedad significativo, y además alguien lo había promocionado como algo revolucionario y actualísimo, se veía como un movimiento rabiosamente renovador.

Otra de las palabras que me llamó al asombro fue la gamificación, anglicismo que deriva de game (juego), y que viene a ser la utilización de juegos electrónicos con fines educativos. Así por un lado se desmerece el juego libre, que supuestamente «no enseña nada», sino que hace «perder el tiempo», y por otro se contamina la actividad lúdica de objetivos pedagógicos, dejando de ser el placentero» jugar por jugar», tan necesario y liberador para los niños.

Hay un concepto que aprendí hace ya años en unos cursos de teatro que impartían unos actores italianos. Ellos nos hablaban de *flatus voci* (palabras vacías), refiriéndose con eso a un hablar falseado que mantiene el tono de una elocución o un diálogo, pero que realmente no dice nada, es una pura apariencia. Me acuerdo de que los alumnos practicábamos diciéndonos los números unos a otros, o repitiendo un nombre, pero haciendo como si habláramos de verdad. En la escena teatral eso se oía como un «ruido de habla», que quedaba en un segundo término, de fondo, y se le otorgaba el significado de «gente hablando».

Pues justamente a estas palabras vacías me suenan a mí las relucientes palabritas con vestidos recién estrenados que parece que quieren hablarnos de algo nuevo y lo que hacen es simplemente expresar de otra manera conceptos ya conocidos. (Los mismos perros con distintos collares). Lo que no sé descifrar es si esta moda indica hartazgo, inquietud, aburrimiento, falsos deseos de cambio, o una compulsión imparable a buscar primicias, aunque sea disfrazando de asuntos genuinos cosas ya conocidas.

Y me vendría bien saberlo. Siempre he sido aficionada a las palabras, me gusta averiguar de dónde vienen y adónde van, conocer sus matices, su historia, sus recovecos, saber qué connotaciones traen, qué significados transmiten... Pero esto es otra cosa, es disfrazarlas, hincharlas, camuflarlas, desvirtuarlas, o sustituirlas por otras, cuyo único mérito visible es que tienen el carnet de ser inéditas.

Menudo chasco estas modernidades.

Hay familias que acuden a la escuela buscando para sus hijos una educación creativa, estimulante, social y abierta, que les haga ser buenas personas, aprender placenteramente y sin apremios, ser autónomos y tener confianza en sí mismos. Aducen que el momento actual pide versatilidad en la formación, adaptabilidad, seguridad, cultivo de habilidades diversas y además quieren que sus hijos no vivan la educación con angustia, sino con placer. «Yo he tenido que moverme en medios diversos, adaptarme y tomar la iniciativa. Por eso quiero que mi hija sea activa, autónoma, que no se deje apabullar y que disfrute en la escuela de un aprendizaje variado y alegre».

Otros padres lo que piden es eficacia, rapidez, conocimientos, alto ritmo de trabajo, idiomas, deberes... Hablan de que estamos en una sociedad que pide mucha formación, que hay que ser competitivos, «estar a la altura», no perder el tiempo, labrarse un porvenir y que los niños pequeños «son como esponjas», por lo que hay que aprovechar sus capacidades para imprimir hábitos de trabajo y de esfuerzo lo más precozmente posible. («En esta sociedad hay que adquirir mucha preparación y el tiempo juega a favor si se aprovecha a tope. Queremos que nuestro hijo tenga mucha estimulación y un aprendizaje intenso, de ello dependerá su futuro»)

También hay familias que pretenden una escuela sin cortapisas al deseo y a los impulsos de los niños. Recuperan la idea de la libertad como eje de un modo de ser y de vivir. («Los niños han de crecer libres, la escuela que buscamos es la que deje a nuestras hijas ser ellas mismas, hacer lo que deseen, ser creativas. A nosotros no nos gusta que nos manden, así que no queremos que su escuela sea rígida»).

Tres discursos, tres demandas, tres maneras de situarse con respecto al hecho educativo. Y todas ellas influidas no sólo por la situación socioeconómica, sino sobre todo por las propias historias personales, por las experiencias de vida. O sea, por cómo les ha ido a cada uno de los progenitores partiendo de la mentalidad familiar, de su propia crianza, de las circunstancias, de su manera de ser y de su particular relación con temas tan importantes como el tiempo, el dinero, el trabajo, la autoridad, el bienestar y el estudio.

Algo parecido nos pasa a los maestros, que vamos buscando una línea de trabajo acorde a nuestras experiencias y expectativas, a nuestra formación y a nuestros temperamentos. Por eso hay maestros que intentan acompañar los procesos de evolución de sus alumnos sugiriéndoles maneras de estar en el aula en las que quepa la escucha, la curiosidad, el placer, la colaboración, la toma de decisiones, el aprendizaje y el conocimiento de sí mismos y de los demás. Otros que tienen el alto rendimiento como objetivo prioritario, y utilizan metodologías que inciden en la memoria, el esfuerzo, la exigencia, el control y la disciplina, con poco lugar para la escucha, la calma, el trabajo autónomo y las dinámicas grupales cooperativas. Y otros que dan paso a la libre elección de agrupaciones, tareas y contenidos, que nunca imponen su criterio, que responden a lo que piden sus alumnos y están pendientes de proponerles los aprendizajes por si tienen a bien tomarlos.

Cualquiera de estas opciones (y muchas más) son totalmente respetables, pero quizás para discernir qué líneas de trabajo ayudan a un desarrollo más saludable, convendría recordar cuáles son las necesidades de un niño y qué lugar les otorgan los diferentes estilos educativos.

Los niños necesitan sentirse seguros, queridos y contenidos. Necesitan moverse, explorar, jugar, aprender, relacionarse, expresarse, decidir, adquirir confianza en sí mismos, disfrutar... Por eso les hará falta espacio, juego, cuentos, contacto con otros niños, normas, aprendizajes significativos, respeto a sus ritmos y procesos afectivos, tiempo y acompañamiento para el desarrollo de su madurez, su alfabetización sentimental y su capacidad para tomar decisiones. Así que para conseguir que cada niño haga emerger su identidad libremente y se constituya en una persona capaz de pensar, de decidir, de tolerar la frustración y de relacionarse con placer y equilibrio suficientes, habrá que intentar no privarlo de su alegría, sus juegos, sus probaturas y sus curiosidades.

¿Qué tipo de escuela responderá mejor a estas necesidades? Pensemos.

Y si hace falta dejar a un lado algunas de nuestras propias expectativas y vivencias por muy arraigadas que estén en nosotros, hagámoslo, porque vale la pena apostar por un aprendizaje y una socialización que sean lo más acordes posible a las verdaderas necesidades de los niños.

La mierlita

Hace unos días mi amigo César me contó algo que me hizo pensar acerca de las virtudes educativas de la intervención adulta en el tema de las pérdidas y otros dolores. Venía a ser algo así: «En una de las actividades que hago en la biblioteca, entablé conversación con una mamá. Hablábamos de cuentos y salió a relucir el popular relato de la Mierlita, de tradición oral y muy conocido, sobre todo por tierras castellanas. Ella me comentó que no se lo leía ni se lo contaba a su hija, porque se ponía triste al ver cómo la zorra se iba comiendo uno a uno a los mierlitos. Yo le dije que creía que no convenía negar la existencia de la muerte y le sugerí que comentase con la niña el hecho de que si los zorros no comieran mierlitos o algún otro animal, serían ellos mismos los que morirían. Y es que la vida y la muerte son las dos caras de una misma moneda».

Me gustó la forma sencilla y refranera con la que César nombraba lo que para muchos padres de hoy es casi innombrable, y también el realismo natural con el que le sugería a aquella madre que abordara el tema de la muerte con su hija. Y es que creo que lo razonable es que los adultos ejerzamos de adultos y que no disfracemos las cosas, ni engañemos a los niños con la excusa de evitarles un disgusto o una tristeza. En realidad los que nos ahorramos el malestar somos nosotros al evitar enfrentarnos a un tema que no es tan alegre como los que solemos ofrecer a los niños en esta época en la que el placer parece ser el bien más preciado.

Más de una vez he tenido oportunidad de hablar de esto con los padres de mis alumnos, cuando surgían situaciones que lo requerían, como el día en que el papá de una de las niñas llegó tarde a recogerla, porque había estado buscando desesperadamente un pez que fuera idéntico al que tenían en casa y acababa de morir. «¿Cómo iba a consentir que llegara la niña a casa y viera a su pez flotando panza arriba?», decía alterado.

En otra ocasión se trataba de un gato que fue atropellado. La madre de mi alumno también intentó buscarle sustituto, pero no lo consiguió. Entonces pensó consultarme qué me parecía la explicación que había ideado para conformar al niño ante la ausencia del gato. Había pensado decirle que «el gato se había tenido que ir a hablar con su novia y explicarle que sentía no poder vivir con ella, tener muchos hijitos y ser felices todos juntos, pero en la casa en la que vivía sólo querían una mascota».

Al oír aquella especie de sainete gatuno me quedé tan perpleja que se me notó. Y le pregunté directamente por qué no le decía sin más a su hijo lo que había pasado. ¡La reacción fue tremenda! Que cómo iba a decirle eso sabiendo que sufriría. Que estaba muy apegado al animalito. Que sólo tenía cuatro años y no sospechaba la existencia de la muerte. Cuando acabó sus exclamaciones, me miró con seriedad y me preguntó:

—¿Pero de verdad crees que sería bueno para él que le dijera que su gato ha muerto?

—Sí, sería la manera de ir conociendo que la muerte es una realidad, que todo ser vivo ha de morir, y que hay que cuidarse y valorar la vida.

Es posible, desde luego, que cuando le digáis al niño lo ocurrido aparezcan sentimientos de tristeza o rabia. Acompañadlo hasta que se le pase el disgusto y haced alguna despedida que le permita dar un final a su amistad con el gato. De otro modo el tema quedaría inacabado y la relación interrumpida sin ponerle palabras, sin simbolización. Además, si se enterara después de lo ocurrido, se sentiría engañado. Decirle la verdad es confiar en que podrá asumirla. Es un aprendizaje que se le brinda, es considerarlo capaz de empezar a comprender el ciclo de la vida con sus fortalezas y sus fragilidades.

En mi escuela siempre nos ha ido bien utilizar la vida diaria para ir hablando del tema poco a poco. Que si se ha muerto el escarabajo, que si han enterrado al perro de Elena, que si hemos encontrado un pájaro muerto. ¿Por qué no aprovechar esas pequeñas muertes que van preparando a los niños para tomar conciencia de que sí que existe «esa muerte que dura toda la vida"?

Recuerdo a una niña de cinco años, inquieta, habladora, juguetona y vital, que de un día para otro dejó de moverse, de jugar y de charlar. Se mostraba seria, taciturna, como si estuviera enferma. Se lo comenté a su madre y le pregunté si le había pasado algo que justificara aquel comportamiento.

—No sé —me dijo—. Como no sea por lo que le dije el otro día. Me preguntó si ella tendría que morirse. Y yo, para que no se asustara, le contesté que si se portaba bien, no.

Los niños pueden ir entendiendo la complejidad de la vida e intuyendo la realidad de la muerte si se les explica con palabras sencillas y claras, si no se les niega la verdad, si se les permite hablar sobre ello y preguntar lo que necesiten. Es decir, si recorren el camino de crecer de nuestra mano, poniendo la confianza en que ellos, como todos hemos hecho, pueden y deben ir asimilando que hay vida y hay muerte, y que, como decía César, no son más que las dos caras de una misma moneda.

Los niños están aquí

Hoy he vivido, sin quererlo, una escena desagradable que me ha provocado tristeza. Mi nieto de seis años venía conmigo y me ha dado rabia y pena que presenciara semejante situación.

Era viernes por la tarde, bajábamos al centro en el tranvía para ver el ambiente navideño, y estábamos contentos. A nuestro lado se colocaron un padre con su hijo de unos nueve años. De pronto les sonó el móvil y empezó la locura. El padre se puso a insultar a la madre del niño a voz en grito, diciendo barbaridades que se oían en todo el vagón. De tanto en tanto le decía a su hijo: «tu madre está loca, se le ha ido la cabeza». Alternaba el teléfono con las increpaciones al niño, que bajaba la cabeza, avergonzado, con una expresión muy triste en los ojos. Colgaba y volvía a llamar, una y otra vez.

Hasta se le cayó el móvil dos veces de la alteración. Estaba tan fuera de sí que daba miedo.

Nos cambiamos de sitio, tratando de alejar a mi nieto del desastre que estaba teniendo lugar a nuestro lado. Le conté un cuento y lo entretuve como pude, aunque creo que no fue suficiente, los gritos eran demasiado fuertes. Cuando el hombre elevaba la voz, yo chistaba, pero con poco empuje. No me atreví a decir nada para que no se me encarara y la cosa fuera a peores, y es ahora cuando pienso que todos los presentes fuimos un poco cómplices, con nuestro silencio, de aquel desatino. Cuando se bajaron, varias personas hablamos de lo ocurrido con alarma e indignación. Expresamos nuestra preocupación no sólo por el niño implicado, sino por los demás niños que estaban presentes y escucharon el jaleo.

Y es que en muchas ocasiones no nos damos cuenta de que los niños están aquí mismo, justo al lado de nuestras conversaciones cargadas de tensión, de los insultos lanzados en plena vorágine conductora, de las escenas morbosas o subidas de tono que aparecen continuamente en la televisión. Son testigos de los encontronazos con otras personas, de las críticas furibundas a los políticos, árbitros de fútbol o a los vecinos de arriba, de las agresiones verbales o físicas en las competiciones deportivas…

Los niños están aquí, viven con nosotros, lo ven y lo oyen todo. Marta, una niña de cuatro años me dijo una vez que ella escuchaba desde su cama todo lo que hablaban sus padres por las noches. Y es lógico, tienen que aprender cómo es eso de vivir en el mundo, y lo hacen de la mejor manera que saben: curioseando, observando, escudriñando, recopilando datos, recordando… No podemos pedirles que estén atentos solamente a los saberes, y pretender que se desconecten cuando hay acontecimientos inadecuados. Ellos ven la sangre que enfocan morbosamente algunos cámaras de televisión, ven las peleas al terminar los partidos de fútbol, ven a los niños que caminan interminablemente buscando dónde vivir, ven los debates-combates… Lo ven todo:

—¿La gente puede comer gente? —pregunta un niño de cinco años a sus padres.

—No, qué va, no te preocupes —le responden.

—Es que he oído en la televisión que un hombre mató a una chica y se la estaba comiendo poco a poco.

—Bueno, pero habrá sido algún trastornado, un enfermo. Eso no es normal, no pasa casi nunca.

—O sea, que puede pasar…

Y cuando los adultos nos ponemos reflexivos y amantes de los valores, del buen ejemplo y de la educación para la ciudadanía, los niños nos sorprenden señalándonos nuestras contradicciones. Entonces nos extrañamos. Recuerdo un día en que uno de mis alumnos pegó a un compañero. Enseguida intervine en plan conciliador:

—¿Qué te ha pasado? ¿No sabes que no hay que pegar a los demás? Hay que hablar de los problemas que surgen.

—Pero es que siempre me está pegando y ya he hablado muchas veces con él.

—Hay que seguir intentándolo, y, en todo caso, avisarme. ¿No ves como la gente mayor no se pega, sino que hablan para ponerse de acuerdo?

—Pues ayer salió en la televisión un futbolista que le mordió en la oreja a otro.

Creo que tendríamos que poner a punto nuestra innata actitud de protección a la pequeña infancia, porque no es bueno este dejar que las cosas sucedan sin más, alarmando o angustiando a nuestros niños. Urge practicar la valentía y la implicación en momentos como los que viví el día del tranvía.

Y también urge exigir una televisión respetuosa que no invada el mundo interior de los niños. Ellos tienen derecho a crecer despacito, saludablemente, sin agobios adicionales, y sin más desgracias que las inevitables.

¡Cuidado con lo que se dice, los niños están aquí!

El cuarto oscuro

«No te muevas más, si no, la señora te va a meter en un cuarto oscuro que tiene ahí dentro.»

El otro día oí esta frase, harto conocida por todos los que tenemos una edad, aunque esta vez quien estaba diciéndola era una mamá treintañera, con el fin de frenar a su niña de cuatro años que se había propuesto poner patas arriba la verdulería. Y no es la única vez que oigo nombrar al cuarto oscuro en estos últimos tiempos.

En su día a mí me amenazaban con aquello de que si no me portaba bien, me llevaría «El hombre del saco» a otros les hablaban del «Mumo». ¿Agua pasada? Eso creía yo, pero parece que no es así. Por lo visto esos trucos de adulto desbordado aún se dicen, aún se mantienen en circulación. Lo que ocurre es que estas formas, que han llegado hasta hoy, entonces solían obtener lo que podríamos llamar «buenos resultados» porque los niños, en efecto, se asustaban un poco… y hacían caso. Pero ahora, además de ser dudosas por su pretensión de asustar, se suelen recibir con indiferencia, y es que en realidad, se dicen sin ningún convencimiento. Total, que no se las cree nadie, ni quien las dice, ni a quienes van dirigidas.

De hecho, en la escena que presencié, se me escapó un pequeño comentario un tanto irónico dirigido a la mamá:

—Ah, ¿pero eso aún se lleva?

—Sí, pero mire el miedo que le da a ella, ninguno.

Entonces, pensé para mis adentros, ¿para qué se lo dice...?

Me pregunto por qué elige esta madre un antiguo recurso de amedrentamiento para frenar a su hija, cuando quizás a ella en su infancia, ese mismo sistema la aterrorizaba. Me pregunto por qué no fueron suficientes sus palabras explicándole a la niña que la fruta se podía estropear si se toqueteaba, o que estaba prohibido hacerlo. Me pregunto por qué no pudo intervenir con la suficiente firmeza desde su papel de madre. Pareciera que intenta poner un límite, pero «por boca de otros» como si considerara del todo imposible que la niña le hiciera caso. O sea, dando el tema por perdido antes de pelearlo. Dice lo del cuarto oscuro sin pretender que la hija se lo crea, y así, en vez de expresar su deseo de que deje de tocar la fruta, lo que dice es una frase que no tiene nada que ver con lo que está pasando. Eso confunde a la niña y hace que la demanda quede sin efecto.

Con frecuencia, y en distintos foros tanto educativos, como psicológicos, se habla de la necesidad de la ley como uno de los pilares estructurantes del psiquismo temprano, junto con el afecto. Una ley de a pie que actúe como representante de la realidad y sus limitaciones. Como símbolo de que no todo se puede hacer. Como señal de que hemos de instalarnos en el campo de lo posible, de lo real, y no de lo mágico, del placer a ultranza, del «todo lo puedo». Así lo he aprendido, tanto de la experiencia profesional y personal, como de la formación. Pero sobre todo a partir de lo observado y comprobado del comportamiento de los muchos niños que he conocido.

Recuerdo una nena de cuatro años que no sólo no hacía caso a nada, sino que más bien hacía lo contrario de lo que se le indicaba. Nunca le habían dicho que no, así que se manejaba según sus apetencias del momento. Un día se le soltó a su madre de la mano, alegando que ya no era pequeña y sabía cruzar sola la calle, y no la pilló un coche de puro milagro.

Me acuerdo también de un nene de dos años y pico que no consentía que le cambiaran los pañales, así que se escocía y repartía olores, hasta que tenía a bien dejar que lo limpiaran.

También se me hacen presentes varios niños más que en su casa opinan y deciden sobre cosas que no les corresponden, como salir o no salir, ir a éste o a otro colegio, merendar en la mesa o en el ascensor, que se haga esta comida o aquélla, que su mamá tenga otro hijo o no lo tenga, etc. Y en el colegio a lo que se dedican es a oponerse sistemáticamente a lo que se les indica o a lo que «toca» hacer en cada momento. Parece que tienen la necesidad de retar, de transgredir o de ir en contra del adulto al cargo. Lo que ocurre es que al mismo tiempo y sin darse cuenta, van en contra de ellos mismos, porque en vez de ocupar su tiempo en jugar, aprender y relacionarse con los demás, están perdiendo el rato en su guerrilla particular, en la que ni lo pasan bien, ni avanzan en su evolución.

Este tipo de comportamientos está bastante extendido, pero no se solucionará el problema resucitando el cuarto oscuro, sino más bien haciéndoles el favor de pararles los pies con claridad, afecto y perseverancia, y de regalarles una ley que les dará contención, cuidados, seguridad y equilibrio. No hacerlo equivale a dejarlos a merced de sus impulsos, de su narcisismo, de su intolerancia a la frustración. Lo que viene a ser impedirles que maduren, que se desarrollen bien, que se puedan adaptar a las circunstancias y que ocupen su lugar de niños.

No digo que sea ni cómodo, ni fácil. Lo que digo es que es posible y que entra en el lote de ser un padre, una madre, un maestro, un adulto.

¿Contentar o estar contento?

El sábado pasado, en la verdulería, una señora pedía tomates que fueran pequeños, porque eran para ella sola, ya que sus hijos no tomaban verdura:

—No quieren ni verdura, ni pescado. Sólo pasta, arroz y carne. De ahí no salimos.

—Los míos igual, decían otras señoras.

—Mi hijo no consiente ni probar la verdura, y eso que en mi casa, es lo que abunda —comentaba la verdulera.

—Es que hoy en día hacemos cualquier cosa por contentar a los hijos, concluía otra cliente con el asentimiento general.

¿Qué significará este «hacer cualquier cosa» por contentar a los niños? ¿Será algo nuevo? ¿Acaso los padres de antes no querían tener contentos a sus hijos? ¿Habrá que contentar a los niños a costa de todo? ¿Qué pasaría si estuvieran descontentos en algunas ocasiones?

A finales de curso mantuve una entrevista con los padres de un alumno en la que salió a colación «el contento» del que se hablaba en el mercado. El niño tiene cinco años, es vivaracho, fuerte, alegre y está interesado en jugar, aprender y relacionarse. Lo que le ocurre es que no tolera seguir las indicaciones que se le hacen, mostrándose indignado si algún adulto le pide que acate una orden. Según decía la madre, siempre habían querido tenerlo contento, por eso lo dejaban hacer todo lo que quería, no concebían que él niño sufriera una crianza rígida.

Ahora estaban llenos de dudas, y se planteaban si se habían excedido o no en su permisividad al ver que su hijo no sólo se enfadaba cuando se le indicaba algo, sino que parecía tener la necesidad de saltarse cada norma que se le sugería, poniéndose en peligro en algunos de sus comportamientos: se salió de la urbanización en la que viven, se perdió, se cayó de un árbol...

En la escuela su actitud es parecida. Hay que repetirle las cosas, no incorpora las normas, pide realizar actividades que no están previstas, utilizar materiales diferentes, y lo discute todo, argumentando y criticando. Eso sí, lleno de razones, ideas y creatividad. Con los compañeros tiene roces, porque pretende organizar siempre el juego, y no soporta que no lo sigan. Así que el pretendido contento se le está volviendo descontento, genio y malestar.

Contentar es complacer a alguien. Tener con otro un pulso de satisfacción. Es alcanzar acuerdos, armonía, ir a la par... y sentirse bien por ello. Por eso contento es sinónimo de alegría. Etimológicamente estar contento significa estar contenido, alborozado, conforme. O sea, que en el estar contento está incluido que uno se sienta lleno, satisfecho y alegre, pero a la vez, que se note sujeto, que tenga unos límites reconocidos y aceptados. Porque sentirse contenido proporciona seguridad y calma. Alguien señala los límites, de modo que no hay posibilidades de desbordamiento, confusión o desvarío, así es más sencillo mantenerse en el lugar conveniente y dedicarse a lo que toca hacer en cada momento evolutivo y en cada circunstancia.

Además, contentar, como sabemos, es un verbo transitivo. Siempre se contenta a otro, contentar siempre supone que una persona ofrezca una alegría a otra. Lo que pasa es que se puede hablar de contentar a un amigo, y éste es un trato entre iguales, y se puede hablar de contentar a un hijo, o a un alumno, y esto ya no es lo mismo. Aquí hay una asimetría, una disparidad, un «escalón», que conlleva el hecho de que una de las dos partes contenta a la otra, a base de ceder o regalar algo. Si es el «lado débil», el que pretende contentar al «fuerte», aún estaríamos en una situación algo lógica. (Es normal que el hijo o el alumno, quieran «tener contentos» al padre o al maestro). Pero en el caso que nos ocupa, curiosamente, es el lado «fuerte», el que quiere contentar al «débil». Con tenacidad, pero con motivos dudosos, porque en este tiento entre adultos y niños, lo que aparece es un deseo desmedido de tener al niño contento y satisfecho, para lo cual se le permite realizar cosas que no le corresponden, o no le convienen.

¿Y esto por qué ocurre? ¿Será que les debemos algo a estos niños, sean hijos o alumnos? ¿Será que nos sentimos «en falta» con ellos por alguna razón? ¿Será que si ellos están contentos no reclaman tanto nuestra atención y nos es más fácil el manejo de una cotidianidad llena de trabajo y de prisas? ¿O quizás sea que nos cuesta asumir uno de los aspectos de nuestro lugar de padres, maestros, adultos, que es el de educar, limitar y contener a los niños?

Cuestión de estilo

En el tren, volviendo de Barcelona, íbamos sentados detrás de dos familias con niños pequeños. Unos eran extranjeros, probablemente nórdicos, los otros españoles. Los niños extranjeros eran un niño y una niña de seis y tres años, los españoles eran dos varones de las mismas edades aproximadamente. Cada familia iba con sus dos niños y sus dos estilos de crianza bien diferenciados.

Me llamó la atención que los autóctonos apenas hablaban entre sí, absortos en las pantallas de sus tabletas con películas de dibujos animados. En cambio, los extranjeros tuvieron tiempo de charlar, dibujar con la mamá un rato, escuchar un cuento que les leyó el padre. También jugaron con unos muñequitos y luego, mientras el mayor veía una película infantil, la pequeña estuvo canturreando y poniéndose de gorro los reposacabezas de los asientos. Los españoles almorzaron bocadillos de jamón (y pecho de postre para el pequeño), los extranjeros tomaron pan de cereales, queso, zumos y fruta.

En los extranjeros era curioso ver la sincronización de las actividades, los cambios de juego y los movimientos de los niños, que no eran iguales, (ella era mucho más inquieta), pero discurrían paralelamente con bastante acompasamiento. Los padres estaban sentados uno a cada lado del pasillo, se mostraban disponibles y discretos, y tenían los recursos de entretenimiento guardados para irlos sacando poco a poco cuando hiciera falta. La familia española ofrecía menos variaciones. Los padres miraban sus móviles o dormitaban y los niños contemplaban sus películas o juegos. De tanto en tanto el pequeño intentaba levantarse, y entonces la madre le daba pecho logrando así «neutralizarlo» otro rato más.

Hasta en la ropa se veían los contrastes. La familia de aquí vestía muy a la moderna. El padre, la madre y los hijos iban con el mismo atuendo: pantalones grises anchísimos, de pernera baja, camisetas blancas y cazadoras cortas negras. Incluso las botas eran iguales. Los extranjeros a su vez tenían detalles peculiares en su vestimenta: el padre y el hijo llevaban unas gorras de cuadros con visera y unos pañuelitos anudados al cuello, y la madre y la niña unas bolsas de colores, una grande y otra pequeña.

Me hizo gracia la reacción de la niña extranjera, una rubita muy vital, cuando en un momento dado, sus padres se sentaron juntos y empezaron a charlar. Ella se puso celosa, pasando de ponerles mala cara, a chistarles para que se callaran y acabando por sentarse en medio de los dos con cara de triunfo. Era bonito ver cómo se jugaban las relaciones, las normas, las complicidades, las costumbres y el placer entre ellos.

Cuando se les acabaron los recursos, la niña se puso a mirar alrededor y descubrió una chica con un exótico peinado y unos pendientes largos y llamativos, y se dedicó a mirarla fijamente durante largo rato. Nadie le dijo que no lo hiciera, ni los padres, ni la chica, así que pudo dar rienda suelta a su curiosidad. Con nosotros también intercambió miradas, gestos y sonrisas desde su asiento. El hermano mayor se entretenía solo. Los niños españoles se mantuvieron todo el viaje en la misma tónica: pantallas, bocadillos y pecho.

Esta extraña situación de escaparate durante cinco horas largas me permitió observar con detenimiento los dos modelos y maneras de crianza. Las dos familias viajaban con los hijos, algo de lo más loable, ambas parecían querer que sus niños estuvieran tranquilos y atendidos, y además se les veía a todos bastante bien. Sin embargo era notorio que en el caso de los españoles, el estilo familiar era atender los deseos y necesidades de los niños a base de comida y ocio digital, y el de los extranjeros era jugar la presencia disponible de los padres y el respeto a la forma de ser de los hijos.

Eran dos registros diferentes, uno protector y de menor comunicación entre los miembros del núcleo familiar, entendiendo la función de padres más como dispensadores de recursos y seguridad, que como animadores de un crecimiento autónomo. El otro dejaba ver unos padres capaces de contener con su presencia los impulsos de sus niños, de entender su momento evolutivo, de nutrir sus necesidades de todo tipo, de aceptar sus distintos temperamentos, de alegrarse de que puedan buscar satisfacciones por si mismos y de que sean curiosos y se interesen por lo que hay a su alrededor.

Seguramente las dinámicas podrían haber sucedido «al revés», pero como fue así, así tengo que contarlo.

Para mi fue bonito mirar con cierto miramiento. Qué fácilmente se ve, poniendo un poco de atención, lo distintos que somos unos de otros, todos con nuestra historia detrás, con nuestras costumbres, nuestro recorrido, nuestras ilusiones, nuestros deseos. Te hace pensar lo respetables que son todas las culturas y todas las formas de criar. Y también lo mucho que podríamos aprender si fuéramos sensibles al hacer de otros, si nos pusiéramos a la escucha de sus propuestas, si nos permitiéramos quedar expuestos a unos cambios que quizás nos aportarían apertura y novedad. Un viaje «con vistas»

La mirada que escucha

El pasado día 1 de mayo, en un programa de la Ser, entrevistaron a Carlinho Brown, entre bromas, música y cordialidades. A mi me resultó muy agradable conocer el concienzudo trabajo que ha hecho para mejorar la vida de los vecinos de su barrio, (donde no había ni agua corriente), así como percibir su contagiosa vitalidad y escuchar los alegres ritmos que emprendía a golpe de inspiración súbita, y que llenaron mi mañana de buena marcha y de ilusión.

En un momento dado, y sorpresivamente para mí, el locutor le preguntó a Carlinho por sus pinturas, que están exponiéndose en Madrid estos días, y entonces el artista contó que su padre era pintor de brocha gorda y solía lamentarse de que le pidieran que pintara las paredes de colores lisos, porque lo que él hubiera querido pintar eran figuras o paisajes a todo color. Y por lo visto una parte de ese deseo de su padre se le coló adentro, y un buen día empezó a pintar, escuchando los sonidos del mar y canturreando.

El caso es que a lo largo de la conversación dijeron que este músico jolgorioso y optimista ha llamado a su exposición de pintura: «La mirada que escucha», y al oír esta combinación tan hermosa y poética de conceptos y palabras, me dio un verdadero vuelco el corazón. Seguramente porque justo hace una semana estuve dando un curso en una escuela infantil madrileña en el que hablamos de la escucha, eje del vínculo entre el maestro y cada uno de los niños. Veíamos la escucha como un modo privilegiado y respetuoso de acercarse a ellos y a sus particulares mundos, de manifestar interés por sus vidas, sus deseos, sus sueños, de relacionarnos afectivamente de persona a persona...

En ese contexto una de las maestras comentó que trabajaba con niños muy pequeños que aún no hablaban, y que su mirada puesta en ellos, también era una especie de escucha, porque le permitía observarlos, entenderlos, acompañar su evolución y quererlos. Conjugamos entonces varias posibilidades de formular esta idea: escuchar con la mirada, miradas escuchadoras, escuchando con los ojos... ¡Lástima no haber conocido antes el acertado nombre de la exposición de Carlinho Brown! Resume totalmente lo que queríamos expresar: que hace falta una mirada cuidadosa y amable sobre cada niño para conocerlo, para que despliegue con libertad sus potencialidades y para que se sienta bien.

Recientemente, hablar de escucha en la escuela es bastante habitual. Por un lado por las reflexiones de Loris Malaguzzi, pedagogo italiano, que hablaba de la pedagogía de la escucha, por otro por la sensibilización cada vez mayor de los maestros hacia el acompañamiento y la cercanía a sus alumnos, y por supuesto por la creciente toma de conciencia de la importancia de todo lo referente al mundo emocional en las relaciones educativas. En otros tiempos también se hablaba de la escucha en relación con la escuela, pero entonces el que siempre escuchaba, o había de hacerlo, era el alumno, y el que siempre hablaba era el maestro, representando al saber, a la sociedad, a la moral, a la ley. Era una escucha para aprender. Ahora lo que se intenta es que el niño esté situado en un lugar con voz propia, y que el maestro escuche lo que sus alumnos tienen que decir. Y ésta es una escucha diferente, una escucha para comprender.

Es como si por fin hubiéramos descubierto que hablar, escuchar y estar atentos a los demás es el modo de lograr una auténtica comunicación, que presidirá nuestro encuentro o desencuentro con las demás personas. Pero toda comunicación requiere una escucha, un «otro» a quien contarle, a quien darle la confianza de saber de nosotros. Un «otro» que nos haga de reflejo, que nos aporte su mirada, que nos ayude a entendernos, que nos acompañe y nos corresponda con sus propias palabras, en el saludable movimiento recíproco de hablar y escuchar que caracteriza las relaciones humanas. Y cuando hablamos de la relación entre un adulto y un niño pequeño, esta reciprocidad habrá de venir precedida por la acogida abierta y la escucha generosa a todas las expresiones del niño, que acaba de llegar al mundo y necesita ser bien recibido para entender, entenderse, situar su entorno afectivo y dedicarse a crecer a manos llenas.

Así que no he podido por menos que relacionar estos dos sucesos, porque cuando Carlinho hablaba de la mirada que escucha, bautizando así el sentido de sus pinturas, lo que hacía (creo yo), era darnos pistas de su intento de volcar tanto en los lienzos, como en las partituras su fuerte sentimiento de alegría de vivir, su tremenda fuerza y deseo de cambio, y sus sueños de armonía disfrazados de trompetas carnavaleras.

¡A ver si tomamos nota los maestros y recorremos los territorios de la mirada y de la escucha en la misma onda que Carlinho! Podríamos escuchar cosas tan bonitas como esta breve conversación que copio del diario de clase:

Ignacio: «Voy a ir a un colegio con piscina imanizada». .

Javi: «Será imatizada». .

Ignacio: «Bueno, sí».

Javi: «¡Ay!, pues yo me iría contigo a ese colegio». .

Ignacio: «Lo dices por la piscina, ¿verdad?». .

Javi: «No, lo digo por ti». .

¿Niños premiados?

Durante bastantes años, cuando un niño no cumplía con las normas o no llevaba a cabo sus obligaciones, era susceptible de ser reñido, censurado o castigado sin que nadie se espantara por ello. Se veía preciso, lógico y necesario.

Después vino otro tiempo (que está durando hasta hoy), en el que todo el mundo rechazamos las actitudes de reprensión por verlas excesivas, abusivas y tristes. Muchos niños, percatados de este cambio, empezaron a barrer para adentro, y, dejándose llevar por sus impulsos y por el narcisismo propio de la edad, declinaron a su gusto la asunción de sus responsabilidades.

En estos momentos está habiendo una evolución en ambas posiciones. Los niños optan por resistirse y un amplio sector del mundo adulto, desea dar la vuelta a estas dinámicas que se están volviendo complicadas de manejar. Así que mientras los niños de ahora toman lugares de semiadultos, sus mayores se quedan pasivos, inmóviles y preocupados, al percibir como estériles sus modos de resituar los papeles que traen consigo tanto la edad, como el orden natural.

Una de las modalidades que están adoptando muchos adultos de cara a volver a controlar la situación es el premiar por anticipado a los niños por los buenos comportamientos, el rendimiento escolar, el atender bien en las clases extraescolares... Una especie de deseo de prevenir y evitar los problemas a base de tener contentos a los niños.

Este curso en mi clase tengo varios alumnos «premiados». A uno le dan un euro si pasa la semana sin hacer ninguna rabieta. A otro un punto si se porta bien en la clase de judo. A otra le dan un papelito verde si atiende en sus lecciones de piano. Hay tres variantes más: un *point* si se «cumple» en la clase de inglés, una cruz si se cena bien y una pegatina si no se moja la cama.

Curiosamente a todos ellos les aseguran un regalo cuando alcancen la mágica cantidad de diez elementos. No saben decirme si serán cromos, pulseras, coches o cuentos lo que les van a regalar. Lo que sí que saben es que tanto sus padres, como los profesores que les dan los distintivos, se muestran satisfechos si los acumulan y enfadados si no son merecedores de tales privilegios. Por lo visto la única persona de su entorno que no se alegra con estos inventos soy yo, cosa que los deja extrañados y perplejos. Y es que no puedo evitar preguntarme:

¿Qué significa este cambio social que ha oscilado de los castigos a los premios?

¿Adónde llegarán las exigencias de los niños si los acostumbramos a ser aplaudidos por hacer lo que tienen que hacer?.

¿Cómo descubrirán la satisfacción personal de hacer las cosas bien?.

¿Adonde queda la autoridad de los adultos si para evitar verse «derrotados», optan por valorar a los niños a troche y moche?.

¿Cómo van a entender el lenguaje de la realidad si les hablamos en el lenguaje de la omnipotencia y del «todo te lo mereces»?.

En mi experiencia de maestra de niños pequeños he disfrutado al ver la sensación de triunfo que tienen cuando logran superar algún reto de los tantos que se les van presentando en su crecimiento. Cuando pueden ponerse de pie autónomamente, cuando dicen sus primeras palabras, cuando controlan esfínteres, cuando se dibujan a si mismos, cuando aprenden a ponerse el abrigo solos, a ir en bicicleta, a leer, a entablar una amistad, etc.

El premio es el propio logro, el placer generado, el gusto al ver a sus padres y maestros contentos, la ilusión de ser y crecer. Gozos genuinos que llenan su autoestima y que les hacen desear seguir adelante y superar nuevos retos.

Sin puntos y sin comas adicionales. Sencillamente poniendo la mirada, el acompañamiento y la espera en ellos. Pensemos que estos niños crecen un poquitín cada día, y cuando nos descuidamos, tienen 12 o 13 años. Entonces, si están habituados a los premios y los beneplácitos, probablemente seguirán barriendo para adentro y pedirán, no ya los cromos o las pulseras, sino los móviles o las maquinitas de turno. Y ya en ese momento, sería un poco tarde para hablarles de la alegría del cumplimiento de las responsabilidades.

Precisamente hace unos días me comentó, alarmada, la madre de una alumna de 3 años, que su hija le había aplicado una de las estrategias de uso habitual en su casa. Le había dicho: «Mamá, si me haces hamburguesa para cenar, me portaré bien en el supermercado». Y es que estos trucos, chantajes o pequeñas trampas no sólo no educan, sino que pueden confundir y hasta volverse en contra.

El auténtico premio estaría en dar a los niños un «lugar de niño» que ocupar, un tiempo para irlo viviendo y nuestra confianza puesta en que van a conseguirlo.

Doña Mamá

La primera escuela a la que asistí fue una unitaria al estilo de entonces. O sea, una academia, que estaba en pleno centro de la ciudad y en la que se atendían niños y niñas entre cuatro y diez años. La maestra era muy buena profesional, eficiente, segura, dinámica y responsable, y pedía a sus alumnos aprendizaje y buen comportamiento a ultranza.

Yo era una alumna bastante atípica, ya que era «la hija de la señorita», y, aunque formaba parte del conjunto de la clase, se me pedían unas cuantas cosas más que al resto de los niños: aprender todo lo más que pudiera, portarme genial, no molestar a los compañeros, ser buena y trabajar mucho. En cambio, no estaba previsto que se me pudiera escuchar, felicitar, o tener conmigo una complicidad o un cariño. Estaba allí, pero como si no estuviera, estaba «entre paréntesis».

Seguramente el motivo era evitar la posible sensación de favoritismo, agravio comparativo o celos de los otros niños al ser mi madre la maestra, pero a mi lo que me llegaba era una actitud distante y extraña de su parte, que no alcanzaba a comprender. En las reuniones familiares mi madre explicaba con orgullo que yo en la escuela primero la llamaba «Mamá» después «Doña Mercedes» como los demás niños, y ya en último término: «Doña Mamá». Y a todos les hacía mucha gracia. Parecía algo muy creativo, como una pequeña broma. Pero en realidad no era más que un intento de hacerme ver por ella, que, de pronto, parecía haberse vuelto ciega a mi presencia.

Con el tiempo he entendido la situación vivida y he sabido que para los hijos de mamás —maestras o papás— maestros, es difícil diferenciar los dos papeles: el de progenitor y el de docente. Los niños, inevitablemente, se sitúan en la categoría de hijos, que perciben más importante que la de alumnos, y no entienden otros matices.

La dificultad aumenta cuanto más pequeños son los niños, pudiéndose generar una fuerte sensación de pérdida de la figura principal de referencia, de culpa por si esto ocurre debido a algún comportamiento personal inadecuado, de celos de los demás niños, o de confusión ante esa especie de abandono incomprensible. Y de esto se pueden derivar desde penas y llantos inconsolables, hasta rebeldías. Desde una sumisión excesiva a la madre o el padre para volver a captar su deseada atención, a accesos de rabia y agresividad, o mutismos, sobreexcitación, distracción, negación a aprender, etc.

Para las madres o padres maestros tampoco es sencillo vivir esa doble función. Hay quienes riñen a su hijo más que a los demás para que nadie piense que hay preferencias. Y hay quienes lo riñen menos. Hay quienes ejercen esa aparente ignorancia que comentaba antes, y hay quienes no llevan nada bien ver que el hijo estudia, pinta, suma o lee peor que otros, o que algún compañero se mete con él. Hay quienes lo pasan realmente mal al ver que su hijo está inquieto y desconcertado ante esta situación. E incluso hay quienes no lo llevan tan mal, aunque son los menos.

Sin embargo, y, aunque cada caso sea diferente y no se pueda generalizar, podríamos afirmar que ser madre y maestra, o padre y maestro al mismo tiempo, así como ser hijo y alumno suponen una tensión para los implicados. Son dos lugares a cubrir, dos papeles, dos funciones con características muy distintas. Y cuesta vivirlas simultáneamente. Recuerdo un nene de año y medio que tuvimos en mi escuela, que fue matriculado después de estar un tiempo intentando que se adaptara en la escuela infantil en la que trabajaba su mamá. El pobre no pudo resistir el hecho de ver a la madre atendiendo a otros niños, en lugar de estar con él, que tanto la necesitaba al iniciar su periodo de adaptación.

También recuerdo a un papá que lo pasó fatal tratando de responder a su hija de dos años y a la vez a su grupo-clase. Intentó solventarlo a base de palabras, explicando a la niña y a los alumnos la situación, pero lo que consiguió fue que se estableciera un clima de malestar y alteración que costó superar. Al final tuvo que llevar a la niña a otra escuela y él quedó frustrado al no conseguir su propósito con la voluntad que le había puesto.

Y es que, en las etapas primeras, de puro impulso, afectos primitivos, y narcisismo, las cosas se viven a flor de piel y se requieren respuestas más a modo de presencias que de razonamientos. Por eso muchas maestras hacen por no estar en el mismo centro educativo que sus hijos y en algunas escuelas hay normas que prohíben que las maestras tengan a sus hijos en clase. Probablemente sería útil plantearse y debatir este tema en el seno de cada comunidad educativa.

Roturas

Para cualquier persona es violento, desagradable y triste verse metido en una discusión fuerte, en un silencio tenso, o en un desencuentro notorio. Para un niño pequeño es mucho más penoso. Sobre todo, si hablamos de un niño que está en medio de una pelea entre sus propios padres, que son su sostén, su seguridad y su guía. Los pequeños se asustan cuando los oyen hablarse con la voz alterada y sienten todo el peso de su fragilidad cuando ven temblar los dos pilares básicos de su mundo afectivo. Quieren contentar y alegrar a las dos partes, y a ratos también molestarlos y manifestarles su incomodidad y sus quejas. Los niños lo cuentan así:

«Mis papás están enfadados y se discuten.».

«Mis padres ya no son nada amigos.»

«Como me porté mal un día, mis papás se chillan mucho.».

«Cuando mis padres se pelean, yo quiero irme y no oírlos.».

«Mi papá se quiere ir a otra casa, pero yo no quiero que se vaya.».

«Mi mamá no come, el papá se ha ido y ella está muy triste.».

«Yo no quiero desear nada, porque lo que deseo no puede ser. Quiero que mis padres vuelvan a vivir juntos y ellos me han dicho que no, que ya no se quieren.».

«Antes lloraba todas las noches porque mi papá no estaba, pero ahora ya no lloro.».

Como sabemos, cada día hay más separaciones, y en estas situaciones de cambio y de rotura, los niños ocupan un lugar delicado. Por un lado, surge una gran preocupación y deseo de protección en los padres, pero por otro la sensación de pérdida y de dolor, hace que la pareja que se deshace, se dedique más bien a llorar o a pelear. Y, aunque es entendible, el resultado es que se suele atender a los niños más en el sentido de distraerlos, que en el de contener sus miedos, estar a su lado, poner palabras a la nueva situación, o buscar vías de resolución lo más tranquilas y estables que se pueda.

Los mensajes del mundo adulto que han recibido los niños les dicen que acepten y que comprendan a los demás, pero sus figuras de referencia, en esos momentos al menos, no aceptan, ni comprenden. También se les dice que es mejor expresar lo que se siente, pero algunos de los comentarios que oyen están tan cargados de rabia, que pueden hacerles pensar que quizás no sea verdad eso de que está bien mostrar los sentimientos. Les decimos que el saber es bueno, pero como su saber vital es para ellos fuente de pena y desconcierto, huyen del silencio, de la concentración, del pensar o del estar solos, tratando de evitar todo lo que suponga mirar cara a cara el desencuentro que están presenciando. Por eso a veces les cuesta estudiar, retener las lecciones, o mantener intereses escolares.

Hay casos en que el silencio envuelve excesivamente el hecho de una separación. Y convendría poner palabras reparadoras al sufrimiento del niño, unas explicaciones cortas y sencillas que no le hicieran sentirse en la incertidumbre. Hay casos en que algunos de los progenitores, o los dos, toman al niño como interlocutor de su amargura, y le cuentan con toda clase de detalles sus interpretaciones de la situación, buscando una complicidad que angustia al niño. Y a veces, incluso, el niño queda atrapado en un circuito en el que él mismo es el transmisor de las discusiones.

Las reacciones a estas situaciones, lógicamente, serán distintas en cada niño en forma y en grado. Se pueden sentir culpables, tristes, asustados, desorientados, soñolientos, nerviosos, callados... Pueden tener pesadillas o pena, manifestarse opositores, quejosos o agresivos, pueden estar preocupados por el padre y por la madre, sentir añoranza de los momentos placenteros vividos, no querer ir a la escuela, comer mal, tener regresiones, e incluso aparentar no tener nada. Y habría que darles tiempo, no pedirles una adaptación instantánea, y preservarlos de lo que no les corresponde, por muy abrumados que estén los adultos con estas problemáticas tan pesadas de llevar.

Sería mejor no hablar delante de ellos de aspectos tensionantes, no criticar al otro progenitor, no hacerlos servir de vía de comunicación «con el otro lado», no hacer como si nada pasara, no dar paso a sus intentos de manipulación, no compensarlos con regalos o permisividad...

Sería mejor darles alguna explicación, mantener sus espacios, juguetes y normas, acompañar su sufrimiento y aguantar sus preguntas o desplantes con toda la paciencia que se pueda reunir.

Pero sobre todo repetirles que siempre tendrán quien los cuide y los quiera, que no tienen culpa de nada y que la situación triste se irá pasando poco a poco, por increíble que parezca. Como así es, afortunadamente.

Un matamoscas certero

Acabábamos de llegar al pueblo para pasar el fin de semana, y mientras iba colocando los trastos, vi por la ventana una graciosa escena que me hizo pararme a curiosear. Ocurría en la puerta de enfrente y los protagonistas eran un niño de tres años y una niña de ocho, que estaban ocupadísimos tratando de cazar una mosca que pugnaba por colarse en su casa. La mayor, armada con un matamoscas de tamaño considerable, intentaba matar o hacer huir al bicho, mientras el pequeño, que actuaba como cebo, se esforzaba en quedarse lo más quieto posible. Después de un rato la mosca volvió a rondar al niño y eso hizo que se movilizaran colocándose en estado de máxima tensión, él como una estatua y ella presta al ataque.

De pronto, la mosca se detuvo en la pierna del pequeño, instante que la hermana aprovechó para asestarle un golpe que resultó fallido. Tras unos segundos de pausa, vi que la niña, matamoscas en ristre, continuaba pegándole golpes al hermano a mansalva, sin poderse parar, haciéndole creer que estaba intentando matar a la mosca. La primera reacción del niño fue aceptar la paliza, el pobre se creyó el engaño, pero cuando notó que los golpes arreciaban y vio en la cara de su hermana una extraña sonrisa, se puso a gritar: «¡Nooo! ¡No me pegues más que me haces daño!». Esto hizo que la niña transformara sus golpes en besos arrepentidos. «¡Perdona, cariño!» le decía, como si se despertara de un sueño. Y así parecía ser, se despertaba de su secreto sueño de ser «la única».

La ambivalencia con que se vive el sentimiento de celos en la pequeña infancia es tan fuerte, que puede provocar estos comportamientos en los niños. Por un lado, sienten afecto hacia el hermano y por otro les da mucha rabia ver que ocupa una parcela del amor de la familia que antes les correspondía por completo. Desde su narcisismo, los pequeños no llegan a explicarse por qué sus padres han tenido otro hijo, ¡si ya estaban ellos! Y desean que los bebés no estén más en casa, que «los devuelvan» o que, sencillamente, desaparezcan. Con frecuencia se ponen tristes, rabiosos, melancólicos, inapetentes, inquietos o regresivos, queriendo tomar pecho o biberón, ir en brazos, ponerse pañal…

Unos lo dicen con claridad meridiana, y aunque sobresalten a los padres con su contundencia, para ellos es sano por lo que tiene de liberador desahogarse hablando y hacer saber a los demás su sentir: «Mi madre se ha ido al hospital con mi bebé. A ver si lo devuelve, que llora mucho y no me deja dormir.». «He soñado que mi hermano estaba en un baile y se caía al suelo y no lo veían, y todos lo pisaban y le salía sangre.». «Yo desde que tengo a mi bebé me he vuelto malo, no quiero que esté en casa, ni dejarle mis juguetes, como me dicen que tengo que hacer.». Otros llevan los celos por dentro, como un dolor oculto, como una infame culpa. Y la pena o la rabia que sienten hace que incluso se pongan enfermos al no atreverse a manifestar sus agobios. Pero todos se ven de una u otra manera conmovidos por la sensación de rivalidad, por el miedo a que quieran más al «otro» por el temor al cambio que intuyen, porque piensan que todos celebran tanto al bebé que se olvidarán de ellos.

A los adultos nos preocupa que nuestros hijos tengan celos. Hay quienes lo niegan, quienes se angustian de pensarlo siquiera y quienes les piden a sus niños que quieran mucho al hermano, haciéndoles saber así que no tolerarán que haya sentimientos que no sean dulces. Quizás pensamos que esos sentimientos apasionados y conmovedores, pueden desaparecer si están ocultos y bajo control, (cuando es justamente, al contrario, el lenguaje sentimental pide aireo, palabra, compañía). Quizás queremos evitárselos a los niños. O quizás el concepto de «celos» en nuestra sociedad está excesivamente agrandado y nos pesa, ya sea por los recuerdos de nuestros propios celos, por el padecer que algunas personas de las llamadas «celosas», viven o hacen vivir a sus seres más cercanos, o por las consecuencias de la puesta en acto de los celos enfermizos que han dado argumento a muchas novelas.

Sin embargo, tener una cierta dosis de celos es normal, lo raro sería no tenerlos. Equivaldría a no darse cuenta de que las cosas han cambiado, que hay una persona más a la que hay que hacer un lugar, que hay una situación a la que adaptarse, y una rabia nueva, que a veces se hace difícil de soportar.

Por eso habría que animar a nuestros niños a expresar sus celos para que no se les enquisten dentro, para que noten que los comprendemos y para que no concluyan que tener celos significa que son malos.

Para mí ver a los vecinos fue un placer. No porque me guste que haya palos entre hermanos, sino porque creo que no hay que asustarse ante estos tanteos, que son signo de que algo se está ajustando en la relación fraternal. Ellos serán precisamente los que nos ayuden a entender este mecanismo sentimental tan potente como una locomotora y tan delicado como un relojito de cuerda.

El aliciente

Esta primavera estuvieron de visita en mi escuela un grupo de estudiantes de Magisterio. Escucharon la charla que les ofrecimos las maestras, miraron las clases, el patio, preguntaron sus dudas y comentaron sus impresiones. De todo el intercambio, que fue rico, largo y tendido, contaré sólo un detalle: la extrañeza que les causó no ver en las clases «los paneles del rojo y del verde» que habían visto en otras escuelas visitadas.

—¿Y qué paneles son ésos? —pregunté.

—Los de la conducta, respondieron.

Les expliqué lo que pensábamos nosotras de estas políticas de premios y castigos que tienen a los niños «comprados», con las recompensas, en lugar de considerar que la recompensa es la satisfacción del logro obtenido a partir del propio esfuerzo. Además de condenar al fracaso más estrepitoso a los niños que tienen dificultades que tardan en superar. Pensemos en un alumno que no para de moverse. Si tuviéramos que valorar con el color verde o rojo esa inquietud que le lleva a distraerse o molestar, le pondríamos siempre un gomet rojo, lo cual incidiría en hacer más notoria su desazón ante el grupo y en provocarle una mala imagen de si mismo, dejando así cada vez más fijado su comportamiento y su desesperanza.

—Entonces. ¿qué hacéis ante una mala conducta, por ejemplo, cuando un niño le pega a otro?

—Intervenimos en el sentido de manifestar nuestro disgusto, recordar la norma y hacerle ver el dolor y la pena del afectado. Siempre considerando la edad del niño, sus circunstancias, su manera de ser y también si es un hecho habitual o esporádico. Las consecuencias que pueden derivarse al poner un límite al niño oscilarán entre la riña, el pedirle que se disculpe, apartarlo un ratito de la actividad del grupo. Y si vemos que sus actuaciones no cambian y no logra incorporar nuestra demanda de respetar a los demás, hacemos una observación más exhaustiva, entrevistas con los padres.

A los niños les gusta ser felicitados, mejorar, avanzar… Y, aunque por su momento impulsivo, a veces se salten alguna norma, con un poco de freno y de explicación, vuelven a «entrar en ley». Así que, si un niño repite un comportamiento inadecuado (pegar, molestar, etc.), recibiendo la disconformidad del adulto al cargo, lo más lógico es que desee salir de ahí. Y si no lo hace, con frecuencia es porque no puede, está atrapado en una dinámica de conflicto, convirtiéndose su mala actuación, no en algo a controlar sin más, sino en una señal que nos avisa de que hay alguna problemática a resolver.

He visto niños que molestaban a otros como un modo de entrar en relación. O por estar alterados por tener a la madre en el hospital, o por haber tenido un hermano, o por la separación de los padres, incluso por estar cansados o hambrientos… Recuerdo un niño de tres años, nuevo en la escuela, que daba manotadas a todo el que se le acercaba. Al preguntarle por qué pegaba, dijo: «es que yo he venido al colegio a pegar». ¿Y por qué? «Para que no me peguen a mí». Una conducta reactiva en cierto modo «entendible», ante la inseguridad propia del tiempo de adaptación. Otra niña que empezó a pegar repentinamente, respondió así a mis preguntas sobre su comportamiento: «Tengo que pegar, porque mi bebé no me deja dormir. Y como no quieren que le pegue a él, les pego a los niños».

Pensando en los premios he recordado una entrevista con los padres de una alumna de cinco años. Me contaban la dinámica que se respiraba en su casa. «Se porta tan mal que estropea el ambiente. Hace llorar al pequeño, no nos hace caso cuando le decimos algo… Para evitar el jaleo, sólo nos funciona un sistema: darle un aliciente. Así, por un rato, tenemos la fiesta en paz». El aliciente resultó ser el móvil del padre o de la madre, con los que la niña quedaba como hipnotizada.

Les comenté que no conviene quemar etapas. Un niño expuesto al exceso de estimulación de las pantallas, queda prendido a ellas y ve pobre cualquier imagen, idea, dibujo o fabulación personal. También se le queda corto el ritmo escolar. Tanto los libros de texto, como las propuestas de las maestras, etc. van más despacio y con menos color, velocidad y sonido que los juegos a los que él juega. Así que desatiende, se aburre, se desconecta, y sólo aprende a la fuerza, o a base de puntos verdes o de alicientes. Pero sin entusiasmo, ni implicación, sin sensación de descubrimiento, sin alegría.

Me pregunto si nos hemos parado a pensar en el riesgo de entretener a los niños con premios o alicientes que los van a privar de lo mejor de si mismos: su mundo interior. Las pantallas no son juguetitos inocentes o inocuos y los niños son material delicado, «en construcción». ¡Cuidado con las falsas nodrizas!

Extrañezas

Cuando yo era pequeña los curas aún llevaban sotana. En una ocasión en que iba por la calle con mi madre y mi hermano, que tenía unos cuatro años, pasó un cura por nuestro lado y le hizo una caricia al niño, que reaccionó quedándose muy serio y muy quieto, dos cosas totalmente desacostumbradas en él. Y de pronto, lanzó un comentario acorde a su edad y a su nula experiencia en vestimentas eclesiales: «Mamá, ese cara de hombre me ha tocado la cabeza».

Con esta reveladora frase no solo hacía ver que nunca antes había estado delante de un hombre vestido con sotana, sino también que se extrañaba y desconfiaba de su aspecto tan diferente al de los demás hombres que llevaban indumentarias corrientes. Y sobre todo hacía ver su alarma y su miedo ante lo desconocido. En mi casa, aquel encuentro que se tomó como una gracia o una agudeza de mi hermano, fue contado una y mil veces. Seguramente por eso me acuerdo tan bien de los más mínimos detalles y hasta sé en qué tramo de la calle Castaños ocurrió el encuentro.

Lo saco a colación para compararlo con otras extrañezas que me rondan estos días.

Por un lado, tengo unos amigos que tienen un niño de nueve meses que, hace unas semanas, está manifestando temor ante las personas desconocidas que se le plantan delante a saludarlo o a decirle lindezas. Primero las mira atentamente, después pone cara de «lo siento, no estoy preparado para tantas amistades», y a continuación llora o se esconde en los cuerpos de sus padres o abuelos. Por otro lado, la nena de mi vecina también está transitando el tiempo de la extrañeza. Reacciona con rapidez si detecta que los que le hablan no son de la familia. Entonces se pone hacer pucheros, manotea como queriendo apartar a los intrusos y se «repliega». Se le nota claramente que le gustaría que desaparecieran de inmediato las inquietantes distorsiones externas en forma de vecina, tendero o paseante bien intencionado.

He visto escenas parecidas en muchas ocasiones. La actitud de los pequeños «extrañadores» es muy conocida, aunque los familiares, deseosos de que los bebés sean desde bien pronto sociables, insistan en negarla o quitarle entidad con comentarios como éstos:

—No sé qué le pasa a este niño, es muy alegre y siempre le ha encantado saludar a todos.

—Pero si mi niña es muy simpática, ¿por qué será que ahora le da por llorar cuando ve a alguien que no conoce?

Menos mal que de tanto en tanto encuentras a alguien que simplemente comenta: «Mi hijo últimamente extraña».

Sin embargo, todos sabemos que esto del extrañamiento no es ninguna novedad, sino que es una de las reacciones características del momento evolutivo que atraviesan los niños sobre los ocho meses, y además es un indicador de normalidad y de buena salud. Gracias al vínculo con la madre o con quien le cuida, el niño va constituyendo su psiquismo y va pasando de lo puramente sensorial, a la simbolización, o sea, a las imágenes de los objetos ausentes y después a las palabras. Así la madre le ayudará a entender su cuerpo y sus necesidades. A pedir, a esperar, a sonreír, a reconocer.

Cuando este vínculo está bien establecido, el niño puede retener la imagen de su madre, puede calmarse al evocarla, y así logra soportar el hecho de que ella no esté presente en todo momento. En este proceso necesita acompañamiento, ya que ha de ir aprendiendo muy poco a poco a tolerar la frustración que conllevan la espera y la postergación de sus deseos.

Después es cuando empieza a «extrañar» a las personas desconocidas. Cuando juega al escondite, disfrutando al desaparecer y reaparecer, pero esto lo puede hacer porque ya sabe que existe de manera independiente, ya puede recordar que hay otros que no desaparecen, aunque no estén delante de sus ojos.

O sea, que desde el punto de vista psicológico extrañar viene a significar que el niño ya es capaz de reconocer a las personas más cercanas y de hacer notar al mundo exterior que prefiere estar con ellas porque le dan el afecto y la seguridad que necesita. Y también indica que sonreír o ser tomado en brazos por una persona desconocida le produce miedo por si sus personas queridas desaparecen, sustituidas por las «nuevas». El desvalimiento y la fragilidad de los niños pequeños es grande y la manera que tienen de resolverlos es apegándose fuertemente a quienes los cuidan y los crían.

Por tanto, aceptar que durante unos meses nuestro niño va a extrañar equivale a pensar que ya nos conoce, nos quiere y nos elige. Y esas son muy buenas noticias. Sólo habrá que esperar un poco de tiempo, armarse de calma y serenidad, y acostumbrarse a poner palabras a las diversas situaciones cotidianas para que el bebé vaya comprendiendo que no tiene de qué alarmarse y para que aprenda que tolerar la presencia de personas desconocidas, de situaciones nuevas y de pequeñas ausencias de sus figuras de referencia no supone ninguna catástrofe. ¡Extrañar es bueno!

En un seminario que he impartido últimamente, una de las maestras participantes sacó a colación un tema que quisiera compartir aquí: «Estoy preocupada porque noto una dificultad creciente en la no preparación que están teniendo nuestros niños y adolescentes ante las frustraciones. A mi parecer hay que trabajar mucho en esta cuestión. ¿Qué opinas tú?».

Estoy muy de acuerdo. Desde que los niños nacen, les ofrecemos toda la ilusión que podemos, los aupamos, les hacemos sentir lo mejor posible, y les presentamos todo lo bueno y lo satisfactorio. Pero evitamos con ahínco mostrarles las desilusiones, los chascos o las dificultades. O sea, esas realidades, que caminan al lado de las otras porque también forman parte de la vida y que nos será imprescindible conocer para aprender a vivir capeando lo que vaya surgiendo que no nos satisfaga, o nos duela.

A lo largo de la crianza acentuamos esto con la tendencia creciente de procurar que tengan «de todo» y que no sufran por nada, alimentando un narcisismo que impregna las relaciones, las costumbres y la sociedad. En parte lo hacemos por ellos para evitarles lo que nos faltó o nos dolió en nuestra infancia: carencias, rigidez, autoritarismo. Y en parte por nosotros mismos, para no preocuparnos demasiado, o para no asumir del todo la responsabilidad de educar, ese lado de freno, contención y guía que conlleva ser adultos y que nos cuesta ejercer.

Continuando con esta evitación a ultranza de cualquier malestar, tampoco hacemos partícipes a los niños de las dificultades cotidianas por las que pasamos, o les quitamos importancia, con lo cual no les llega verazmente lo que ocurre. No se les explican las dificultades, los problemas de salud, las pérdidas. Más bien tenemos a orgullo mantenerlos a salvo del dolor, cuando eso es como si les dejáramos a merced de una ceguera que puede volverlos frágiles, insensibles o déspotas.

Sin embargo, no nos importa ponerles en las manos pantallas de todo tipo para que les entretengan, aunque sepamos que les pueden atrapar y que les proporcionan una información incontrolada, les dan una fuerte sensación de omnipotencia, les aíslan, les crean adicciones y les vuelven unos exigentes demandadores de los objetos que ofrece el consumo.

Todo lo cual supone que los niños se descoloquen de su lugar de niños, que haya una confusión de papeles, que muestren una fragilidad importante ante la adversidad, y una adultización temprana que les produce desde inseguridad, nerviosismo o apatía, a rabia, agresividad, insatisfacción, e intolerancia ante la más mínima frustración.

Según dicen las teorías hay dos principios que rigen el funcionamiento mental: el principio de placer y el principio de realidad. Y los dos hacen falta para un vivir equilibrado. El bebé estaría afincado en el principio de placer, y el adulto habría asumido que hay una realidad que impone sus leyes o sus azares interrumpiendo el camino del goce sin medida. El tránsito entre uno y otro principio es el proceso entre ser niño y ser adulto, entre vivir a expensas de los impulsos y vivir mediando entre lo impulsivo y lo razonado. Entender y aceptar que ambos principios forman parte de la vida es preciso. Y a medida que la realidad se va imponiendo como reguladora, la búsqueda de la satisfacción ya no se efectúa por los caminos más cortos, sino mediante rodeos, y se es capaz de aplazar los resultados en función de las condiciones impuestas por el mundo exterior. Lo cual va a suponer a las personas un estar más adaptado, más calmo y saludable.

Por eso es un flaco favor hacer creer a los niños que la vida es sólo placer, porque cuando se ven metidos en un «no» en un conflicto, un obstáculo o una carencia, no entienden qué pasa, y se llenan de angustia o de rabia, se indignan y se enfadan con los otros, con las circunstancias, con los padres, los maestros… o con la vida.

Quizás sería mejor mantener unos mensajes no tan sesgados hacia «lo positivo», para que así cuando los niños se encuentren con algo desagradable o directamente frustrante, no se hundan y puedan hacerle frente. Quizás convendría que fuéramos menos secretistas y les fuéramos contando algo de lo que pasa a su alrededor, sin tapar por completo las dificultades. Quizás deberíamos ayudarlos a integrar sus puntos fuertes, que les darán autoestima y seguridad, con sus puntos débiles, que les permitirán aprender a ser humildes y a respetar a los demás. Quizás estaría bien no dárselo todo tan resuelto, y dejarles ir superando las pequeñas molestias cotidianas, así aprenderían a encarar lo que les frustra y a luchar por sus cosas.

Con esto no estoy hablando de dejarlos a la intemperie, ni de «ponerlos a sufrir», sino de permitirles tolerar sentirse un poco incómodos algunos ratos y moverse por sí mismos para solventar la situación. Por ejemplo, cuando les quitan el juguete, el sitio o la palabra, cuando les dan un empujón, cuando no les dejan jugar, cuando ven a su padre preocupado, o a su abuela en el hospital. Pero ¿cómo van a tolerar la frustración si apenas la conocen?, ¿cómo van a aceptar la falta si les hemos hecho creer que van a estar siempre sobrados?, ¿cómo van a agradecer, a aceptar, a «aguantar"?

Sí, esto es algo preocupante y requerirá muchos cambios.

Un peluche peligroso

Me cuenta mi peluquero que el otro día añoró cuando los niños iban con sus madres a su peluquería y llevaban un cuento o un juguetito para entretener la espera mientras él las peinaba. Fue a raíz de que una señora le comentó muy convencida que ella le daba la tableta o el móvil a su niño y así la dejaba tranquila un buen rato. Me horroricé al oírla, me explicaba José Enrique, parece que no se ha dado cuenta de lo adictivas que son estas maquinitas para todos. Tengo un cliente de 20 años que se declara adicto al móvil. Un día pretendía que le cortara el pelo mientras «guasapeaba». Al decirle que así no podría ser y que necesitaba que levantara la cabeza, me dijo que entonces tendría que esperarme a que acabara la conversación, porque era muy importante. Creo que esto se nos está yendo de las manos.

Yo le expliqué un caso que ocurrió en el cumpleaños de un niño de cuatro años. Cuando le dieron el regalo colectivo de sus compañeros de clase, que era una tableta, se puso a jugar con ella entusiasmado, ignorando a los invitados y abandonando la celebración de su propia fiesta. También le conté que a la nena de dos años de unos amigos la tenían que llevar, lloviera o tronase, desde la escuela infantil hasta su casa dando rodeos, porque al llegar a su casa invariablemente se situaba delante del televisor y exigía a gritos ver un episodio tras otro de Pepa Pig.

Un peluche realmente peligroso. Aleja al niño pequeño de su momento vital de experimentar sensaciones, de explorar, de entretenerse con sus juguetes, y le hace quedarse quieto, callado, robándole las naturales ganas de jugar, de imaginar y de acercarse a los demás niños. Nos hemos dejado convencer por las bondades tecnológicas y las hemos puesto al alcance de los niños, pero demasiado pronto y demasiado tiempo. Y a cambio de los supuestos aprendizajes que ofrecen, se han apoderado de ellos. Me pregunto si podremos prescindir de su papel de falsas nodrizas en aras a devolverles a los niños su niñez. Si seremos capaces de revertir esas dinámicas o de aminorarlas para que los niños vuelvan a jugar, a inventar, a curiosear. Y no dependan de unas máquinas cuyo único dueño es el consumo.

Una generación que atiende más a las máquinas que a las personas, que tiene poca ley y mucha permisividad, y a la que se ha situado en un incierto lugar de semiadultos, no pinta bien. Cuando un niño elige la tableta a sus compañeros, cuando un padre borra su capacidad de ofrecer ley a su hijo y la cambia por un chantaje a base del uso de las maquinitas. Cuando la vida normal se trastoca porque el uso de las tecnologías obliga a niños y jóvenes a seguir sus deseos y olvidar sus obligaciones, la confusión está servida.

Se nos vende el atractivo de una estimulación rica y de una nueva manera de entretenernos que contiene saber, actualidad, técnica, preparación y futuro. Pero no se nos nombran apenas los inconvenientes que estos juegos pueden traer aparejados: adicción, dependencia, sedentarismo, aislamiento, pasividad, individualismo, ignorancia de los demás, agresividad, dificultades de atención en los aprendizajes, nerviosismo, intolerancia, imaginación suplantada por estereotipos y moda, visión pobre de la escuela.

Y con tanta presión propagandística, se nos nubla la capacidad de reaccionar. Solo nos preocupamos cuando vemos que los niños dejan de jugar a las cosas que les corresponden por edad, cuando se ensimisman y no nos atienden al hablarles por estar ocupados en las maquinitas, cuando dicen que se aburren en el colegio, cuando tienen enfados desproporcionados o cuando prefieren quedarse en casa jugando con el ordenador en lugar de estar con los amigos.

El filósofo italiano Franco Berardi (2007) investiga las mutaciones subjetivas en los jóvenes y adolescentes contemporáneos a partir de la relación con la tecnología, fundamentalmente se centra en la violencia y la apatía. Se refiere a los jóvenes actuales como «la primera generación videoelectrónica». Esta primera generación videoelectrónica ha adquirido la capacidad de moverse a gran velocidad en un tupido universo de signos visuales. No obstante, señala con preocupación lo que está sucediendo en la esfera afectiva y emocional de los niños: Niños medicalizados por hiperactividad o por trastornos de atención. Aumento de la agresividad y depresión en niños y adolescentes, sentimiento de inseguridad, miedo al futuro…

En palabras de Dimitri Christakis (2015, citado en L'Écuyer), experto mundial en el efecto pantalla en los niños: «Hay una relación directa entre la velocidad de exposición de la mente al mensaje videoelectrónico y la creciente volatilidad de la atención. Nunca, en la historia de la evolución humana, la mente de un niño estuvo tan sometida a un bombardeo de impulsos informativos tan intenso, tan veloz y tan invasivo ¿Cómo puede pensarse que eso carezca de consecuencias?».

Creo que es hora de pararse a pensar, de romper el hechizo tecnológico y dejar a las máquinas en el sitio que les corresponde, evitando que nos invadan y nos dominen. Es hora de guardar los móviles cuando se come, se charla o se toma café. Es hora de retomar las pausas, los minutos de mirar al mar, de adormilarse, de conversar con la familia o los amigos, los paseos tranquilos y las cenas sin «guasaps» que vengan a distraernos de la rabiosa actualidad que es vivir como personas y no como partes de un engranaje vertiginoso, vacío, y sobre todo ajeno a nosotros mismos.

Así expresaba Anna a sus cuatro años la alegría que sentía al acercarse la única tarde que no tenía ni zumba, ni inglés, clases que le ocupaban los cuatro primeros días de cada semana. Esta niña, habladora y extrovertida, explicitaba lo que pensaba y lo que sentía con fuerza, siendo sus comentarios realmente reveladores:

—¡El viernes es mi día libre!

—Ojalá me ponga mala, así no tendré que ir a inglés.

—He visto nubes, si llueve a lo mejor mi madre no me lleva a zumba.

—¿Pero no dijiste que la zumba te encantaba?

—Sí, me gusta, pero no para ir tantas veces.

—¿Y qué harías por las tardes si no tuvieras clases?

—Pues merendar en pijama viendo los dibujos y jugar con mis juguetes.

Cuando se lo comenté a sus padres, que están muy pendientes de ella y la escuchan bastante, curiosamente quitaron importancia a la queja argumentando que «sin inglés hoy en día no se va a ningún sitio», y que «a zumba tenía que ir para mejorar la coordinación». Así que todo quedó como estaba.

Esta niña ha podido nombrar su sentir pidiendo un ritmo más acorde a sus cuatro años de vida y a sus necesidades de juego y movimiento. Hay otros que no llegan a quejarse y se adaptan a una demanda que les impone ocupaciones que les llenan el tiempo y les apartan de lo que necesitan. Y se acoplan tanto a la dinámica de ir a la carrera de un lugar a otro, que, si algún día no tienen ninguna actividad, no sólo se extrañan, sino que añoran el trajín.

Se acostumbran a un estrés que no han pedido ni les corresponde, se aficionan al «lleno total» en sus ocupaciones y, por tanto, a la imposibilidad de sostener las pausas, los vacíos, la inactividad. Ante ello reaccionan con alteración y queja, esgrimiendo el aburrimiento como una cuestión terrible y buscando llenar el hueco como sea, que suele ser encendiendo alguna pantalla para que borre la desazón. Sin pensar que, de paso, la pantalla borrará unas cuantas cosas más: su capacidad de entretenerse autónomamente, de inventar, imaginar, de mirar a su interior, de estar consigo mismos.

La rutina cotidiana de vida de bastantes niños es: ir a la escuela, merendar por el camino hasta la clase que toque, asistir a la misma, volver a casa intentando no dormirse, hacer los deberes, bañarse, cenar e irse a dormir. Y mientras esto transcurre, los padres se agotan, ya que aparte de trabajar, han de hacer de taxistas, profesores particulares y suministradores de todo lo preciso: ropa, meriendas, cenas, transporte. Los niños también se cansan y se les ve sobreexcitados unas veces, soñolientos otras, además de mostrarse con frecuencia malhumorados, opositores y demandadores de atención.

Pero, a pesar del estado de alteración de unos y otros, nadie se plantea hacer cambios. Al revés, se procura que todo vaya sobre ruedas para no llegar tarde a nada, para aprovechar el tiempo al máximo, para que todo siga según lo previsto. De modo que si surge una discusión entre hermanos, o entre padres e hijos, se intenta resolver en unos segundos, posponer el tema para hablarlo en otro momento, o simplemente se deja estar. Y muchas veces se tapa con un dulce, un rato de móvil, o una promesa para hacer tal o cual cosa el fin de semana. ¿Quién se va a animar a reñir o a poner una norma entre prisas y con ganas de que «todo vaya bien»?

Los tiempos de estar juntos, de hablar, de resolver, de discutir o de perder el rato han sido suplantados por otras cosas: las clases extraescolares, los deberes (a veces excesivos), y sobre todo las pantallas, aunque sepamos de sobra que absorben, aíslan y desconectan al niño de lo que les rodea, ya sea familia, juguetes, amigos o una preciosa montaña a explorar.

Así que, entre unas cosas y otras, la vida familiar se va empobreciendo, convirtiéndose en un deambular de acá para allá, en un planear la carrera por relevos del día siguiente y en un compartir la mesa y el sofá con la familia, pero también con esos nuevos convidados: móviles, televisión…, que invaden nuestra intimidad y vacían las relaciones de palabras, de sentimientos compartidos y del sentido verdadero del convivir.

Quizás convendría pensar en romper este círculo de «correr sin pensar» que priva a los niños de sus juegos y de su mundo interior, y hace perderse a los padres los bonitos momentos de la crianza. Además de privarnos a todos del sosiego necesario para vivir sabiendo quiénes somos y qué queremos.

Quizás convendría atender no sólo al qué hacer, sino a la calidad de las relaciones familiares y al tiempo real que dedicamos a estar con nuestros hijos. (Sin móviles, claro).

Quizás convendría que nos atreviéramos a hacer cosas diferentes y a decidir lo que nos parece mejor para nuestra familia, aunque estén de moda las pantallas, las clases extraescolares, o cualquier otra cosa con promesas de un brillante futuro. Porque, aunque el futuro sea importante, para llegar a él, hay que recorrer un presente que ya está aquí, y que lo que nos pide es vivir más tranquilos. O al menos intentarlo.

IMÁGENES

Fotografía: Adriana Estefanía Gaitán

¿Querrá Karina fabricar un gorro de hojas para adornar a su hermano, o más bien taparlo para volver a ser la única hija de la casa? Sea como sea, el juego la ayudará a elaborar ese vaivén emocional que la conmueve.

Cuando un niño aprende de la mano de otro niño, su aprendizaje es más natural, más significativo, más vital, más vinculado. El que enseña se siente capaz y generoso, el que aprende se convence de que saber con ayuda de un amigo es algo importante. Y los que miramos sentimos que la vida sigue, y que es hermosa.

Fotografía: Reme Picó

Fotografía: Mari Carmen Díez

Bañarse con los amigos y con las maestras es un gran placer para los niños. De todas las excursiones del año esta es la más sentida, la más alegre. ¡El mar acoge!

II

Fotografía: Manuel Beltrá Vidal

Mario, al principio, jugaba con los cuentos amontonándolos, poniéndolos en fila. Pero una vez que se los habían contado, ya no hacía lo mismo. Los iba acariciando despacito, seguramente intentando rememorar las historias.

Fotografía Marisol Anguita

Si comparo los llamativos dibujos de los niños de la clase de mi amiga Marisol Anguita con los de Naruto y demás familia, compruebo la frescura de los autorretratos de los pequeños, su fuerza alegre y sus reveladoras diferencias. En cambio, en los dibujos japoneses solo percibo caras estereotipadas y belleza marchita.

Fotografía: Mari Carmen Díez

El niño entra al grupo para mirar y ser mirado, y es sólo muy poco a poco como se va descentrando e interesando por los compañeros que encuentra a su alrededor.

Fotografía: Marisol Anguita

Dibujarse es hacer una metáfora de uno mismo. Es un deseo de ser que es proyectado y mostrado en el afuera simbólico de los trazados. Es plasmarse, contarse, irse conociendo. Porque cuando el niño pinta, dibuja, modela, o construye está hablando de sí mismo.

Fotografía: Reme Picó

Se me mezclan las miradas y los tactos, los timbres de voz, las maneras de moverse, de reírse, de sudar. Se me mezclan los sueños, las peleas, los novios, las envidias, los besos, las emociones.

Se me mezclan los niños y se me separan. Y siempre hay recuerdos indelebles y recuerdos nebulosos, niños en constelación y niños solos, niñas en ramillete y niñas ribeteadas en azul turquesa.

Fotografía: Reme Picó

Hoy tenemos visita. La mamá de Álex viene a contar el cuento preferido de su hija. Y a la niña se le multiplican las emociones: la presencia de su madre, su cuento favorito, los compañeros y yo mirándolas. ¡Son tantas cosas!

Cuando Andrea tenía cuatro años ya bailaba sin parar. Se movía felizmente al son de la batería de su padre, del piano, del violín y de cualquier melodía que le saliera al paso. Con los rizos al viento y con el placer instalado en su cuerpo menudo y sandunguero. ¡Hoy es bailarina!

Fotografía: Reme Picó

V

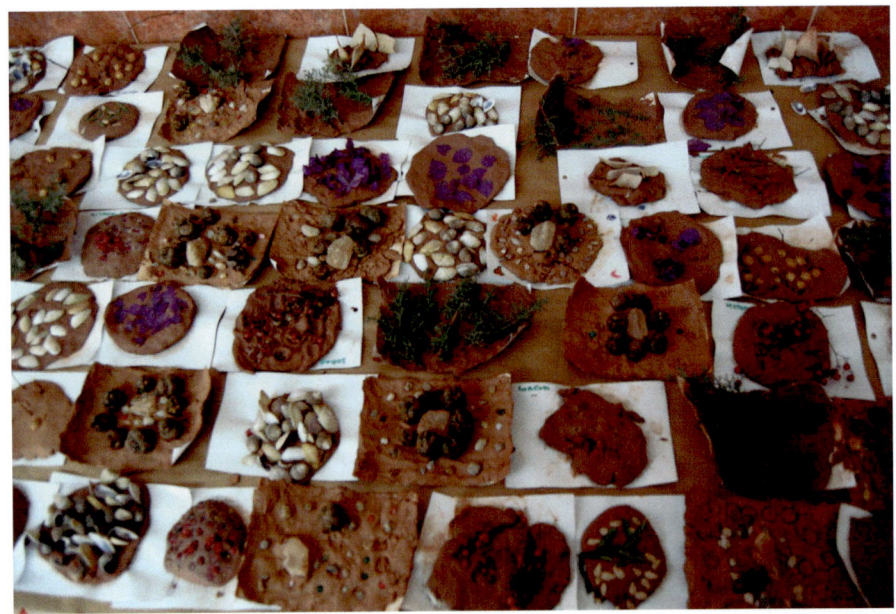

Fotografía: : Reme Picó

Ante la obra terminada, se veían caras de asombro y de placer. Se oían exclamaciones y palabras de valoración. Había una alegría generalizada. Las maestras estábamos contentas, los padres asombrados y orgullosos. Los niños contemplaban la belleza innegable que habían producido y se traslucía su satisfacción al haber tenido un lugar tanto plástico, como emocional en la escuela.

Fotografía: Reme Picó

Cuando el arte entra a la escuela, en el patio se juega a hacer esculturas, a adivinar las formas de las nubes, a hacer composiciones con hojas, con plumas, con flores, con piedras, con semillas… O a dibujar caracoles azules.

Fotografía: : Reme Picó

Hay que hacer sitio a cada uno de los niños con sus diferentes formas de ser, de pensar, de sentirse. Con sus diferentes crianzas. Con sus genuinas identidades aún a medio hacer.

Fotografía: Luis Navarro

Es bonito ver el enredo de hilos que se van enmarañando un día detrás de otro mientras el grupo se conforma y se establecen los primeros vínculos. Intentan contentarme, quedar bien conmigo, gustarme. Yo hago lo mismo con ellos. Empieza un grupo nuevo y será diferente a cualquier otro. Qué curiosidad y qué incertidumbre.

Fotografía: Reme Picó

Cada niño quiere saber qué piensan los demás, por qué eligen algo distinto a lo que eligen ellos, por qué son de otras maneras. Y se miran, se buscan, se tantean, se acercan, o se apartan en un ir y venir constante y apasionado.

Fotografía:
Reme Picó

Una mañana recibimos la visita del padre de Marc, que trajo un buen puñado de cangrejos vivos y nos hizo ver cómo se organizaban para escaparse de la cubeta subiéndose unos encima de otros a toda velocidad. «Si cuentas con los demás, conseguirás lo que te propongas», nos decía, ilusionado.

Fotografía: Reme Picó

Con las manos empapadas en el agua de un charco, este niño planta sus huellas efímeras en la pared y descubre, emocionado, que el agua se queda ahí quieta, fija, devolviéndole, como en un eco visual, su movimiento. Es un espectáculo verlo disfrutar con su descubrimiento. Es un gozo intuirle la alegría de permanecer.

*Fotografía
Reme Picó*

Los niños están más cerca de la tierra de lo que parece y no conviene a su salud que los saquemos de su momento vital, de sus necesidades, de lo que les da placer y holgura, de lo que les acerca a los demás, de lo que les hace estar sanos, tranquilos y contentos.

Fotografía: Sandra Martínez Cancho

Cuando nuestro niño empiece a extrañar a quienes no conoce, hemos de recibir con gusto sus reacciones de temor, porque equivalen a pensar que ya nos reconoce, nos quiere y nos elige. Y esas son muy buenas noticias.

Fotografía: Reme Picó

Les impresionó la vida de Frida Kahlo. Se enteraron de que «los niños se metían con ella y se burlaban llamándola «Pata de palo» por sus movimientos torpes debidos a la polomielitis». Frida, indignada, les llamó «imbéciles, idiotas y cretinos». Al escuchar esto, Pepe dijo que a él lo reñían si decía palabrotas, Martina apoyó acaloradamente a Frida y Neus comentó que las burlas daban mucha pena.

X

Fotografía: Reme Picó

Los juegos no son algo banal para los niños, sino algo que les es realmente importante. Les ayuda a estar sanos y alegres, a ser sociables y les otorga el lugar que verdaderamente les corresponde: el de ser niños.

*Fotografía:
Rodrigo Aguilar*

«El mundo cambia si dos se miran y se reconocen»

Octavio Paz

Fotografía: José Miguel Ferrándiz

«¡Estoy enfadado con mi padre y con mi madre, porque les dije que no quería un hermano y me lo han traído!»

Mª Teresa Abad, maestra y buena amiga de nuestra escuela, vino a mostrar sus preciosas creaciones artísticas: unos magníficos e imaginativos sombreros: sombreros-barco, sombreros-sol, sombreros-primavera, sombreros-helado…

Fotografía: Reme Picó

Fotografía: Krisztina Molnar

El oficio de la tierra
es sostener,
cobijar las raíces,
aventar las fragancias.

Fotografía: Mari Carmen Díez

Los niños de hoy van a la escuela con los ojos brillantes, con las ansias abiertas, con las ganas en ristre. Y aprenden a soñar, a estar con otros, a decirse. Aprenden a construir castillos, amistades, o defensas, y a leer, a contar, a mostrarse ante el mundo. Aprenden a bailar, a pintar, a hacer teatrillos, a discutir, a querer y a empezar a vivir poco a poco. Y qué cosas... a mí me gusta verlos, escuchar lo que dicen, y acompañarles a ratos las crecidas.

Contar historias es contarse. Solo hay que ponerle unas gotas de deseo a las palabras para que den lo mejor de sí mismas, para que vuelen ligeras de corazón a corazón.

Fotografía: Laura Rodríguez Bordoy

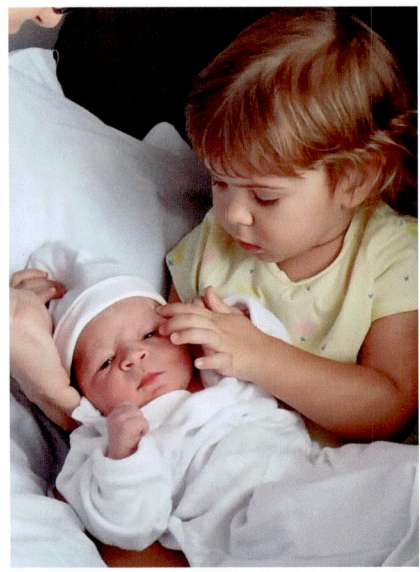

«¿Esta nena es nuestra?», preguntaba Cloe a sus padres, desde sus 3 años cumplidos y su mirada atenta y observadora. Al principio cuesta compartir el cariño.

Fotografía: Marina París

Fotografía: Lara Bou

El oficio de los abuelos
es comprender,
pisar con pies de plomo,
esperanzarse.

Fotografía: Reme Picó

El niño nada en la música, como en la tierra y el agua. La usa, se envuelve en ella, la canta, la baila, la escucha. Se permite dejarse ocupar, invadir. Y lo disfruta muchísimo.

Fotografía: Reme Picó

Aprendizaje en soledad o en compañía, pero aprendizaje siempre, si se está vivo. Desde el puro principio y hasta el final.

Es importante saber en qué andan nuestros hijos, qué admiran, qué les seduce, qué les repele. Saber si están simplemente jugando, o ensayando dependencias al personaje, al juego o a la moda, que los llevarán a consumir lo que se les proponga en un próximo futuro.

Fotografía: Marisa Serralta

Hace años que escribo apoyando la figura de los abuelos, la importancia de su relación con los nietos, la calidez y generosidad de quienes transmiten la historia familiar y el afecto, además de la esperanza y el apoyo a los nuevos miembros de la familia. Y creo que conviene explicitar con la claridad que se merece que los abuelos son unas personas muy importantes para los nietos.

Pero no sólo porque les cuidan cuando los padres no pueden hacerlo, sino porque les otorgan el regalo de su cariño, su compañía y su mirada de aceptación incondicional. Porque les dan su tiempo, su imaginación, su escucha y sus paellas de los domingos. Porque les cuentan las historias de los hijos y sus propias historias, haciéndoles saber que pertenecen a un grupo, a una familia, a un lugar. Porque les quieren, les ponen fe, les desean bondades, y tienen empeño en comunicarles un mensaje muy valioso: ¡que la vida vale la pena vivirla...!

Hoy, sin embargo, quiero escribir sobre las nuevas funciones que han sido otorgadas a los abuelos por esta extraña y acomodaticia sociedad que padecemos, y que algunos de ellos han asumido como «lógicas e inevitables». Todos sabemos que de unos años aquí, (y todavía más cuando acucian las crisis económicas), los padres jóvenes delegan el cuidado de sus hijos en los abuelos, por motivos de trabajo, estudio o económicos, con el motivo bien argumentado de «¿con quién va a estar mejor?». Con esto ponen en marcha el deseo cuidador de los que ya han criado, y hacen que los abuelos estén contentos de su nuevo cometido, (sobre todo si es el primer nieto). Cosa que puede ser así... o no tanto.

Últimamente he tenido ocasión de hablar con varios abuelos agotados, que se alegran y rebrotan con sus nietos, pero que enferman con su colesterol y su tensión subidos de tono por el trajín de volver a criar en un momento que ya no es el suyo. (Algunos me han encargado que les haga de portavoz, que cuente lo que les pasa...). Abuelos que van a recoger a los nietos a domicilio, para que los niños no madruguen y para que sus hijos no se estresen antes de irse a trabajar. Abuelos a los que se les juntan los hijos y los nietos a comer a diario, porque «como es natural, hay que ayudar a los jóvenes, que lo tienen muy difícil.»

Abuelos que han de seguir las indicaciones de sus hijos, yernos y nueras en cuanto a la crianza, aunque su experiencia y su criterio les haga estar muchas veces en contra de lo que se les pide que hagan. Abuelos que supeditan sus viajes, consultas al médico, bailes, visitas, gimnasios y celebraciones al horario de cuidado de sus nietos. Abuelos que no se atreven a reñir, a medicar, a sugerir o a organizar, sin contar con el dictamen de los hijos, los pediatras o los maestros. Pero que sí que se han de encargar de que en el tiempo en que estén a su cuidado, los niños coman bien, no se resfríen, no se caigan, no suden, no tengan ojeras y sepan decir «adiós» en fecha pertinente.

Abuelos que llegan a encargarse de los nietos de varios de sus hijos, convirtiendo su casa en una guardería y su jubilación en un trabajo. Abuelos que viven el cuidado de sus nietos como una «dulce» obligación, y que no son capaces de decirles NO a sus hijos, aunque con su SÍ continuado cercenen su vida privada y su equilibrio.

A mí me parece que hay un tiempo para criar y otro para ver criar a otros. Un tiempo para apoyar, reforzar, ayudar y entregarse, y otro para disfrutar llevando a término los deseos personales. Un tiempo para dar y otro para recibir. Un tiempo para cuidar y otro para cuidarse, o ser cuidados. Un tiempo para aprender y otro para enseñar. Un tiempo para trabajar y otro para no hacerlo, gozando así del júbilo de disponer de los días libremente para lo que cada cual desee o necesite hacer.

O sea, que: nietos sí, pero no por obligación, sino por deseo compartido. No a machamartillo, sino por gusto y placer. No por decreto, sino por libre elección:

El oficio de los abuelos
es admirar
echarle un lazo a la vida
emocionarse.
El oficio de los abuelos
es sonreír
ver magnífico al nieto
regocijarse.
El oficio de los abuelos
es recordar
contar la propia historia.
deshilvanarse.
El oficio de los abuelos
es disfrutar
consentir algún rato
regalar lo incontable.
El oficio de los abuelos
es besar y besar
es buscar parecidos
es jugar a empezares.

¿Les pasa algo a los niños?

Los cuentacuentos se quejan de que algo les pasa a los niños, porque no escuchan sus historias entusiasmadamente como siempre lo han hecho.

Las maestras de los más pequeños se quejan de que algo les pasa a los niños porque no juegan sus juegos apasionadamente como siempre lo han hecho.

Los profesores se quejan de que los niños no atienden, no escuchan, no esperan. Todo lo quieren deprisa, dicen que se aburren a la primera de cambio, no soportan las explicaciones que se les dan, ni toleran la más mínima frustración.

Los padres y las madres se quejan de que sus hijos prefieren estar con la tableta, el móvil, el ordenador o la televisión, a entretenerse con sus juguetes, estar un rato de charla o reunirse con los amigos.

Los adultos nos quejamos de que los niños no parecen niños, que quieren opinar y decidir de cualquier cosa, que se muestran desobedientes, desafiantes, malhumorados, nerviosos. Y a lo mejor es cierto, pero los hemos llevado nosotros hasta ahí.

Las pantallas no se quejan de nada. Están ganando ellas. Nos han tomado la delantera y se ve difícil pararles el empoderamiento. Con la omnipotencia escondida en sus pequeños botones y el consumo agazapado detrás de sus brillantes imágenes, invitan a los niños a disfrutar sin tregua, aún a costa de sus sueños, de su libertad y hasta de su propia infancia.

¿Acaso ignoramos a quién obedecen estas máquinas tan útiles como seductoras, tan eficientes como adictivas, tan completas como desalmadas, tan ricas en saberes como pobres en afectos?

¿Acaso creíamos que no iba a haber consecuencias en esta entrega incondicional que hemos ido haciendo estos últimos años al delegar en las pantallas nuestras responsabilidades de cuidar y educar a los niños?

¿Acaso tiene sentido esta especie de hipnosis colectiva en la que nos abandonamos ante los nuevos y vertiginosos prodigios de la técnica?

Sería necesario resituar los acontecimientos, de tal manera que podamos valorar lo que sea valorable y frenar lo que perjudique. Hay que mirar adentro y alrededor, y dejar esas miradas dirigidas exclusivamente hacia abajo (al sacrosanto móvil), que nos entorpecen las relaciones, la lógica natural y la adecuada dedicación a los niños.

Miremos y aplaudamos los juegos de los niños que nos hablan desde su simplicidad magnífica, que mezclan unas cosas con otras según sus imaginaciones soñadoras, que nos regalan la esperanza de que no está todo perdido y que los niños pueden seguir construyéndose a base de jugar, de preguntar y de ir probando a ser ellos mismos.

Y de hoy en adelante actuemos con la mayor claridad y contundencia posibles para conseguir que no se cambie el juego, la imaginación, las relaciones y los tiempos compartidos, por unas maquinitas que aparentan compañía y alma, pero que obedecen a unas órdenes que no son precisamente las del amor.

Los adultos implicados en la educación y la crianza de niños de edades tempranas hemos de saber que sus juegos libres requieren poca intervención, mucho respeto y bastante escucha. Porque son el camino que comunica el mundo interior y exterior, así que hemos de estar alerta a cómo juega cada niño y así sabremos un poco cómo es su percepción del mundo. Porque son la vía de expresión simbólica de aquellas cosas que los niños no saben expresar con palabras. El juego es el lenguaje secreto del niño porque permite una elaboración de los conflictos, una salida de la agresividad y son una vía privilegiada de salud.

Si consideramos el jugar como una actividad imprescindible, como un jugar abierto, inventor, potente y creativo, veremos que lo más sano será dar a los niños la oportunidad de jugar, y de variar tanto los objetos a utilizar, como los lugares y las formas de hacerlo. En las aulas de nuestras escuelas, y para abrir nuevas perspectivas al juego de nuestros alumnos, se pueden organizar espacios para jugar a: hospitales, zapaterías, gimnasios, fruterías, pasarelas de moda, librerías, restaurantes, peluquerías, jugueterías, cocinas, cafeterías, talleres de carpintería, bandas de música... y tantos más.

Aunque lo que más falta hace para que los niños se lancen a jugar es tiempo, objetos no demasiado estructurados... y sobre todo confianza. Que los niños noten que los adultos al cargo tenemos una buena actitud de acogida a sus juegos, que nos mostramos complacidos al verlos jugar, que sabemos el valor de esta actividad sencilla y simbólica, que esperamos que ellos inventen juegos y los disfruten.

El último curso que trabajé pedí a mis alumnos de cinco años que describieran lo que hacíamos en la escuela para que los estudiantes de Magisterio que iban a venir a visitarnos pudieran saberlo y aprender a ser buenos maestros. Pablo empezó con una frase contundente que me llenó de alegría: «¡Aquí se juega!»

¿Derechos de la infancia?

El Día Mundial del Niño se estableció por primera vez en 1954 como el Día Universal del Niño y se celebra el 20 de noviembre de cada año. Ese mismo día de 1959 la Asamblea General de la ONU adaptó la Declaración de los Derechos del Niño.

Hay otro día que conmemora: el Día Universal de la Infancia, y creo que existen bastantes días más de este tipo. Pero a pesar de que la intención es buena, y parece que estas celebraciones se refieran a todos los niños, considero que no queda del todo claro de qué niños son de los que se está hablando.

¿Hablamos de los que desayunan, comen, meriendan y cenan todos los días o los que sólo comen bien en el comedor de su colegio, o cuando tienen suerte? ¿De los que tienen familia, casa, ropa, escuela y médico a su alcance, o los que carecen de estos imprescindibles bienes? ¿De los que pueden dormir tranquilos o los que deambulan por los caminos buscando asilo y huyendo de guerras, odios, represalias y otros desastres? ¿De los que se sienten seguros y contentos o los que padecen enfermedad, pena, hambre o desgracia? ¿De los que tienen un entorno que los quiere y los cuida o de los que son ignorados, maltratados, abusados o abandonados?

Porque niños hay muchos y son demasiados los que están a falta de lo que necesitan, que en unos casos es comida, en otros afecto, seguridad, casa, salud o familia. Incluso los hay que están rodeados de confort, pero escasos de atención, de tiempo, de presencias importantes, de contención, de escucha, de alegría. Y es que es difícil hablar de la infancia en singular. ¡Hay tantas infancias! Algunas pasan por nuestro lado cada día y ni nos damos cuenta, a pesar de que el contraste entre las infancias desasistidas y las bien surtidas es abismal.

Hoy he querido nombrar aquí a los innombrados, porque necesitaba hacerlos presentes, invitar a visualizarlos, darles un lugar en nuestros pensamientos. No sé si ha sido a raíz de ver cenar a mi nieto de diez años, con su satisfacción al comer, o quizás haya sido al recordar lo que me contaron las maestras de una de las escuelas de nuestra ciudad que tienen una hucha para darles desayuno a los niños que llegan a la escuela sin tomar nada.

Y es que hay personas que no miran hacia otra parte, sino que se implican y nos dan pistas de cómo actuar. Unos desde los equipos directivos de los centros, que detectan las problemáticas y se ponen en contacto con servicios sociales para atender en lo posible a cada niño y a cada familia en apuros. Otros desde las responsabilidades políticas y sociales. Y muchos desde su sitio de maestros con sus actitudes de cercanía, escucha, atención, afecto… y galletas para sus alumnos. Lo preocupante es que estas cosas estén pasando.

Hace poco me preguntaron cuál era el derecho de las niñas y los niños que primero me venía a la cabeza y al corazón, y respondí que es «el derecho a ser niños», es decir, a moverse, a jugar, a entretenerse, a curiosearlo todo, a palpar la realidad, a imaginar, a fabular. Porque estoy viendo que se estila cada vez más «adelantarlos», estimularlos de continuo con las pantallas y los aprendizajes, quemar etapas para que crezcan a toda velocidad, saltarse el contarles cuentos y cantarles nanas, el llevarlos al campo o a la playa para que sientan, toquen y se maravillen con todo lo que vean, o el escuchar sus balbuceos o sus enfados y animarlos al asombro, a las palabras, a la fantasía, a la amistad.

Los niños pequeños necesitan su tiempo para crecer sin presiones desde su lugar y sus maneras. Necesitan presencias, cariños y compañía. Las máquinas son solo un sucedáneo, un simulacro de vida. Nunca será lo mismo jugar con un amigo que ver a Pepa Pig. Y aunque las carencias que nombraba al inicio son más preocupantes que éstas que nombro ahora, todo hace al conjunto de una infancia encumbrada en los discursos, pero abandonada en las actitudes y en las soluciones a sus problemáticas vitales.

Cuando enumero estas realidades que afectan al cuerpo y al alma, encuentro bastante pobre que nos dediquemos a celebrar testimonialmente estos días conmemorativos. Se nos llena la boca de grandes palabras: la igualdad, los derechos, la solidaridad o la justicia. Y sobre ellos debatimos, razonamos y reivindicamos, pero todo eso puede quedarse en papel mojado si no actuamos con eficacia para ver y escuchar tanto a esa infancia «adultizada» apremiada y sometida a las máquinas, como a esa otra infancia desasistida, tapada e ignorada. Y ambas están aquí mismo, muy cerca de nosotros.

¿Derechos de la infancia? Sí, luchemos por ellos. Desde los de subsistencia, hasta los de disfrutar del gozo de vivir una niñez equilibrada, feliz y saludable.

Los remiendos de Naruto

El amor por Naruto y su gloriosa estirpe de ídolos de ojos inclinados es un fenómeno que crece por momentos y que cada vez es más adictivo y «atrapador» para los adolescentes y preadolescentes de hoy, aunque también para bastantes adultos.

Quizás por ser orientales, o sea, desconocidos, insondables, lejanos. Quizás por estar revestidos de unas cualidades de semihéroes, de poderosos luchadores, de genios invencibles. Quizás porque se apartan tan bruscamente de lo cotidiano y lo familiar, que hacen sentir que al contemplarlos, se sale uno de la realidad diaria y queda inmerso en una lujosa aventura. Quizás porque sus creadores saben venderlos muy bien.

Este cómic, cuya trama creó Kishimoto y que fue ilustrada por Ikemoto, se presenta con una estética muy característica, con algunos puntos de belleza ahogados en estereotipos. Y como ocurre con otros fenómenos parecidos, procuran extender el interés provocado a otros elementos, el conjunto de los cuales produce grandes beneficios al «negocio —fenómeno Naruto—: once películas, cómics semanales, la propia serie con miles de capítulos, y, claro está: ropa, bolsos, cuadernos, juegos, cajas, etc.

El lenguaje utilizado es diferente al habitual, con palabras desconocidas y especiales, nombres que requieren fidelidad para ser retenidos y una simbología muy particular, que genera entre los iniciados una especie de argot, que conforma un ambiente y acentúa la sensación vincular y de pertenencia en los grupos de niños y jóvenes que frecuentan la serie o la revista.

El contenido es lo que menos claro queda entre tanto ninja y tanta hojarasca oriental. Parece que Naruto y su equipo buscan liderar un grupo, abogando supuestamente por la justicia, pero para lograrlo, hay luchas continuas contra los paladines del mal, abundancia de superpoderes e incluso algún que otro monstruo. Le he pedido a mi nieto de once años que me dijera de qué trata la serie de Naruto y me ha hecho un resumen de lo más conciso: «De ninjas y de luchas». ¿Nada más?, he insistido. «Bueno, sí, pasan muchas cosas, pero todas son parecidas: ataques, peleas, poderes.»

La propuesta es guerrera, lo que facilita que a los jóvenes espectadores de esta serie les sea fácil identificarse con los protagonistas, que, además de ser jóvenes como ellos, son fuertes, bellos, veloces, inteligentes y tienen unos extraordinarios superpoderes que les permiten vencer y unas habilidades para la lucha que los hacen envidiables.

En los cuentos populares, en los mitos y en las leyendas también hay personajes atractivos a los que desear parecerse. Y estas identificaciones son importantes para la construcción de la personalidad, ya que son como una especie de «enamoramiento» de las características de otros, con las que se aprende a elegir maneras, a decantarse por el modo de ser que más nos gusta, a conocer experiencias, a saber de otros. La diferencia está en que los personajes de los cuentos suelen aportar valores como: el respeto, la protección, el esfuerzo, la ayuda, la valentía, la perseverancia y demás cualidades que guían hacia el bien y la concordia, dando pistas humanizadoras y pacíficas. Y lo que propone la serie de Naruto es: la lucha a ultranza, el dominio, el desprecio de la debilidad de otros y la ignorancia de las personas.

Y es que los creadores de Naruto, con su técnica eficaz y su estudio del mercado joven, no solo han sabido poner de moda un estilo, una historia de fantasía y un ritmo vertiginoso, sino también unos mensajes de fondo que giran en torno a la competición, la violencia y el control, aunque en apariencia la acción se centre en un equipo y en la amistad entre sus miembros.

El caso es que, si los jóvenes y los niños ven estas películas regularmente, hay un peligro de despersonalización y encallecimiento de la sensibilidad casi inevitables. Se acostumbran tanto a ver luchas y confrontaciones, que apenas les dan importancia. Y aquí los adultos entramos en una contradicción: por un lado, hablamos a los niños de respetar a los demás y no atacarlos, y por otro les permitimos que sucumban ante la fascinación de unas películas que lo que sugieren es justamente lo contrario. Es como si delante de Naruto y demás familia, miráramos hacia otro lado, dejando a los niños a merced de estos nuevos oráculos, que parecen entretenimientos, pero que lo que hacen es influir negativamente en su manera de concebir las relaciones entre las personas.

Por razones de experiencia los adultos vemos al trasluz bastantes de los remiendos de Naruto. Remiendos que hablan de alienación, de insensibilidad, de dureza, de violencia, de cosificación de las personas, de control y de dinero. Pero los jóvenes no perciben remiendo alguno. Ellos están en un momento en el que se ponen en cuestión las figuras familiares, se desea huir de lo conocido, se necesita al grupo de iguales, se busca definir la identidad, se idealiza el éxito…, así que estos modelos de identificación que funcionan con contravalores, les atraen irresistiblemente.

Y como el negocio va ampliando su radio de influencia, ya hay muchos niños pequeños que de mayores quieren ser Narutos, hacerse ninjas y hablar japonés. Lo cual marca época, tendencia y preocupación. Estemos alerta y no dejemos a nuestros niños y jóvenes a merced de los móviles, los ordenadores o la televisión. Detrás de cada pantalla hay un seductor Naruto que puede convencerlos de que la violencia es la sal de la vida.

Puertas adentro

En esta época que vivimos florecen las madres tardías. Poco a poco, se ha ido instaurando una especie de secuencia vital que propone a los jóvenes: terminar sus estudios, afianzar la situación profesional, consolidar una pareja, encontrar un lugar donde vivir, e incluso hacer algunos viajes considerados imprescindibles. Solo después de este largo proceso, es cuando se piensa en tener un hijo, si es que no se vuelve a dilatar el asunto con la llegada de un perrillo o de un gato meloso que hace compañía y aparenta ser «el pequeño de la casa»

El caso es que las mujeres que llegan a ser madres a los 38 o 40 años, tienen muy arraigada la sensación de libertad, porque, efectivamente, disponen de su tiempo, como los solteros o las parejas sin niños (cenas, viajes…) Y cuando, ya por fin, intentan ser madres, a veces el cuerpo no responde y hay dificultades en lograr embarazarse, lo cual retrasa el camino de llegar a la maternidad. Así que, en algunos casos, el deseo de ser madre se va quedando dormido, o bien no llega a despertarse con los trajines de lograr la copiosa colección de pasos previos nombrados. Pero, por suerte, en otros sí que continúa vigente querer tener un hijo. Y se tiene, y se disfruta, aunque, junto con el niño, también aparecen unas cuantas sorpresas.

Una de ellas es que los días y las noches ya no son como los de antes, los tiempos se llenan de ocupaciones de las que no se habla demasiado, pero que existen y ocupan: dar de mamar, cambiar los pañales, calmar al niño, darle un masajito, mirarlo, hablarle, bañarlo, pasearlo, cantarle, ponerlo a dormir y algunas cosas más. Y a cada una de estas tareas la acompañan matices particulares: la forma de ser de la madre, del padre y del hijo, la paciencia o impaciencia de que se dispone, el estilo familiar, la cercanía o lejanía de los abuelos, si hay amigos con quienes compartir, y, en fin, las facilidades y dificultades que rodean a cada grupo familiar.

Hay quienes descubren entonces particularidades inesperadas de su bebé: que tarda en alimentarse, que no echa bien el aire, que no coge el peso necesario, que es llorón, que le cuesta dormir. Y es que con cada niño habrá unos ritmos que adaptar, unos gestos que interpretar, un llanto a traducir, una actitud a emprender, lo cual puede provocar dudas, preocupación o cansancio.

El modo actual de encarar la crianza también influye en estos desconciertos iniciales. Hay padres que piden a sus familiares que no los visiten en el hospital, ni en los primeros días en casa, «para evitar el estrés del bebé». Y esto, que parece señal de autosuficiencia, también genera soledad y puede repercutir en el ánimo de la pareja. Además, las opiniones de los abuelos a veces son consideradas anticuadas, y como se pretende estar al último grito en lo referente al criar, de alguna forma, se desecha la experiencia de la familia, buscando orientación o consejo fuera del entorno cercano.

Lógicamente, primero se va al ginecólogo, a la matrona y al pediatra. Pero después, ya se acude a Internet, buscando otras compañías con apariencia de solidez y sabiduría: «Acompañantes para el embarazo y el parto», «Coaching para la crianza», métodos «nuevos» para que los niños coman (Baby led weaning), para que estén estimulados (Masajes para el bebé), para que crezcan sanos (Guías de salud del bebé), para que duerman solos (Entrenadoras del sueño) y hasta para que la casa esté ordenada (Método Kon Mari). Lo que pasa es que, con tantas búsquedas, es fácil olvidarse de observar a fondo a los niños para conocerlos, vincularse con ellos y encontrar la manera de comunicarse.

Hay padres que lo que ven especialmente complicado es el tema del dormir y buscan respuesta a ello en las «entrenadoras del sueño» que ofrecen enseñar a los niños a dormir autónomamente en apenas dos semanas. (¡¿Entrenar a los bebés?!). Menos mal que esto se comenta, algún amigo opina, o a la madre o al padre le surgen dudas. Y así todo se va resituando. Entonces cada familia decide dónde, cómo y cuándo dormirá su bebé, a qué hora se acostará o echará la siesta y qué harán si se inquieta o llora. Buscando atender y respetar las necesidades del niño, según su edad y modo de ser. Buscando seguir criterios que tengan fundamento y sentido. Buscando el consenso entre la pareja, el confort del niño, la flexibilidad y la creación de las costumbres necesarias para crear un hábito.

Hay quienes dicen que temen el momento de ofrecer descanso a los hijos, porque sienten que «lo dejan solo» al ponerlo a dormir. Y sí, hay unos momentos de recogimiento antes de dormir, que sirven para desconectarse del mundo exterior y conectarse con uno mismo. Pero resulta que en esos ratos el niño puede imaginar, recordar, pensar y sentir el propio cuerpo, cosas buenas y necesarias para el autoconocimiento. O sea, que no son momentos de abandono, sino de confianza. En realidad, un verdadero regalo.

Para que se dé un sueño reparador lo primero que hace falta es que los padres acepten que es normal al principio que a los bebés les cueste dormir, porque para conciliar el sueño no han de tener ninguna molestia y han de sentirse tranquilos, seguros, plenos, a gusto. Y todo eso no es automático, requiere un proceso, una espera, una escucha y la suficiente constancia para sostener unos horarios estables y unos rituales segurizadores, que ayudarán a lograr un clima lo bastante relajado para que el niño se duerma.

A mí me parece que los padres tienen la capacidad necesaria para atender a sus niños, si no de manera perfecta, sí de manera suficiente. Y que las familias disponen de un importante saber experiencial que no debería ignorarse.

Así que, me atrevo a sugerir que antes de rebuscar en las nubes cómo criar, miremos puertas adentro. Quizás nos llevemos una sorpresa.

El oficio de los padres

Ayer en la panadería vi a un padre con su bebé de cuatro o cinco meses, metido en una telita de colores de esas de portar niños. Llevaba al nene de espaldas a la calle y se le había dormido con la cara apoyada en su pecho. La verdad es que daba gusto ver ese tándem acoplado y calmado. Cuando se fueron, una de las señoras comentó que cada vez había más padres que iban con sus hijos a todas partes. Los presentes sonreímos, compartiendo esta buena impresión de novedad y alegría.

Y hoy, de buena mañana, me he cruzado con una bicicleta que llevaba enganchado un carrito con dos niños dentro. Eran pequeños, de unos dos o tres años, y se reían ruidosamente. Estaban haciendo una especie de juego con el padre, que los iba nombrando primero a uno y luego al otro. Ellos respondían diciendo: «¡yo, yo, yoooo!» cuando escuchaban su nombre. Era bonito verlos embebidos en ese intercambio tan improvisado y divertido.

Esta imagen me ha traído al recuerdo la bicicleta en la que me paseaba mi padre, que tenía un pequeño asiento rojo que se atornillaba en la barra. Desde allí yo iba mirándolo todo, rodeada por sus brazos y escuchándolo cantar sus habaneras y zarzuelas preferidas. De vez en cuando me daba un beso, me soplaba en la oreja, o me hacía alguna broma. (Placeres que he tenido muy en cuenta desde entonces: cantar, bromear, acariciar y besar).

Años después, mi padre se compró una Vespa con sidecar. ¡Aquello fue todo un acontecimiento! Él conducía, mi madre se sentaba detrás y yo iba aposentada en el sidecar como si fuera una princesa. Volábamos por las calles mientras el aire nos daba en la cara y los pelos se nos ponían de punta. Un verdadero placer.

También tengo grabada la maravillosa sensación de cuando mi padre me llevaba de la mano por la calle. Él siempre tenía las manos calientes, secas, firmes, gruesas, «acolchadas» y yo me sentía segura, cuidada, sujeta, guiada, querida.

Precisamente fue el cariño de mi padre el que me convenció de que yo era alguien que valía la pena. Y es que estar cerca del padre de uno y que tu padre esté cerca de ti, es tan bueno, tan confortable y tan seguro, que alimenta la autoestima y da unas fuerzas internas que perduran y pasan a formar parte de nuestra personalidad. El padre te lleva y te trae, te empuja y te frena, te anima y te contiene, te piropea y te señala los errores, te marca la ley y te deja probar nuevas libertades, te enseña, te acompaña, te orienta, te riñe, te acaricia, te cuida, te quiere, te hace un lugar a su lado.

El hecho de que los padres estén implicados en la crianza y la educación de sus hijos desde el principio es imprescindible para la buena salud emocional de los niños. Les da cimiento afectivo, seguridad y un trasfondo de amor necesario para crecer equilibradamente. De esta manera, se crea un vínculo que será especial y diferente con cada hijo y que no es sustituible por nada.

Como maestra he podido escuchar a los niños y a las niñas hablar de sus padres muchísimas veces. Lo hacen prácticamente a diario, ellos son su norte, su fuente, su punto de referencia. Y de los tantos comentarios que he escuchado (y anotado), he elegido algunos para que nos hagan pensar, desear y valorar una crianza en la que el padre esté muy presente.

—Mi padre sabe de todo, sabe hasta kárate.

—Mi padre sabe aún más, porque él vivía cuando estaban las pesetas.

—Pues mi padre lo que sabe es cogerme en brazos cuando me duermo en el sofá.

—Yo de mi padre lo sé todo. Tiene el pelo oscuro y habla muy fuerte. Cuando nos duchamos, él pone un disco de música clásica o de rock. Hoy ha cerrado la puerta tan fuerte que se ha encajado.

—Mi papá juega a peleas conmigo.

—Mi padre dice que yo soy muy bueno, que él lo sabe seguro.

—A mí me gusta que mi padre me ponga con los pies para arriba y la cabeza para abajo y diga: «A ver dónde tiro esto».

—Me gusta que «por de noche» mi padre me cuente cosas de osos.

—Mi padre tiene ya ochenta años, porque se casó mayor.

—Cuando me da besos mi padre, noto las cosquillas de los pelos de la barba. Un día se la quitó y sin la barba no parecía mi padre.

—Mi padre cuando mira el móvil se queda «embobao».

—Mi papá hace cenas muy ricas.

—Mi padre se enfada si me porto mal.

—Mi padre se come los chicles que me compra para mí, y como siempre huele a chicle, yo tengo celos de él.

—Mi padre ahora vive en otra casa. Yo a veces lloro si quiero verlo y no puedo.

—Mi padre nos arma muchos líos. A mi hermana le dice que la quiere a ella «da que más», y a mí que soy su novia. Pero cuando está mi madre, la abraza a ella y a nosotras no nos deja ni acercarnos.

—Yo cuando veo que se van a besar mis padres, me da envidia y voy corriendo, pero nunca llego a tiempo.

—Un día mi hermano le dijo a mi padre: «que se venga Rubén al fútbol». Y fui, me compraron pipas y lo pasé muy bien, lo malo fue que me perdí el penalti porque me quedé dormido y cuando me desperté, sólo oí: GOOOOOL. Entonces mi padre me compró un helado para quitarme la pena.

> El oficio de los padres es querer,
> hacerle sitio al hijo,
> y regalarle las leyes
> y los cariños.
> Es un oficio en el que todos somos aprendices,
> en el que con cada hijo hay un estreno,

en el que el equilibrio suele ser inestable.

Es un oficio humano, hermoso, dulce.

«¿Esta nena es nuestra?»

Así preguntaba hace poco a sus padres Cloe, desde sus 3 años cumplidos y su mirada atenta y observadora. Y eso que estaba avisada, que hacía tiempo que le hablaban de que tendría una hermanita, que había participado en los cambios que se hicieron en la casa, que sabía que el cuerpo de su madre no estaba como antes. Los nueve meses de gestación no solo les hacen falta a los padres para prepararse a acoger a su bebé, también les vienen bien a los hermanos para hacerse a la idea de que la familia aumentará.

A algunos niños les cuesta admitir la presencia del nuevo miembro y lo «olvidan» (más bien lo niegan), no quieren ni oír decir que tendrán un hermano, resistiéndose vivamente a cualquier comentario en ese sentido ¡Es tan bueno sentirse con la exclusividad de los cariños! Otros lo aceptan a malas penas, pero en su fuero interno, piensan que será por poco tiempo. Hay quienes hacen por ignorar al bebé, pero cuando crece y se ríe a carcajadas o dice alguna palabrita, rompen a llorar amargamente, o se indignan, preguntando: «Pero ¿cuándo se va a ir este niño?» o «¿Esta nena es nuestra?», aludiendo a esa provisionalidad que soñaban y que no se está dando.

Recuerdo a María, que vino un día a la escuela anunciando alegremente:

—¡Mi madre ha llevado a mi hermana al hospital!

—¿Y tú de qué te ríes si eso da pena? —le dijo una amiga.

—Me río porque es lo que yo quería, que por fin la devolvieran.

También pienso en Isabel, que, para ir acostumbrándose a tener un hermano, jugaba a que ella tenía su propio bebé, (un muñeco), y lo cuidaba, le daba de mamar, le cantaba, pero después lo cogía por un pie y lo golpeaba contra la pared mostrando así la intensa ambivalencia de los sentimientos que la conmovían.

Cuando se espera un hijo, los padres le preparan un buen lugar, no solo en la casa, sino también en el seno familiar. Pero, si ya tienen otros hijos, para los mayores, la acomodación ante la llegada del hermano requiere un gran esfuerzo. Sienten miedo por si los padres prefieren al recién llegado, por si pierden su sitio en el cariño de papá y mamá, por si el nuevo hace trastabillar el orden del amor en la casa. Y niegan, protestan, se portan mal, se hacen los bebés, lloran. O bien se ponen a mostrar sus virtudes a cada instante para que nadie dude de lo listos y lo guapos que son. Y es que no es fácil compartir el afecto de los padres con alguien que, al llegar, es un perfecto desconocido.

Todo un torbellino emocional se despierta, la rivalidad acecha. Es un tiempo complejo para cualquier familia.

El niño cuando nace está muy unido a la madre y tendrá que hacer todo un esfuerzo para «independizarse» y ubicar en ese mundo «de a dos» la presencia del padre. El hijo desearía ser el único para su mamá y percibe al padre como un ser amoroso, pero a la vez como un rival. Así que, cuando ya ha aceptado esa presencia en su universo afectivo y aparece un hermano, lo vive como a un intruso y se siente sacudido por aquellos sentimientos de rivalidad que parecían estar superados. Es como si el niño pensara: «Creía que mi mamá era feliz conmigo, pero no le soy suficiente. Y no sólo quiere a papá, sino también al niño que va a nacer.»

Por si faltaba algo en esta conmoción sentimental que invade al niño y le hace estar triste, enfadado, llorón, regresivo y nervioso, hay también unos nacientes sentimientos de cariño, alegría y hasta orgullo al ver crecer al pequeño. O sea, que lo quiere y «no lo quiere» al mismo tiempo, cosa que le altera y le genera culpas. Esos sentimientos a favor y en contra, conforman una ambivalencia difícil de sobrellevar. Hay quienes viven su sentir secretamente, otros lo expresan:

—«Cuando mi bebé me mira y se ríe, lo quiero. Pero luego me dan ganas de pegarle, me he vuelto malo.»

—«En mi casa ya éramos bastantes con mi hermana y conmigo, no sé para qué mis padres han hecho otra hermana más.»

—«Mi madre tarda mucho cuando le da de mamar al bebé, así que yo… tengo que llorar.»

Entender que no es algo raro, sino lógico y esperable que el hijo mayor esté celoso ante el nacimiento del pequeño, será el primer paso para que los ánimos se apacigüen. Será bueno que los padres busquen la compañía de personas cercanas para no sentirse solos y evitar desbordamientos por cansancio, sueño o miedo. Convendrá que intenten encontrar ratos para estar con el hijo mayor y mantener alguna de sus costumbres, y que se quejen con él de lo demandador que es el bebé, buscando su complicidad.

Además, vendrá bien hacerle partícipe de las cosas del pequeño, aunque sin abrumarlo. Una nena de cinco años me dijo una vez: «Estoy nerviosa porque mi mamá quiere que la ayude a cambiar al bebé, a darle los juguetes que tira, a cantarle y a todo lo demás, pero yo lo que quiero es jugar».

Sabiendo que los celos provocan sufrimiento, sobre todo cuando no se pueden expresar, convendrá dar permiso a los hermanos mayores a protestar de los pequeños y no permitir que tengan que reprimir sus palabras y callarse. El lenguaje de los sentimientos requiere canales de salida, porque son como el agua, que busca siempre su camino. Será mucho más sano que un niño se queje de cuánto llora su bebé o de que su madre no le hace caso, que no permitirle que lo diga, provocando que salga a modo de berrinche, tristeza o torrentera de lágrimas.

Lo bueno es que, con un poco de cuidado, estos avatares celosos se van atemperando.

No se pega

Hace unos días, en el Centro de Salud, presencié una increíble escena que me hizo pensar. Y me gustaría compartir aquí mis reflexiones.

En un momento dado entró a la sala de espera un padre con su niña de unos cinco años. Observé que era una nena inquieta, potente, despierta. Y nada más sentarse a esperar el turno, le pidió el móvil a su padre, que le dijo que no se lo daba, que se entretuviera mirando a la gente. Muy bien, pensé yo para mis adentros. Sin embargo, a ella no le gustó la respuesta. De modo que se puso de pie y empezó a darle fuertes puntapiés en los tobillos y las espinillas al padre, que ponía cara de dolor, mientras decía con voz cansada: NO SE PEGA, NO SE PEGA. Su voz era como de estar agotado y pude deducir que no era la primera vez que ocurría una cosa así. La niña se mostraba muy envalentonada, el padre demasiado pasivo. En eso que los llamaron para su consulta médica, pero antes de entrar, la niña tuvo tiempo de propinarle al padre otra tanda de patadas de aquellas suyas, certeras y eficaces. Una de las cuales, que fue en la espinilla, hizo al hombre doblarse de dolor. Y, de nuevo, únicamente contestó con voz nublada: NO SE PEGA, NO SE PEGA.

Los que estábamos allí como espectadores forzosos, quedamos impactados ante la tensión del suceso. Unos con cara de perplejidad, otros de asombro, otros de pena. Nadie comentó nada, pero lo cierto es que se veía al hombre tan apabullado que daban ganas de echarle un cable y decirle algo a la niña: «¿No sabes que eso no se puede hacer? ¡No le puedes pegar a otras personas y, menos aún, a tu padre!». Aunque esto, en realidad, no habría tenido efecto, porque esas cuestiones tan serias no se arreglan con una regañina, más bien son cosas para hablarlas en familia con calma, claridad y convencimiento.

Esta escena hizo presente el tema de las normas y la ley, que tan malísima prensa tienen ahora. Parece que cualquier cosa que suene a imposición, o a mandato, nos recuerda tiempos dictatoriales y reaccionamos en contra de una manera desmedida. Incluso hay quienes no han vivido aquella época y también reaccionan así, porque son hijos de los que la padecieron y esto se va transmitiendo. No es casualidad que los pertenecientes a esta generación no soporten que alguien les diga lo que pueden o no pueden hacer.

Pero la ley hace falta: ordena, regula, orienta, equilibra, protege, cuida, frena, evita abusos... Y las situaciones como la que presencié señalan un desorden, un descontrol, una huida del equilibrio natural. Tendríamos que intentar darles la vuelta aceptando la ley y cambiando de actitud, cada cual desde el lugar que tenga: padre, madre, abuelo, maestro, amigo. Si pudiéramos criar de una manera más realista, más integrada, más colectiva. Con tolerancia, pero con firmeza. Con flexibilidad, pero con control. Con escucha, pero sin consentimientos. Con libertades, pero con limitaciones.

Como es sabido, los niños son impulsivos, inmaduros, narcisistas, primitivos. Esta nena que cuento reaccionó impulsivamente. Lo cual viene a significar que, internamente, aún está situada en un «lugar de bebé» que hace lo que quiere y exige lo que necesita. Si tiene que llorar, llora; si tiene que gritar, grita; si tiene que pegar, pega...

En un bebé es lo que corresponde, en una niña de cinco años ya no, porque, cuando el niño va creciendo, el padre, la madre, o quien lo críe, ha de irle diciendo: «Tú eres importante, pero no eres el único. Hay otras personas que tienes que respetar y cuidar, igual que te gusta que te cuiden a ti». En fin, estas cosas tan sencillas, tan básicas y tan imprescindibles que le guiarán para salir del primitivismo y entrar en sociedad.

En cambio, a la niña de la que hablamos, por lo visto, se le había hecho creer que sus deseos serían siempre cumplidos y no toleraba un «no». Esto a base de contentarla en exceso, de permitirle los caprichos, de ceder a sus demandas, de dejarla decidir prematuramente, de tratarla como a un igual y de evitarle hasta las más mínimas dificultades y frustraciones cotidianas, que tanto nos enseñan a comprender que en la vida no todo puede ser.

Y es que los padres no se han de poner a la misma altura que los hijos en plan demócrata mal entendido, porque los confunden y les hacen creer que tienen derecho a todo. Si hacen esto, borran su autoridad y su protección, es como si desaparecieran, dejando al niño a merced de sus impulsos. De este modo, los niños quedan sin la autoridad y la seguridad que necesitan para crecer. Porque hasta que uno puede pensar y decidir por sí mismo, alguien tiene que educar. Y si no son los padres, ¿quién va a hacerlo?

Hay algunos padres que si ponen un límite a sus hijos sienten que los van a traumar, o a perjudicar. Y no es así, sino todo lo contrario. No es ningún delito pararle los pies a un hijo, (sobre todo cuando te los está llenando de puntapiés), sino que más bien es bueno, necesario y saludable. Los niños no saben pararse y hasta que sepan hacerlo, tendremos que pararlos nosotros.

¿Por qué nos cuesta tanto decir que «no» a sus demandas?, ¿Por qué tenemos la sensación de que «sus deseos son órdenes». ¿Por qué nos vence una rabieta, un llanto, o un simple y mondo «puchero»?. ¿Miedo a que sufran?. ¿A que «se traumen»?. ¿Desprestigio de las normas?. ¿Sentimiento de culpa?. ¿Falta de tiempo?. ¿«Democratismo»?. ¿Miedo a equivocarnos?.

Winnicott, pediatra y psiquiatra, decía que una madre «suficientemente buena» era la que podía decir a su hijo que no, sabiendo que con ello le iba a proporcionar seguridad, contención, salud y capacidades. Y tenía más razón que un santo.

¿Niños que crecen o niños crecidos?

Es preocupante ver que muchos niños y niñas en estos momentos están excesivamente crecidos y cargados de genio, que se muestran caprichosos, intolerantes a la más mínima demanda o frustración, que tienden a apartarse de la ley, de las normas y del trabajo, que buscan a ultranza la diversión y el placer. Son niños que han estado desde el principio muy estimulados, que hablan como pequeños adultos y quieren decidir como si lo fueran, pero cuya desenvoltura es más aparente que real. Saben manejarse en el ordenador y, por supuesto, en el móvil, saben qué hacer para subir en el ascensor o para pagar el tique del aparcamiento. Pero no saben hacerse la cama o lavar un vaso. (Sobre todo, cuando se les pide que lo hagan). Ellos quieren «ir por libre» hacer su voluntad, no tener que obedecer.

Así lo refieren los padres: «no nos escucha cuando le hablamos», «va a la suya, no quiere hacer caso», «dice que está cansado cuando le decimos que haga algo», «nos planta cara», «nos chantajea: o me dejas el móvil o me voy a portar mal». Y no es solo rebeldía, reto o mala educación. Es algo más. Una negación a atender la voz de otros, una ignorancia a la autoridad de los adultos, una resistencia a quedarse en su lugar de niños y a dejarse guiar, organizar o mandar. Una especie de desconexión, sordera, o ignorancia a todo lo que no sea divertido, excitante, vertiginoso o transgresor.

Es como si el momento impulsivo, opositor, narcisista y mágico de los niños pequeños se hubiera multiplicado por mil. Como si hubiera una insaciabilidad, una necesidad enorme de «estar a tope» siempre, de ganar, de acaparar, de imponer, de triunfar. Y a la vez una intolerancia total a lo que supone realizar lo que otro les pida, negándose sistemáticamente a que alguien les diga lo que tienen que hacer, como si ya pudieran decidir por sí mismos en los asuntos que les conciernen: comer, dormir, vestirse, ver la televisión… Como si tuvieran derecho a todo, a las cosas de los niños y a las de los mayores.

La desubicación es tan grande a veces que no ven diferencia entre los adultos y ellos, y obran en consecuencia, haciéndose cada vez más exigentes, demandantes y desafiantes.

«Pórtate bien, hijo.», dice el padre. «Y tú también, tío.», le contesta el hijo, de siete años. Y todo ello con nuestro permiso, porque esta situación no la han inventado los niños, sino que ha sido gestada y propiciada por nuestra permisividad, nuestra sobreprotección y nuestra complicidad.

Les hemos ofrecido un sitio a nuestro lado y ellos lo han ocupado, así de sencillamente. Por una parte, prolongándoles la sensación de omnipotencia que se tiene en los primeros años y haciéndoles sentir que pueden tenerlo y hacerlo todo. Y por otro, evitándoles dificultades, tristezas, frustraciones y límites, abocándolos a una especie de limbo y de falsa libertad que los ha desorientado.

Así que nos encontramos con que bastantes de nuestros niños y niñas ignoran la existencia de las figuras de autoridad, ya sean padres, maestros o alguna otra persona mayor. Que con frecuencia no atienden a razones, que les cuesta seguir las normas y que no escuchan lo que se les dice. Y es que les hemos invitado a compartir las decisiones antes de hora, desde un deseo irreal de igualitarismo, de «coleguismo» de democracia absoluta. Sin embargo, la función paterna contiene una representación de la ley y una asunción del rol de control, de guía, de contención y de freno, por mucho que ahora todo eso suene a autoritario o a antiguo.

Intentando bucear en los por qués de este fenómeno, pienso que, por un lado, ha habido un importante y significativo proceso a favor de la protección de la infancia y de los derechos de los niños, que probablemente se ha desorbitado. Y, por otro, creo que se ha dado una tremenda huida de cualquier cosa que sonara a mando y a autoridad, en el esfuerzo general de olvidar los tiempos de dictadura, sufridos desde un silencio impuesto y desde unas prácticas de vida impregnadas de obligaciones, muchas veces injustas.

Porque es verdad que los niños en sus primeros años son puro impulso, deseo de placer y omnipotencia, y que estas cosas que alimentan la autoestima, les reportan tanta diversión y disfrute, que es lógico que se resistan a dejarlas a cambio de crecer y de ser realistas. Pero eso no significa que tengamos que ofrecerles una crianza sin normas, un lugar inadecuado y una sensación de falso dominio que los pone alterados, inseguros, exigentes, egocéntricos e ingobernables.

Los niños necesitan una crianza que incluya los Sí y los No necesarios para un crecimiento sano, porque tienen derecho no sólo a ese «positivo». Sí que tan buena prensa tiene, sino a ese «positivo». No que les va a dar seguridad y contención, que les va a situar en su lugar de niños, que les va a permitir pisar tierra, encajar la realidad y aprender a conocer y a aceptar sus limitaciones. Para ello tendríamos que abandonar el papel de «iguales», y atrevernos a asumir los de padre, madre, maestro o adulto, porque estos papeles de apoyo y de freno a un tiempo, son verdaderamente necesarios y estructurantes para los niños.

No ofrecerle la ley a un niño equivale a dejarlo a merced de su mundo impulsivo y permitirle creer que sus deseos alcanzarán siempre lo que él quiera, cosa que es incierta y que, a la larga, le puede frustrar mucho más que un poco de freno de tanto en tanto. Primero se ha de dejar uno guiar y después ya se puede decidir autónomamente. Al contrario no funciona.

A la chita callando

He sabido de un niño de tres años que estuvo a punto de tener que dejar de ir a la escuela por no ser capaz de mantener a raya sus esfínteres, lo cual tenía para él la ventaja de recibir la visita de su mamá, (que acudía a ponerlo limpio cuando la llamaban desde el centro escolar), y también la desventaja de que la maestra lo dejaba en conserjería. Sin embargo, a pesar del desagrado de tener que esperar a su madre en un sitio inhóspito para él, no había modo de que el niño lograra controlar sus necesidades. Tanto la de descargar tensión haciéndose pis encima, como la de hacer que acudiera su mamá, que estaba en casa ocupándose de su hermano pequeño.

¿Qué será lo que está pasando para que en la dinámica de funcionamiento de muchas escuelas se haya introducido esta modalidad de llamadas domiciliarias que ponen en jaque a las familias y en peligro de desequilibrio afectivo a los niños?

Pensando en el niño, podemos preguntarnos qué estará queriendo decir su descontrol. Si será una falta de maduración o una demanda de atención. También cómo se sentirá cuando ve que ha tenido otro escape y que va a empezar el ritual del destierro. Y cómo afectará a su autoestima este tipo de actitudes hacia su persona, o cómo confiará en sus capacidades después de estos episodios desvalorizadores.

Pensando en las familias, podemos suponer que es fácil que se planteen qué le pasa a su hijo, por qué será que no le atienden cuando lo necesita, si es que no se habrán dado cuenta de lo pequeño que es, o qué ocurriría si el padre y la madre estuvieran trabajando y no pudieran ir a la escuela a cambiarlo.

También puede ser que entiendan que la solución pasa por aleccionar al hijo para que adquiera el control lo antes posible. Con riñas, con premios, con castigos, o con presiones varias: «No te hagas pis, por favor, que si pido más permisos en el trabajo, me despedirán».

Pensando en las maestras y en los obstáculos con los que se encuentran, observamos que con frecuencia no disponen del confort suficiente para la higiene de sus alumnos porque los centros no están acondicionados para ello, o tienen grupos demasiado numerosos, o niños que tienen necesidades educativas especiales y requieren mucha atención, además de que han de sostener las demandas de las familias acerca del rendimiento de sus hijos.

Pensando en las políticas educativas, podemos reflexionar sobre qué puede haber pasado para que la escuela abra sus puertas a los niños de edades tempranas, pero sin responder a todas sus necesidades, sino más bien dedicándose a trabajar en torno al currículum y negándose a actuar en la parte de crianza y atención que conlleva la educación temprana hoy. El hecho de que no se contemplen las dificultades lógicas e inherentes a cualquier proceso de crecimiento dice poco de una institución escolar que ha de amparar y facilitar a los niños atención y enseñanzas. Y todo ello con las extrañas excusas de que: «la enseñanza en estas edades no es obligatoria», o de que: «las maestras no han estudiado para cambiar pañales». Excusas que hablan de indiferencia ante la fragilidad de los pequeños.

Pero por mucho que cueste, esto no evita la necesidad ineludible de que los niños hayan de estar bien atendidos. Si para lograrlo se ha de pedir mejor infraestructura o exigir más personal de apoyo en los centros, pues que así se haga. Y no me refiero a un personal de apoyo que se dedique en exclusiva a cambiar «escapes», sino a contar con más maestros en el centro que trabajen en equipo con los tutores y sean una ayuda eficaz en el día a día.

La Psicología evolutiva nos dice que no está estipulada una edad exacta en la que los niños tengan que controlar esfínteres, sino que esta adquisición es algo variable, dependiendo de cada cultura, cada familia y cada niño, según su grado de madurez y su crianza. También nos dice que es habitual que haya regresiones ante situaciones nuevas, momentos críticos, nacimiento de hermanos, estrés... E incluso que llevar a cabo un aprendizaje demasiado precoz del control de los esfínteres, es perjudicial para los niños, porque les puede originar problemas posteriores: nerviosismo, enuresis, regresiones y alteraciones varias. Es decir, que es absolutamente normal que algunos niños tarden más que otros en controlar, según sus circunstancias personales y familiares.

Cierto es que no en todas las escuelas se exige que los niños de tres años controlen esfínteres, pero en bastantes sí que ocurre. En algunas ponen como excusa que el reglamento interno del centro así lo señala, en otras que no se puede dejar la clase sola mientras se cambia, en algunas aducen que si se está en estos «detalles» no se puede enseñar. Pero cabría preguntarse si los profesionales que organizan así sus escuelas, los inspectores que permiten este modo de funcionar y los altos cargos de las instituciones educativas que no se detienen en estas minucias, aceptarían estas prácticas si los que quedaran mojados y apartados fueran sus hijos o sus nietos.

El caso es que a la chita callando, y con apariencia de legalidad, de profesionalidad y de normalidad, se está dando esta realidad que comentamos y que indica una atención pobre e insuficiente hacia los niños, un descuido de sus necesidades, un abandono afectivo y un olvido de la diversidad en madurez y crianza. En resumen, una nueva clase de mal trato, que tenemos que conseguir cambiar y cuanto antes, mejor. Que el curso ya va a comenzar y estas cosas afectan a muchos niños.

Capítulo III
Convivir. ¿Quién educa hoy?

¿Todos? ¿Nadie? ¿Los padres? ¿Los abuelos? ¿Las pantallas? ¿La escuela? A lo largo del tiempo se han dado toda clase de maneras de educar. Desde la crianza sin más pretensiones que criar para el trabajo, a la educación desde el punto de vista moral, o religioso. Desde las formas autoritarias, a base de miedo, disciplina y castigos, a la permisión. Desde el aprendizaje por medio de la copia, al aprender por medio de la experimentación y la investigación. Desde la transmisión oral y la repetición a la inclusión del juego, la palabra compartida y el placer. Desde el considerar la educación como algo individualista a la valoración del grupo, el entorno, lo social…

Ahora nos encontramos preguntándonos: «¿Quién educa hoy?», y ya la propia pregunta nos está señalando una duda, un agujero, una falta.

En las casas hay: prisas, poco tiempo para dedicar a los hijos, para charlar, para la convivencia, problemas de trabajo, separaciones, abuelos cuidadores, niños con la llave de sus casas en el bolsillo, soledad, televisión… Faltan: presencias, tiempo, palabras, ley, un entorno que cobije, apoye y ofrezca experiencia. Sobran: pantallas, carreras, narcisismos, exigencias, sobreprotección…

En la calle se considera a los niños como un vendaval arrollador. Como seres capaces de alterar, molestar y robar la paz a los adultos. Incluso a veces se ignoran sus eventuales comportamientos incorrectos para evitar problemas con sus familias si se les llamara la atención. O sea, que acabamos mirando hacia otro lado mientras los niños quedan solos a merced de sus impulsos.

En la sociedad hay una acomodación al consumo, una aceleración en la crianza, una cesión de la educación y la convivencia a favor de la tecnología, una permisividad que dice querer el autocontrol de los niños, cuando por definición, los niños son heterónomos en las primeras edades.

En los medios se transmite o bien un concepto de niño bebote, reducido y simplón, o bien adultizado, listillo y casi cínico. Además de descuidar cada vez más que hace falta un control de las edades aconsejables para los programas infantiles, de ignorar el lenguaje adecuado en el doblaje de películas, de exponer anuncios con situaciones violentas, sexistas, sexualizadas, superficiales, sin ley…

Ante tantas ausencias significativas y queriendo compensar, va a parar a la escuela una delegación expresa hacia la educación emocional y hacia la «enseñanza de valores»: educación vial, medioambiental, emocional, educación para la paz, integración, coeducación, tolerancia cero al maltrato… Y la escuela no deniega, acepta el reto. Pero como el encargo es excesivo, de la omnipotencia de decir «sí» a incluir estos temas en el día a día de la escuela, pasa a la impotencia de decir «no»… y «tira la toalla».

Parece que estamos haciendo durar en exceso aquellas reacciones contra la educación autoritaria que vivimos en un momento histórico determinado, y que, revestidas de democratismo, borran los lugares y papeles diferenciados de padres e hijos, adultos y niños, maestros y alumnos. Parece que hemos perdido el norte y con tanto ocuparnos, pretendemos que nuestros niños se críen solos, como si se nos olvidara que un niño no se hace en un día. Parece que nos cuesta sostener nuestro lugar de adultos. Y todo este desconcierto está provocando en los niños descolocación, confusiones y conductas desajustadas.

Tendríamos que volver a situarnos. Es importante que acompañemos a los niños en la construcción de su andamiaje emocional, que les expliquemos las cosas con claridad, que les escuchemos, les estemos cerca… y que les paremos los pies cuando les haga falta. Ofrezcámosles cariño y ley, ese binomio de salud válido para cualquier situación por muy difícil que sea.

Educar, como sabemos, es conducir, enseñar, guiar, acompañar…, pero también corregir, reprender, frenar y contener. Durante mucho tiempo nos ha costado aceptar esta segunda parte, que relacionábamos con la represión y el autoritarismo. Ahora lo que se está dando es otro fenómeno: una desmedida confianza en la supuesta capacidad de autorregulación de los niños y una cierta dejación de funciones por parte de las familias, depositando el papel educador en la escuela y en los medios. Lo cual produce una descolocación de los niños al considerarlos capaces de autoeducarse, en lugar de verlos como son en realidad: personas en crecimiento, inmaduras y frágiles durante los primeros años.

Y es que resulta que para educar tendríamos que abandonar ese ilusorio papel de «iguales» que nos hemos inventado, y atrevernos a asumir los de padre, madre, maestro o adulto, porque estos papeles de apoyo y de freno a un tiempo, son los verdaderamente estructurantes para los niños. Son papeles que incluyen cobijar, contener, escuchar, educar y estar disponibles. Incluyen también tener algunos miedos, dudas y soledades. Incluyen disfrutar del placer de acompañar y ayudar a crecer a otra persona.

Disyuntivas

Por dondequiera que voy me tropiezo con una disyuntiva que se repite y que, aunque no es totalmente nueva, sí que está viviendo momentos de gran pujanza en esta actualidad caracterizada por la exigencia, las prisas, la sobreestimulación, el individualismo, la soledad, la información masiva, el consumo... Esta disyuntiva está generando serias dudas tanto a las familias, como a los docentes y a las instituciones educativas. Y podría formularse así: ¿las escuelas que acogen a los niños pequeños han de dedicarse exclusivamente a enseñarles conocimientos y hábitos, o han de procurar atender al conjunto de sus necesidades, a sus afectos, a sus juegos, a su salud, a su socialización?

Hace mucho que en el concepto de escuela ha estado incluido el enseñar de los maestros y el aprender de los alumnos. Decir escuela nos hace pensar a todos (padres y maestros) en el aprendizaje, y nos parece extraña e impensable cualquier otra posibilidad. Así que se vive como un error, una irresponsabilidad o una contradicción permitir que los niños jueguen, canten o bailen en el seno de la magna institución escolar; que un maestro plantee a los padres de sus alumnos que va a trabajar «sin libros», o sin cartillas, investigando junto a los niños sobre los temas por los que se sientan interesados; que se dedique tiempo a hacer teatro, a moverse, a pintar o a charlar sobre el nacimiento, la muerte, la envidia o la amistad; que se estimule la escucha, la discusión, el trabajo expresivo, o la reflexión en grupo sobre los conflictos o las emociones. Aunque todas éstas sean cuestiones que educan y acompañan a los niños más que otras aparentemente más escolásticas, eficaces y cuantificables.

A la sociedad le cuesta dejar de pretender una escuela competitiva, veloz y excelente, porque necesita que se prepare a los niños lo antes posible para este futuro incierto y difícil que estamos padeciendo. A la institución escolar por su parte le cuesta despojarse de sus cualidades y condiciones habituales y conocidas, de su costumbre de enseñar, de su obligación de transmitir conocimientos a ultranza. A las familias les asusta que sus hijos no lleguen a adquirir los saberes precisos en el tiempo adecuado, que no logren alcanzar los objetivos de cada materia, que no aprendan el suficiente inglés, que no lean, que tengan faltas, que sean maleducados, etc. etc.

Y todos corremos pensando en el temible futuro, sin darnos cuenta de que el presente está aquí mismo. Y el presente es el niño pequeño que tenemos delante y que antes de saber las letras o los números, ha de saber reconocerse a si mismo, y caminar, hablar, comer, jugar, respetar, y estar con otros. Porque un niño no se hace en un día y crecer es algo que precisa algo más que hacer deberes. Requiere acompañamiento, cariño, tiempo y paciencia.

Pero, en esta organización de la vida y del tiempo que transitamos ahora, los niños van a la escuela muy tempranito, y la institución escolar se encuentra con los bebés en los brazos y sin saber cómo cumplir con su compromiso de educarlos «como es debido». Los métodos «acelerantes», aparecen y tratan de llevar a los pequeños al camino de la sabiduría. Los niños nos dicen con sus reacciones, sus rebeldías, sus alergias, sus enfados, sus apatías y sus nerviosismos o desconexiones, que así no es como quieren crecer. Y las dudas surgen y nos ponen a discutir.

¿Qué es más propio de una institución educativa: dar conocimientos o cuidados? ¿Consideramos que cuanto antes se les instruya antes aprenderán? ¿Vemos más importante incidir en los aspectos pedagógicos que en los vinculares? Qué haremos entonces: ¿intentar enseñar cosas a los niños pequeños, o dedicarnos «sólo» a cuidarlos?

¿Será educar cantarles nanas, jugar con ellos al escondite o ponerlos a dormir? ¿Corresponderá a la escuela ofrecerles juegos, pinturas y cariños en lugar de cartillas para leer, cuadernos de caligrafía o números? ¿Será cosa de los maestros atenderlos cuando lloran, bailar con ellos, ayudarlos a comer o perseguir mariposas?

¿Cómo los llamaremos: alumnos, bebés, niños, escolares, preescolares? ¿o les llamaremos por sus nombres? Y nosotros, ¿cómo nos situaremos ante esta primera infancia que viene a nuestras escuelas? ¿como maestros, adultos, educadores, guías, instructores, semipadres?

¿Qué lugar daremos a la curiosidad de los niños, a su narcisismo, a sus necesidades, a sus sentimientos, a su deseo de exploración, a sus juegos, a sus persistentes reclamos de amor?

¿Qué escuelas prepararemos para estos pequeños? ¿Qué objetivos nos moverán, qué materiales pondremos a su mano, qué actividades les propondremos? ¿Será mejor profesional una maestra que enseñe los colores o las formas, que una que cante y juegue con los niños que tiene a su cargo?

Creo que sería útil mirar detenidamente a los niños de estas edades, ver qué hacen, cómo se comunican, qué necesitan… Y partir de su momento evolutivo, observar sus procesos, exponernos a su presencia, a sus modos, a su diversidad. Eso ayudaría mucho más que debatir entre papeles, normativas y motivos económicos, que a veces son los que están detrás de algunas decisiones. Porque no da lo mismo tener en el aula a ocho bebés, que a diez o doce. Ni tener el cuarto de baño dentro del aula, que en el piso de arriba, tener dos años de formación o cuatro, disponer de salida a un exterior natural o no, tener material suficiente para todos o tener que racionarlo, tener o no a los padres como parte implicada del encuentro con los niños. No da lo mismo nada.

Habría que preguntarse ¿qué es lo que nos pasa? ¿Por qué separar tanto el cuidar y el educar? Como si fueran enemigos, como si no supiéramos de sobra que el niño ha de partir de los vínculos afectivos para estar a gusto y poder ejercer su curiosidad. ¿Adónde vamos con estas urgencias y exageraciones? ¿De dónde hemos sacado estas prisas en la crianza y en la educación de los niños?

Sin embargo, éste es un fenómeno que va en línea creciente y que se da en la escuela, en la familia y en la sociedad. Una especie de estilo «moderno» generalizado, actualísimo. La escuela tampoco señala lo que más conviene a los niños de corta edad, sino que ayuda en estas carreras con su búsqueda de excelencias, con sus evaluaciones compulsivas, con sus contradicciones y su querer quedar bien ante una sociedad que le encomienda una tarea errada: la desnaturalización de la infancia. Estamos un tanto perdidos.

Hace falta pararse a pensar. Hacen falta voces que inviten a ver las cuestiones desde el lado de los niños. Hace falta empezar otra vez. Hace falta retomar esa frase de bondades: «Los niños primero», que se ha quedado para las películas o para los momentos cruciales, como bajar de un barco que está naufragando o beber el último trago de agua en una sequía severa. Pero no tanto para muchas otras cosas igualmente importantes, como pensar en las necesidades de los niños, en sus tiempos, en su crianza, en sus escuelas… Para invitarlos a mirar, a tocar, a explorar, a querer, a vivir.

Miguel Ángel Santos Guerra lo expresa así: «Nadie en su sano juicio restará importancia a la escuela infantil. Se trata de una etapa de gran plasticidad, de infinitos y decisivos aprendizajes, de una trascendencia inequívoca para el resto de la vida. Hace unos años Robert Fulghum (1989) escribió un libro de título significativo: «Todo lo que realmente necesito saber lo aprendí en el parvulario": Compártelo todo. Juega limpio. No le pegues a la gente. Vuelve a poner las cosas donde las encontraste. Limpia tu propia suciedad. No cojas lo que no es tuyo. Di lo que sientes cuando molestas a alguien. Lávate las manos antes de comer. Vive una vida equilibrada. Aprende algo, piensa, dibuja, canta, baila, juega y trabaja cada día un poco. Permanece atento a lo maravilloso. Los peces de colores y los hámsters y los ratones, e incluso la pequeña semilla muere, nosotros también…».

Entonces, si es tan importante esta etapa, ¿por qué no la liberamos del estrés y las prisas?». ¿Por qué aún tenemos que plantearnos si es un tiempo de cuidar o de aprender? ¿Cómo es que no asimilamos que, si un niño es querido y está cuidado y contenido, aprenderá?

Prevenir desde la escuela infantil

La escuela infantil es un centro educativo que escolariza niños de edades tempranas y, por tanto, es uno de los lugares en los que habitualmente se suelen detectar las dificultades o detenimientos que indican alguna problemática en la adecuada evolución de los niños. La consulta del pediatra es otro de ellos. A veces los maestros observamos que alguno de nuestros alumnos no logra adaptarse a la escuela, o seguir el ritmo de sus compañeros, ya sea en el aprendizaje, en las relaciones con los demás, en la tolerancia a la frustración, en los hábitos cotidianos: comida, sueño, control de esfínteres. O bien vemos que tiene comportamientos que no son acordes a su edad, miedos excesivos, conductas agresivas, movimientos desmedidos, pasividades, ausencias, apatía, tristeza...

En estos casos conviene dedicar un tiempo a realizar una observación más exhaustiva, pedir opinión a otros maestros del centro, y hacer una entrevista con los padres del niño para contrastar las miradas sobre lo que el niño hace en casa y en la escuela y para intentar formular alguna hipótesis útil sobre las dificultades que hay, sus posibles causas y la manera de abordarlas de cara a su resolución. Después se desplegarán las estrategias que presumiblemente contribuirán a ayudar al niño a salir de su problemática, se dará un margen de tiempo y se hará un seguimiento para ver si se alcanzan o no los resultados pretendidos. Al notar el niño el interés y la demanda de sus padres y maestros, además de algunos cambios de actitud que se desprenden de la toma de conciencia de sus dificultades, puede ser que haya mejoras. Sin embargo, a veces no es así. Y entonces, ante no saber qué le pasa al niño, o cómo ayudarlo, es cuando se plantea hacer una derivación a un especialista.

Enviar desde la escuela infantil a un niño al psicólogo es una posibilidad de ayuda que suele dar buenos resultados, ya que en las primeras edades el niño es aún muy maleable y su personalidad no ha acabado de consolidarse, por lo que los cambios que pueden darse son más sencillos de lograr. Pero la decisión de ir al psicólogo ha de ser tomada por los padres, lo cual indicará que conocen el problema, que ya han intentado solucionarlo, pero que consideran que necesitan orientación. Hay que entender que esta demanda de ayuda para que el hijo mejore es una decisión costosa, ya que socialmente no está demasiado bien vista. Para algunas personas ir al psicólogo suena a trastorno mental, a otros les suena a magia, a otros a dependencia...

Existen otras opciones también, como intentar arreglar el problema a base de disciplina o adiestramiento, o esperar a que el tiempo cambie las cosas, confiando en que el niño madure y supere las dificultades con ayuda de la familia, o a partir de sus propios recursos. Y en algunos casos leves es posible que sea así, pero en otros no. Discriminar si la problemática que muestra el niño es o no grave es algo difícil para cualquier profesional, pero mirar hacia otro lado ignorando que algo ocurre, en ocasiones deja al niño en una posición de riesgo.

Por poner algunos ejemplos clarificadores. Si la maestra nota que uno de sus alumnos se muestra nervioso, muy movido, inquieto, o distraído, esto puede deberse a múltiples causas, y suele ser cosa de ponerse a averiguar, de comentar con la familia el comportamiento, de contener al niño y de esperar los posibles cambios. Puede necesitar ayuda externa, o no necesitarla.

Pero cuando la maestra alerta a los padres porque su niño de dos años no atiende cuando se le habla, no mira a los que le ofrecen cosas, no juega, no empieza a decir alguna palabrita, o porque se pasa el rato mirándose el espejo, caminando de puntillas, «aleteando» con los brazos, mirando al cielo, y pareciendo estar desconectado del mundo exterior y metido en una burbuja de la que no sale ni con músicas, ni con juguetes, ni con la voz o el afecto de los demás, corre prisa la intervención de un especialista, antes de que esta manera de estar se instale y permanezca.

Es importante escuchar atentamente lo que los niños nos quieren decir con sus comportamientos. Es importante dejar a un lado los prejuicios y estar pendientes de las necesidades de los niños.

Y si hay que ir... pues se va.

Sentidos y sinsentidos en la educación

Me gustaría comentar brevemente algunos de los sentidos y sinsentidos que veo en la educación de nuestros niños pequeños.

Uno de los sinsentidos es el excesivo pragmatismo actual, que nos lleva a buscar las utilidades didácticas de todo lo que rodea a un niño, en una especie de compulsión a enseñar que no para nunca. Con el fin de no perder tiempo, les damos de merendar galletas con caritas sonrientes o tristes «para que aprendan educación emocional», les llevamos de la mano por la calle atosigados a preguntas para que «repasen»: de qué color es esta puerta, qué letra pone en ese cartel, cuántos escalones hemos subido. En este meter prisas, entra llevarlos a clases particulares, abrumarlos con deberes, no facilitarles que puedan jugar, dejarlos a merced de la televisión y otras pantallas, pasearlos por parques temáticos o lugares de ocio, olvidando que hay playas y campos para jugar y disfrutar con los amigos.

Otro sinsentido es el «misticismo educativo», ese idealizar al niño como si no fuera de la misma manada humana que nosotros, los adultos. Ese hablar de los niños como si fueran ángeles y pensar que nunca hay en ellos ira, envidia, mentiras o rencores. O sea, impulsos agresivos, destructivos, negativos. Es un sinsentido tratarlos como si vinieran del limbo, como si fueran frágiles, simples, candorosos, e incapaces de tolerar una frustración, una pena, o de resolver por si mismos la más mínima cuestión. Son personas, no seres a quienes ensalzar o sobreproteger.

También me parece un sinsentido pedirles continuamente que estén «sentaditos» cuando su tarea principal es precisamente la contraria, o sea, moverse, correr, saltar y afianzar sus movimientos. Demandarles que controlen sus esfínteres, estén o no maduros para ello. Exigirles que coloreen un dibujo sin salirse de la raya, en aras a lograr una maduración que no se consigue de ese modo, sino tocando, explorando, amasando, escarbando, clasificando y reconociendo los objetos una y otra vez hasta dominar los movimientos finos de los dedos. O enseñarles a leer antes de hora, sin contar con su propia curiosidad y con sus deseos de «saber lo que pone ahí».

Precisamente hace unos días Eva, una maestra joven que ha hecho sus prácticas en mi escuela, me hablaba de otro sinsentido percibido por ella. Por lo visto en el centro en el que está trabajando, lo que hacen para enseñar a hablar bien a los alumnos, es explicarles cosas y leerles libros. Y ella se pregunta cómo van a aprender a hablar bien estos niños si no se les deja hacerlo, si el que habla siempre es el maestro, si lo que les pedimos es que se callen y escuchen. Lo comparaba con el caminar, que se aprende a base de tanteos y caídas, de retos y de chichones, de valentías y de logros. Aquí sí que les permitimos las probaturas, pero con el hablar nos entran las exigencias, como si no confiáramos en las capacidades de los niños, que van a intentar adquirir el código con vehemencia y habilidad a partir de su enorme deseo de comunicación.

Por suerte también veo escuelas infantiles con sentido en las que importan más las necesidades de los niños que los papeles, las prisas o el vender saberes rápidos a modo de escaparates consumistas y eficaces. Son escuelas en las que se sabe y se pone en práctica una atención individualizada a cada niño, porque, como sabemos, los niños pequeños necesitan ser mirados uno a uno, ser queridos, cuidados y contenidos.

Necesitan moverse, jugar, hablar, explorar, aprender, inventar, disfrutar, conocerse a sí mismos y conocer a los demás. Necesitan palabras, belleza, arte, literatura, aprendizajes significativos, ley, y no sólo adquisición de hábitos de conducta o de higiene.

En esas escuelas con sentido también se permite a los niños soñar, hablar, tener amigos, mancharse, recibir visitas de sus familias. Y se les da tiempo y acompañamiento para recorrer con creciente autonomía sus tanteos por el mundo sentimental y sus inicios en el mundo de la sociedad y la cultura. Pero sobre todo se confía en sus capacidades, se les alienta a pensar y a crear, y se les reconoce como personas respetables y diferentes. Son escuelas abiertas, acogedoras y saludables, en donde caben el placer, el juego, la risa y el movimiento, donde se les facilita un desarrollo lo más sano, equilibrado y armónico posible.

Y es que en materia de educación, ya sea en la crianza, como en la enseñanza, hacemos cosas con más sentido y otras con menos. Ojalá logremos tender a lo que da sentido a las vidas nuevas de nuestros niños y poner en cuestión los sinsentidos que ignoran sus necesidades y ponen la zancadilla a su evolución.

El escritor Gustavo Martín Garzo lo dice así de bonito:

> Hay adultos que tienen el maravilloso don de saber ponerse en el lugar de los niños. Ese don es un regalo del amor. Basta con amar a alguien para desear conocerlo y querer acercarse a su mundo. Y la habilidad para tratar a los niños solo puede provenir de haber visitado el lugar en que éstos suelen vivir. Ese lugar no se parece al nuestro, y por eso tantos adultos se equivocan al pedir a los pequeños, cosas que no están en condiciones de hacer. ¿Pediríamos a un pájaro que dejara de volar, a un monito que no se subiera a los árboles, a una abeja que no se fuera en busca de las flores? No, no se lo pediríamos, porque no está en su naturaleza el obedecernos.

El metro de Julián

La otra tarde visité a unos amigos que tenían a su hija y a sus cinco nietos pasando unos días con ellos. En el espacioso patio que nos daba cobijo, y, mientras los mayores charlábamos, cada cual se entretenía según sus preferencias. El pequeño parloteaba y mamaba, la nena de cuatro años jugaba con unos juguetes que llevaba en un bolsito, el de cinco organizaba en el camino de grava «un metro con muchos vagones», el de siete miraba un mapamundi y el de diez construía un edificio en el que escondía estratégicamente unas pelotas de goma.

De vez en cuando los niños nos decían algo, cogían un trocito de queso, nos sonreían. Tenían espacio, presencias, miradas, interlocutores, valoración y freno si es que hacía falta. Fue un rato muy agradable. En un determinado momento la madre de los niños explicó que, desde que vivían en Madrid, Julián estaba entusiasmado con el metro. Miraba con frecuencia un plano que guardaba como un tesoro, repasaba los números y los colores de las líneas, pedía que le leyeran el nombre de las estaciones y se ponía contentísimo cuando tenían que ir en metro a cualquier parte. Había ido memorizándolo todo de tal modo que ya era un verdadero experto con sus tres años recientes.

Me hizo gracia su afición, así que le dije que a mí también me gustaba ir en metro y que sabía de un metro azul en el que las personas que se subían, se volvían completamente azules: la ropa, el pelo, la cara, los zapatos, la piel. Julián se quedó callado y pensativo. Al poco sonrió y me dijo: «Pues yo sé otro metro que no para en ninguna estación, siempre está en marcha, ¡siempre!». «Y hay otro que tiene muchos vagones, de aquí hasta Madrid». «Y otro que…». Todos los presentes estallamos en risas, mientras él seguía y seguía fabulando sin poderse parar, con la cara colorada y los ojos soñadores. Le di la enhorabuena por lo bien que inventaba y quedé con él en que seguiríamos otro día.

Me fui confortada y alegre. Sentí que Julián me había permitido entrar en su mundo y en su lenguaje. Y que durante un breve tiempo viajamos los dos por los andenes del metro de Madrid y del resto de metros que íbamos imaginando. Él utilizaba con apasionada soltura la información que tenía almacenada en su chispeante imaginario. Yo lo que gastaba era provocación y compañía. A él apenas le bastó una pista para enganchar sus vagones a mi juguetona sugerencia del metro azul. A mí me llenó de alegría su veloz salto desde la información objetiva y plana sobre el metro al invento estrafalario y genuino que logró unos momentos después. Presenciar esta proeza imaginativa, me pareció una suerte y un privilegio.

Imaginar es ponerle cara a los sueños, mezclar el mundo interior con el exterior, crear. A veces las imaginaciones de las personas se forman con los deseos que cada cual anticipa como puede. A veces son ensayos de los caminos que se quisieran recorrer. A veces evasiones para descansar de las cosas demasiado serias, atadas y planificadas. A veces son puras chispas de libertad. Lo importante es la sensación de placer que se genera al hacer surgir algo nuevo. El vértigo de la aventura de empezar algo que no se sabe cómo acabará. La curiosidad, la sorpresa y la satisfacción ante la realización de lo que se vislumbraba apenas en unas imágenes esbozadas y «sueltas» en nuestro interior y que, después de pasadas por nuestra acción de plasmar o expresar, vemos «puestas afuera» en mil formas diversas con pretensión de belleza.

«Los niños pueden ser grandes inventores; la relación con las palabras, con los juguetes, con la naturaleza, con los otros, es una relación de descubrimiento y creación» (López, 2019, p. 114). Lo cierto es que los niños nos hablan fielmente de sí mismos cuando imaginan. Desplegando sus sueños, sus ganas de jugar, de crear y de disfrutar. Hay quienes llevan adelante sus imaginaciones en soledad, o para combatirla. Hay quienes inventan historias increíblemente bonitas, bien estructuradas, poéticas. O movimientos de mimo. Hay quienes planean escenas teatrales, bailes, construcciones, juegos, composiciones plásticas, poesías. Y hasta originales líneas de metro, como Julián.

Así que, creo que valdría la pena animarlos a ir encendiendo ilusionadamente sus propias mechas imaginativas y alentando sus sueños y sus juegos, elaborados desde el fondo de si mismos. Así los darán a conocer y no se les quedarán dentro, en un silencio quieto e improductivo. Porque que los niños jueguen, produzcan o inventen, es el modo de que su imaginario se ponga en marcha, se active, se despierte y vaya hacia adelante, hacia la vida y sus cambiantes avatares.

De ahí a tener una actitud de atrevimiento creativo hacia la búsqueda de lo nuevo, apenas hay un paso. Un paso valiente, decidido y amable. Un paso en el que cada cual podrá dejarse ver, iniciar una andadura personal segura, aprender, atreverse a ser él mismo y estrenar novedades.

El burro cagaduros

Hace años que cuento cuentos al amor de una farola en La Placeta del pueblo de Beniardà a las diez en punto de la noche. Siempre tres cuentos. Siempre los ojos ávidos de los niños. Siempre las ganas de más. Y siempre el miedo, la emoción, el imaginar o el soñar en voz alta.

Los niños a los que dedico mis relatos son de edades variadas, desde los tres o cuatro años, hasta los once o los doce. Antes, de vez en cuando, acudían algunos de catorce o quince años, o se acercaban otros aún más mayores a recordar viejos tiempos, como aquellas tres amigas de dieciocho años, que quisieron despedirse de su niñez gastando emociones y añoranzas cuenteras. O aquel chico de veintiuno, que quiso enseñarle a su novia «El cuentacuentos» y llegó a La Placeta con su moto roja y su linda chica con la melena al viento.

Pero últimamente los niños dejan de escuchar historias mucho antes. Parece que no se creen las fantasías, aunque sean tan imprescindibles para su imaginario como los juegos. O bien necesitan fantasías de un calibre más tecnológico, o más impresionante. Les cuesta dejarse ir entre hadas y brujas, eso parece que se les queda pequeño. Las pantallas han ido ganando terreno y se podría decir que han secuestrado la capacidad de asombro y de ensueño de nuestros niños.

En los ratos de contar suele haber también adultos: padres, madres o abuelos, que vienen a traer a sus niños y se acomodan a escuchar y participar. En una ocasión vino un padre joven, que en su niñez había sido un asiduo y apasionado asistente a los cuentos. Traía de la mano a su hija de cuatro años y me pidió que esa noche contara el cuento que él prefería cuando era pequeño: «El burro cagaduros». Le hacía ilusión que su hija lo conociera, así que ese día el cuento fue disfrutado especialmente por ellos dos, que fueron alternando las caras de atención, de sorpresa y de guasa. De hecho, desde el puro principio, las ruidosas carcajadas del padre nos contagiaron a todos.

«El burro cagaduros» es un cuento que he contado infinidad de veces, porque es transgresor, sorprendente, escatológico y bastante gracioso. El relato habla, entre otras cosas, de cómo conseguir, a cambio de un poco de trabajo y un mucho de fantasía, tres asuntos necesarios en la vida de las personas: dinero, comida y seguridad. Así que cuando en mi clase había algún momento de preocupación, cansancio o tristeza, sacaba a pasear al «Burro cagaduros», y las penas desaparecían sin sentir.

Curiosamente, a los adultos les gustaba el cuento tanto como a los pequeños. Es tan atractivo tener hambre y con solo pronunciar las palabras mágicas: «¡Mesita, componte!», conseguir una mesa con nuestros manjares predilectos y adecuada a la cantidad de comensales. O recibir un ataque y con solo decir: «¡Palo, sal del saco!», lograr un justiciero palo que nos defienda con calor y nos devuelva la seguridad. Y no digamos nada si lo que necesitamos es dinero y con solo decir: «¡Burro, caga duros!», un gentil burrito nos facilita los duros que le estamos pidiendo.

Resolver los deseos y las necesidades con unos objetos de cualidades maravillosas y con unas palabras de mágicas resonancias, es uno de esos anhelos que todos hemos tenido siempre. Soñar, desear y obtener resultados inmediatos… ¡quién tuviera esa suerte! Imaginarse en la situación de los protagonistas del cuento es como caminar por el filo que separa (o une) la ficción y la realidad. Es como crear nuevas ocasiones de vivir lo hermoso y lo verdadero, lo dudoso y lo secreto, lo ilusorio y lo contante y sonante. Y en el entretanto, sentirse otro, sentirse diferente, sentirse libre.

Estos días he estado leyendo «La frontera indómita» de la escritora Graciela Montes (1999), ¡y me he encontrado con que ella también conoce de cerca a «El burro cagaduros"! ¡Menuda sorpresa! Así habla la autora de esta historia:

«No era el único cuento, por supuesto, pero era uno de mis favoritos. Lo debo haber pedido y escuchado cientos de veces entre los cinco y los siete años. Estaba para mi cargado de audacia. En primer lugar, de audacia en el imaginario, porque, con palabras nada más, con aire que salía de la boca de mi abuela, se construía algo inesperado, algo que no formaba parte del mundo de las cosas naturales (y hasta un burro que se saltaba las reglas fisiológicas). En segundo lugar, tenía gran cantidad de audacia social, hasta de rebeldía, porque mi abuela, que no me permitía decir palabras inconvenientes, incluía en el cuento una fórmula mágica llena de picardía: «¡Burro, caga duros!» para mi gran deleite y satisfacción.»

Y es que los cuentos nos permiten recorrer los sabios caminos del lenguaje, las costumbres, los sentimientos y los relatos de vida de otras personas y nos llevan a entender la realidad, despacito y bien protegidos por los cómodos cojines de la ficción. Si pudiéramos hacer durar las incursiones de los niños en el mundo de la fantasía, tendrían la posibilidad de atravesarlo sin abandonar la sorpresa y el misterio que los cuentos regalan, y, además, podrían tomar datos de las chispeantes experiencias de otros para enriquecer sus propios comportamientos.

¡No dejemos de contar cuentos a los niños! Las películas o las grabaciones no los sustituyen. Los cuentos aportan vida, experiencia, diversión y hasta miedos a dominar, todo ello absolutamente imprescindible para crecer.

El cartero de mi escuela

El cartero de mi escuela está empeñado en que «lo saque» en alguno de mis escritos porque, según suele decir cargado de razón, él es un cartero «de los de toda la vida».

No estoy del todo segura del sentido que le da a este concepto, pero a juzgar por el tono alegre y orgulloso que emplea al comentarlo, parece que lo siente como algo bueno y meritorio. Por el contexto intuyo que se refiere a ese hacer de cartero que él practica y que viene a ser una toma de contacto cordial y cercana con sus «clientes», los receptores de las cartas que reparte, como por ejemplo nosotros.

En esta relación sencilla y espontánea que nos propone, intercambiamos comentarios, bolígrafos o bromas, nos interesamos por nuestras ocupaciones o aficiones, y lo mismo hablamos de la receta del potaje que perfuma los pasillos, que nos tomamos un vaso de agua, deteniendo así por unos momentos el ajetreo del día. En efecto, esta manera de ejercer su oficio es una modalidad cada vez menos frecuente que nos recuerda otras épocas. Ahora se estilan más las prisas, los saludos minimalistas, el evitar conocerse o «particularizarse», o el recoger la firma de un certificado sin mirar a la cara del «abajo firmante».

En cambio, un cartero «de los de toda la vida» como el nuestro, se busca unos minutos para saludar, para hablar con los niños por la valla y para explicarles lo importantes que son las cartas o lo bonitos que son los sellos, convirtiéndose así en un cartero humanizado, asequible, «de a pie» en una persona con la que establecer relación y de la que aprender algo. Y esto es de agradecer, tanto si hablamos de carteros, como de cualquier otro oficio, sobre todo si tienen que ver con las personas. A todos nos vendrían muy bien unas gotas de esa manera de estar con los otros más tranquila, más humanizada, más natural. Yo, al menos, me siento mucho mejor cuando en el médico, en las tiendas, en las instituciones públicas, o en los transportes, noto que soy escuchada y atendida como una persona y no como un número o una cosa.

De un tiempo a esta parte está siendo sustituido el saludar, el hablar, y el interesarse por otras personas, por marcadas actitudes de indiferencia, cerrazón, individualismo, o agresividad. Y todo ello nos lleva a soledad y malestares apenas tapados por las presencias virtuales, el móvil, el MP3, el ordenador, las maquinitas de jugar o el ir de una parte a otra vertiginosamente. Si abundara ese trato de tú a tú tan «de toda la vida», seguramente serviría de freno al estrés y las carreras, de bálsamo al nerviosismo generalizado, y de entretenimiento y toma de contacto con el mundo real, del que nos estamos alejando a pasos agigantados.

No nos vendría mal pensar en las formas de ejercer nuestras profesiones y en ese trato humano que está en serio peligro de extinción. Hace unos días me enteré de que en los hospitales dan cursos de «humanidad» para que el personal sanitario se anime a dar un paso más en la aplicación de los protocolos ofreciendo una atención más personalizada al enfermo y a sus familiares. En las instituciones públicas también hay formación específica para mejorar el aspecto relacional de los intercambios. Y supongo que también en otros ámbitos se intenta volver a un contacto humano más acorde a las necesidades de las personas.

Sin embargo, pensando en mi propio oficio, creo que hay que hacer una matización. Y es que para ser maestra en el sentido «humanizador» del que estoy hablando, no tendríamos que volvernos hacia la escuela «de toda la vida": tradicional, rígida, uniformadora, instructiva y formalista, sino que habría que dirigirse más bien a una escuela en la que hubiera un trato personal, afectuoso y cercano con los niños, un buen vínculo con las familias, y un ambiente de aprendizaje cálido y comprensivo. Una escuela en la que estuviera incluido el juego, el diálogo, el placer, la escucha, la ley, la creatividad y la consideración a cada uno de los niños como personas genuinamente diversas. Una escuela en la que se aceptara el saber y el sentir de todos los implicados en la educación: los niños, los maestros, los padres y el entorno social.

Por eso desde aquí le doy las gracias a nuestro original cartero. Por atreverse a ejercer su profesión como cree que ha de hacerlo. Por incluirse a su manera en nuestro quehacer y en nuestra cotidianidad. Por ponernos a reflexionar sobre la necesaria humanización de las relaciones interpersonales.

Y, por supuesto, por ser un cartero «de los de toda la vida».

Lo que nos chirría

Cuando miramos de cerca la realidad de nuestras escuelas infantiles y escuchamos a las maestras y maestros que las habitan, nos aparece una cotidianidad llena de acontecimientos, de aprendizajes y de buenos encuentros. Aunque también emergen algunas cosas que chirrían, que no satisfacen del todo, o que plantean dudas. Aquellos agujeros no resueltos, aquellos aspectos no revisados, aquellos criterios que se nos han colado a partir de las modas pedagógicas, de las costumbres o manías de los centros. Es decir, aquellas prácticas de dudosa utilidad, que en su día cumplieron su papel, y que ahora ya no nos sirven, pero nos resistimos a cambiar. Quizás por no atrevernos a buscar alternativas coherentes con lo que deseamos mejorar. Quizás por miedo ante esos cambios soñados, pero que tienen el riesgo de fracasar o ser criticados por nuestro entorno...

Sin embargo, es a partir de las carencias desde donde se siente uno impulsado a buscar algo nuevo. Es a partir de la duda o la insatisfacción desde donde se intenta probar algo diferente. Es a partir de sentir que no se está contento con determinada práctica o actitud, desde donde hay una movilización para mejorar. Por eso creo que hay que incorporar el mirar de vez en cuando lo que no se tiene claro del todo. Eso indica que no hay anquilosamiento, sino permeabilidad y disposición a buscar nuevas sendas. O sea, señales de vida, de avance, de movimiento, de latido.

Hace años mis compañeros y yo nos lamentábamos al notar que los intereses de los niños iban en una dirección y nuestras propuestas en otra. Recuerdo que en una ocasión, los niños perseguían escarabajos entusiasmadamente por el patio, pero al entrar a clase de lo que hablábamos era de «los medios de transporte» que era el tema que «tocaba» en la planificación que teníamos hecha. Y ni nos atrevíamos a decantarnos por seguir los deseos de los niños, ni trabajábamos con satisfacción lo que teníamos previsto. Total, que se produjo un gran chirrido de descontento, que nos sirvió para buscar otras maneras, y en vez de seguir una planificación de temas cerrados, empezamos a seguir las pistas que los propios niños nos marcaban sobre los asuntos que querían aprender.

También pasó algo así con la lectura. Seguíamos un método global en el que partíamos de una palabra generadora que leíamos, escribíamos y comentábamos, después la descomponíamos en sílabas, llegando al fin a las letras. En ese proceso estábamos cuando vi a Pablo absorto delante de los carteles de los nombres de sus compañeros. Parecía que «murmuraba» alguna cosa. Le pregunté qué hacía y me dijo que «aprender a leer». «¿Y cómo lo haces?». «Pues me fijo bien y voy aprendiendo. Ahora sólo me quedan los más largos: Valentina y José Manuel». Le dije por qué no aprendía en las palabras que trabajaba el grupo: PAPÁ, MAMÁ, LOLA, IBI, y me contestó que «ésas eran muy fáciles». Ahí noté otro chirrido, porque supe que tenía razón en lo que me señalaba: ¡había más de una vía de aprendizaje y más de un ritmo! Y me vi en la tesitura ¡y el vértigo! de promover que en mi clase convivieran varias maneras de aprender a leer, que cada niño iba tomando según su grado de madurez, sus aptitudes y su estilo personal. Esto me obligó a leer libros, a hablar con los compañeros, a probar, a asustarme... y a aprender.

Con los talleres, con el arte, con los agrupamientos mixtos, con lo emocional ocurrió de modo parecido. O sea que, en mi experiencia profesional, cuando algo me chirriaba por dentro, primero hacía por resistirme, pero luego, al no poder ignorar por más tiempo mi carencia, iniciaba los pasos para cambiar. Y he aprendido que conviene escuchar cuando nos chirría algo. Conviene no perder de vista lo que pensamos que necesita un niño, lo que siente, el modo en el que aprende.

Y si creemos de verdad que el niño ha de ir caminando hacia su autonomía, tendremos que pararnos a pensar en las muchas ocasiones en que se puede empezar a ejercer en nuestras clases. ¿Cómo intervenir? ¿Dejarlos que elijan actividades o darles todo pautado? Si creemos que el niño ha de ser escuchado y ha de poder hablar, nos plantearemos el papel de las conversaciones con los niños. Si creemos que el niño ha de alfabetizarse emocionalmente, buscaremos cómo tratar los temas afectivos. Si creemos que para el niño es importante jugar, pensaremos en qué momentos les facilitaremos el juego libre. Si creemos que el niño ha de acercarse a la belleza y caminar hacia la creatividad, tendremos que decidir cómo organizaremos la estética de los espacios de la escuela, cómo trabajaremos el arte, la música, el cuento, la poesía y el teatro. Si creemos que el niño ha de estimar las palabras, las letras, los libros, buscaremos el modo de llevarles de la mano hasta la lectura y la escritura. Si creemos que las familias han de formar parte del entramado educativo también en la escuela, buscaremos las estrategias más adecuadas para lograrlo. Y así.

¡Escuchemos los chirridos que nos surjan, aunque a veces nos den un poco de repelús!

Pasar el relevo

Estoy contenta. Acaban de contarme que el verano pasado cuando me vine del pueblo a finales de agosto, Inés y Paula, ayudadas por Marta e Iván, hicieron la sesión de Cuentacuentos en mi lugar. Hacían salir a tres chicas y a tres chicos, los colocaban en «escalera de tamaños», y les cantaban el poema ZU, ZU, ZU llevando el ritmo, como siempre hacemos. En un video que me han hecho llegar, he visto a madres y abuelas ordenadas y dispuestas para el recitado acompañando a los niños, y a Inés recitando Arbolé, arbolé, seco y verdé. Ha recordado el poema muy bien, le ha dado el tono de un modo discreto y precioso…, y hasta ha estornudado sin apenas perder el hilo. ¡Genial!

La verdad es que el año pasado hubo momentos que me parecieron entrañables y dignos de recordar. Muchos niños traían cajas que se confeccionaban en casa para la creación de historias utilizando sus juguetes preferidos. Noté mucho interés en los poemas de García Lorca y de Nicolás Guillén, y vi que intentaban memorizarlos. De hecho, Paula nos dijo que se los sabía y lo demostró recitándolos con esmero. Un día, Marina acudió con un cuento ya pensado a partir de las cosas que traía en su caja y lo contó con muchísimo acierto, la voz clara y dulce, el gesto bonito.

Todos querían participar en los poemas y los juegos de hacer rimas, en la canción de La Flor del lililá, en el cuento de Las tres naranjas del amor, o cuando se repartían papeles para que el cuento inventado incluyera una palabrita de cada uno. Elena no se perdía una sesión, a pesar de que no se encontraba demasiado bien esos días. Además, la forma ritualizada de estar en el rato de los cuentos les ayudaba a ordenarse, les daba la seguridad de saber lo que venía después, les calmaba y les hacía dedicarse a imaginar y a disfrutar de las palabras, lo cual no impedía su apertura a la aventura, a las bromas, a las risas, a las emociones.

Había buen ambiente y buen trato, entre los adultos y los niños asistentes, entre las personas del pueblo, que valoran el «Cuentacuentos» a partir de sus hijos o nietos, y sobre todo, entre los niños pequeños y más grandes. Recuerdo a Eric acompañando a Leyre hasta su casa como un caballero andante, al público entero comprendiendo que Alexia, Gisela, Laura e Isaac, no se pudieran estar quietos… por el momento. Y a los que venían por primera vez, como Cristian y Héctor, interviniendo en voz alta, hasta que entendieron que aquí no se hablaba durante el cuento para «no perder la emoción». Hasta vino Ismael, ¡todo un ingeniero!, con Vanesa y Andrea, ya adolescentes, a recordar tiempos pasados.

Los sentimientos estaban prestos a saltar en cualquier instante, porque, como sabemos, los cuentos se nutren del sentir humano y despiertan las emociones que todos llevamos dentro. Así que, igual veíamos identificaciones de las chicas con las princesas y los chicos con los príncipes, que indignación ante los malos, ternura ante las cosas de cariño, o inquietud ante los retos que habían de pasar los protagonistas. También se veían miedos en algunos niños (que se tapaban los oídos), vergüenzas, ilusión, quejas, deseos, mimos…

Las características personales se mostraban sin demasiadas inhibiciones: la cara huidiza de los chicos en los pasajes de amor, el deseo de los más pequeños de salir siempre en los poemas dramatizados, los sentidos comentarios de las dos Elenas y las dos Carlas, las carcajadas súbitas de Ariadna… A mí me gustaba que Iván viniera a recogerme la sillita de pescar de mi padre para acercarla a la Placeta y que se despidieran de mí los que ya habían acabado sus vacaciones.

El último día hubo un pequeño suceso que quise incluir en la sesión, inventándome un cuento que se llamó El podólogo y la maestra, que recogía las dos horas y media de encierro involuntario que sufrimos el podólogo y yo en el consultorio médico esa misma tarde. Lo conté con guasa, nombrando a todos los protagonistas, añadiendo inventos ilusorios para «adornar». Y pasamos un rato divino, riéndonos mayores y pequeños. Espero que esta nueva fuente de inspiración sea reveladora y útil para los niños. «Novelar» un hecho real es también una manera muy divertida y productiva de hacer cuentos.

En conjunto, un agosto bueno para la cosecha de historias en la Placeta de Beniardà. Siento que voy pasando el relevo…

Pájaros en la cabeza

Acabo de conocer personalmente a Sara Huete, una artista del «collage» de la que tengo noticia y admiración hace apenas unas semanas. Nos hemos sentado delante de un café y de un mar entero, y nos hemos contado algunas andanzas, experiencias y placeres que compartíamos sin saberlo. Un rato amable y un intercambio calmo, a la vez que vital y apasionado. Una buena suerte que, desde aquí, agradezco. Ella trabaja la poesía visual poniendo versos a sus obras plásticas y objetos reales a preciosas fotografías de antes y de ahora, entre otras muchas cosas. A mí sus creaciones me hacen pensar en Joan Brossa, en Bruno Munari, en Isidro Ferrer, en una imaginación valiente y clara, en sorpresas y en buen humor.

Hablando y hablando, he visto que las dos tenemos pájaros en la cabeza, que las dos conservamos las ganas de jugar, y que las dos inventamos inventos a base de mezclar los deseos con las palabras, los recuerdos con los sueños y las bromas con las bellezas. Sara me ha explicado su afición a las figuritas recortables de Mariquita Pérez, su apego a las tijeras, su necesidad de hacerse entender, su preferencia por lo divertido, lo asombroso, lo nuevo, su costumbre de recogerlo todo. Casi como los del síndrome de Diógenes, decía. Me ha enseñado (y regalado) catálogos de varias de sus exposiciones, y me ha relatado su proceso creador, su dedicación cotidiana como bibliotecaria, los talleres que ofrece a los maestros de su tierra, Santander, y sus próximos proyectos. Yo le he contado algo de mi recorrido de maestra, de mis escrituras y de mis humildes aproximaciones al arte.

Le ha gustado saber que mis alumnos están prendados con sus «collages» que quieren dibujarse con el pelo lleno de caracoles, o la ropa de piedras, de letras o de fichas de dominó. Que hay quien pide a sus padres que le dejen llevar una tijera en el bolsillo para poder recortar las cosas «como Sara Huete», que captan algunas de las bromas que plantea en sus trabajos, como la de ponerle peúcos de bebé a un caballo para «pasar sin hacer ruido» que hacen rimas con su nombre: A Sara Huete le gusta el cacahuete…

Le he dicho que los niños han hecho un «collage» inspirado en sus obras, a partir de una caja pequeña en la que han pegado objetos de su gusto: conchas, piedras, plumas, pequeños muñecos, «perlas». Y un «cajón de sastre» con cosas de costura, una foto del abuelo de Manuel, que es sastre, y un pequeño juego de palabras con la idea de que «éste es un cajón de sastre, pero no es un desastre de cajón». Y se ha reído cuando le he dicho que les enseñé su foto en Internet y al preguntarles «de qué le veían cara», dijeron: «de guapa», «de buena». Como yo quería más detalle, maticé mi pregunta: «Pero, ¿le veis cara de bibliotecaria o de artista?», y dijeron que de bibliotecaria. Les dije que estaba de acuerdo, pero que hacía cosas tan bonitas, que, sin duda, sería una bibliotecaria muy alegre.

Sara me ha comentado también que le gustaría hacer una exposición monográfica sobre la conocida frase de «tener la cabeza llena de pájaros»:

—¿Como nosotras? —he dicho yo en broma.

—Sí, y con pájaros diversos, reales o imaginarios, o pájaros que se colocan en otras partes del cuerpo…

Algo sorprendente. Entonces le he contado que el año pasado, en una excursión, un águila real adiestrada se me puso en la cabeza, y eso me dio la idea de pedirles a los niños que se dibujaran con «pájaros en la cabeza». Aproveché para aclararles el significado de la frase, y así, además de lograr unos sugerentes trabajos, ampliaron su repertorio de las extrañas y chocantes maneras que tiene el lenguaje para decir y decirse. Amables coincidencias…

Me pregunto qué pasaría si la escuela abriera sus puertas a la cultura, al entorno, a la vida… ¿Qué sensibilidades nuevas se criarían en los niños y en los maestros si el arte, la música, la literatura, etc. tuvieran un espacio en nuestros centros escolares? ¿Cómo enfocaríamos los maestros las tareas plásticas si le perdiéramos el miedo al arte auténtico y le tomáramos miedo a las fichas aburridas, pobres y estereotipadas que reducen la imaginación de nuestros niños? ¿Qué ocurriría si los artistas pudieran entrar a mostrar sus obras, a tocar sus músicas, a hacer sus teatros, y a contagiarnos a niños y maestros las ganas de crear? ¿O si fueran los niños los que salieran a mirar los museos, las fuentes, las esculturas o los edificios de las ciudades y los pueblos para familiarizarse con las cosas bellas?

De prácticas y teorías

Hace tiempo que me ocupo en dar formación a maestros y estudiantes en universidades, escuelas o centros de profesores. Lo hago porque tengo el gusto y la necesidad de contar lo que he ido aprendiendo a lo largo de mi recorrido profesional, así siento que comparto mi experiencia, que paso el relevo, y que sigo implicada en la educación de los pequeños. Cuando estaba trabajando no salía demasiado, ya que no quería ausentarme de mi clase. Ahora que estoy jubilada, salgo más. Y una de las cosas con las que me encuentro frecuentemente en estas actividades formativas es una rotunda queja hacia la teoría y un sentido reconocimiento a todo lo que sea práctica, vivencia o ejemplificación.

Precisamente yo suelo poner bastantes ejemplos cuando expongo, y los que me escuchan lo valoran, agradeciéndome que les hable «desde la práctica». Pero por mucho que diga e insista que mi práctica se debe a una teoría que considero totalmente imprescindible, parece que no se lo acaban de creer, a no ser que intente «demostrárselo» con algún ejemplo. Como cuando cuento que un niño me pidió que no le partiera la hamburguesa porque entonces «tendría más». Y eso me hizo descubrir, a la luz de la teoría del conocimiento matemático de Piaget, que era porque aún no había logrado elaborar la conservación de la cantidad, lo que me sirvió para trabajar especialmente el tema en clase. O como cuando comento que los conceptos que se adquieren moviéndose o manipulando objetos, quedan más asimilados que los que se explican con palabras, como también decía Piaget: «Todo acto inteligente ha sido antes conducta motora».

Pero esta repulsa a lo teórico es tan general que me lleva a preguntarme: ¿De dónde vendrá esta especie de enfado ante las teorías que supuestamente tendrían que ser iluminadoras para la práctica? ¿Cómo es que en la formación inicial no se ha transmitido con claridad que es necesario tener una teoría a la que acogerse para poder llevar a cabo una práctica coherente y eficaz? ¿Será rechazo al esfuerzo, huida, comodidad? El caso es que esto hace temer el empobrecimiento de una profesión llena de complejidades, que requiere más que otras, sustentarse en la profundización y el razonamiento.

Hablar de teoría es hablar de reflexiones hiladas y organizadas, de curiosidades puestas a jugar, de hipótesis que se enuncian intentando explicar un fenómeno, y se exponen a ser contrastadas con la realidad. Es estar ante especulaciones que buscan ser comprobadas, que ofrecen guía. La práctica alude a la aplicación de la teoría para comprobar su autenticidad y validez. Es algo así como poner a funcionar en la realidad aquellos pensamientos para ver si responden a lo esperado.

Una sin la otra no son mucho. Una sin la otra pierden su razón de ser. Una sin la otra quedan huecas, cojas, ciegas y hasta inútiles. Como dice Silvia Bleichmar (2011): «Una práctica sin teoría deja a la gente totalmente desprotegida para pensar». A lo que podríamos añadir: Y una teoría sin práctica nos deja limitados a desconocer si hay verdad o no en la formulación de los planteamientos.

Sin embargo, mantiene mejor acogida la práctica que puede repetirse y envolverse de rutina, que la teoría que siempre se nos ha presentado como algo elevado, complejo, sublime. ¿Será por la idea de que «la práctica hace maestros"? ¿O por miedo a no conocer suficientemente los presupuestos básicos de las teorías en las que pretendemos basarnos? A poco que nos fijemos, hasta los gestos y decisiones más simples, se hacen por alguna razón, se basan en algún pensamiento previo, se apoyan en alguna teoría, aunque ya ni se recuerde cuál es y la práctica haya quedado desgajada de la reflexión, formando parte del mundo del hacer o de la costumbre.

Recuerdo a una alumna de Magisterio que realizaba sus prácticas en mi escuela. Estaba empeñada en que los niños la consideraran su amiga, y para lograrlo les hablaba dulcemente, jugaba con ellos, y no se atrevía a llamarles la atención, aunque estuviera ante un conflicto. En estos casos sufría muchísimo, no entendía que se armaran jaleos entre los niños «con lo bien que los trataba». No tenía en cuenta que al inicio de su socialización los niños se confrontan para conocer y conocerse, que su moral es heterónoma, que la relación educativa es asimétrica y que si el maestro se pone a hacer como si fuera un niño más, deja a los alumnos sin maestro. En su actuar se había basado en razones afectivas y había «olvidado» la teoría que podía haberla ayudado a pensar, analizar e intervenir.

Rebuscando las teorías subyacentes a mi propia práctica como maestra he descubierto que ha habido unos aspectos teóricos aprendidos en mi formación inicial o en posteriores formaciones y lecturas. Otros que provenían de las ideas de pedagogos y maestros que me han influido: Piaget, Freire, Montessori, Freinet, Dewey, Malaguzzi, Lapierre, Vygotsky… También han intervenido cuestiones tomadas de otras disciplinas: Psicología, Arte, Literatura, etc. que han enriquecido mi trabajo. Y motivaciones del «piso de abajo": acontecimientos afectivos, recuerdos escolares, lo que me han enseñado mis alumnos, experiencias relacionales aprendidas en mi recorrido vital, y, claro está, mi propia manera de ser.

Porque todo hace en estas cosas de la teoría y la práctica, sobre todo si trabajan al alimón.

¿Con niños o sin niños?

Últimamente se estila abrir cafeterías, hoteles y restaurantes que venden ser «espacios sin niños». Y también hay otros que ofertan lo contrario, ser «espacios con niños». En el primer caso proponen al público en general pasar el rato relajados y tranquilos sin alborotos infantiles, y en el segundo lo que se ofrece es un lugar acondicionado para que los niños puedan estar jugando atendidos por personal especializado, mientras los padres charlan o se entretienen.

De los sitios que NO admiten niños diré que no me parece natural considerar la tranquilidad algo que excluya la infancia. Para mi entra en el orden de las cosas de la vida. Los bebés unas veces se ríen a carcajadas y otras lloran, los niños pequeños se mueven, juegan y fabulan, es lo suyo. También los adultos tosemos, movemos la silla sin cuidado o hablamos a toda voz sin pensar en si molestamos a los que hay alrededor. Y no encuentro lógico aislar a los miembros más pequeños del grupo humano al que pertenecemos en aras a una tranquilidad que tiene más de evasión que de otra cosa.

Los sitios que SÍ que admiten niños y se ofrecen a vigilarlos y distraerlos, creo que lo que quieren es captar clientes que buscan despreocuparse por un rato de los chiquillos. Esto en principio, se puede comprender, aunque plantea algunos interrogantes: ¿tanto nos saturan nuestros propios niños? ¿por qué se nos hace tan cuesta arriba darles unas pautas y pedirles que las cumplan? ¿qué pretendemos que hagan o dejen de hacer los niños en estas situaciones?

¿les damos alternativas? ¿les llevamos cuentos o juguetes para que jueguen? ¿por qué no logramos establecer alguna forma de repartirnos la tarea entre los padres, la familia o los amigos para que no se nos acumule el cansancio?

Lo que parece claro es que el denominador común es «descansar» de los niños, ya sean propios o ajenos. Así no hay que pedirles que se porten bien, no hay que enseñarles a respetar a las demás personas, no hay que mostrarles cómo tienen que comer, sentarse o comportarse. Y, por supuesto, no hay que reñirles, recordarles las normas, o frenarlos si hiciera falta. Con lo cual ni los padres ni los hijos tienen ocasión de practicar formas adecuadas de comportamiento, así que algunas veces se siguen dando por parte de la chiquillería formas ruidosas que acentúan la imagen de los niños como seres maleducados e incívicos. Hace tanto que hemos ido dejando de intervenir en las cuestiones que antes eran de calle, de todos, tribales, que nos parece impensable cambiar eso. Aunque se puede. Educar es algo complejo y requiere de muchas manos, de muchas voces:

Tradicionalmente, donde había niños había redes sociales. Los niños invitan a la vida comunitaria. El sostenimiento de la crianza vuelve necesario el enjambre familiar. Reunirse en torno del cachorro humano garantizaba la continuidad de gestos culturales transmitidos generacionalmente. El encuentro con los otros facilita de por si la emergencia del juego, el entretenimiento, la diversión, la conversación, el fluir de la palabra y la narración. Es un reto de la vida contemporánea que esos juegos, esos encuentros, sigan sosteniéndose en los intercambios humanos, porque no es sin ellos como los niños pequeños acceden a un psiquismo sano, a la capacidad de vincularse. (López, 2019, p. 114).

Lo que está ocurriendo ahora, lo más reciente, es que los niños se entretienen a base de móviles y tabletas, quedando sin ocupación las personas que iban a encargarse de su cuidado en los lugares con niños que nombraba más arriba. Y nos encontramos con que tanto en esos lugares, como en muchos otros, las que «cuidan» son las pantallas. Un cuidado interesado, claro, pero que resulta cómodo para todo el mundo. Y los niños quedan atrapados y seducidos por la tecnología que enseña, distrae, informa, no interrumpe las conversaciones de los adultos, y deja a los niños quietos y callados. Eso sí, tomando nota de lo que anuncia la propaganda, absorbiendo todo lo que está de moda, convenga o no, recibiendo los mensajes del mundo del placer que refuerzan su momento narcisista, y además, sin cortapisas, críticas, ni censuras por parte de ningún adulto acompañante.

Por eso me ha gustado tanto que Julio, mi profesor de salsa cubana, les propusiera hoy a una pareja de ingleses que vienen a bailar que se trajeran a su nieta de cuatro años a clase en lugar de ausentarse ellos para ocuparse de la niña. —¡No, no falten ustedes!, mejor que venga la niña, que baile y que los vea bailar. «Lo pasaremos muy bien», les ha dicho con toda naturalidad. Ellos han puesto cara de extrañeza, pero se han alegrado. Y yo he estado completamente de acuerdo.

Las tazas negras

En las recientes fiestas navideñas un conocido comercio de nuestra ciudad puso a la venta unas insólitas tazas negras que regalaban insultos.

Lucían la novedad de unos letreros que algunos calificarían de graciosos, desenfadados o modernos, y otros de insolentes, agresivos, o sencillamente estúpidos. Fotografié varios que decían así: Tu vida es una mierda, Nadie te quiere, Has engordado, Mamá, eres una pesada, Ya no eres joven. Pero había muchos más.

Me recordaron aquellas frases desamables que se pusieron de moda hace unos años y que venían a expresar en pocas palabras el menosprecio de unas personas hacia otras: No me cuentes tu vida, Ése no es mi problema, Paso de ti… Me hicieron pensar en el cinismo que contenían, en su sorna cruel, en su personalizada despersonalización. Y hasta me hicieron temer estar ya fuera de onda al indignarme tanto ante los incomprensibles inventos que otros aplauden, o al no verle en absoluto la gracia a este extraño humor actual.

Aunque no todo era «a la pasiva». Mientras hacía las fotos también me dieron ganas de darle un buen empujón al expositor donde se exhibían semejantes engendros.

La verdad es que me preocupa el momento social que atravesamos. Está demasiado lleno de risitas tontas, de superficialidad, de narcisismo, de disimuleo, de proclamar que «todo va bien», aunque nos cueste un verdadero esfuerzo a veces este vivir «en positivo», o este «disfrutar de la vida», que el ambiente nos impone y que nos deseamos unos a otros como un estribillo maravilloso, o un nuevo credo salvador.

Me da miedo la deshumanización que simbolizan estas tazas negras, que supuestamente están hechas con ánimo de divertir, pero que en realidad contienen mensajes para herir o molestar a otros. Y me da miedo que los niños vean estas cosas y se acostumbren a ellas. Como si diera lo mismo regalar un libro o un ramo de flores, que una descalificación o una burla.

Son cosas que se van colando poco a poco en nuestra cotidianidad y en nuestra manera de comunicarnos con los demás, pero que, como vienen camufladas de rabiosa modernidad, nos pasan desapercibidas. Son cosas que dejan ver la ignorancia de otras realidades y que hablan de unas relaciones que se basan más en la broma fácil y ligera que en la escucha y la amistad. Son cosas que nos confunden, nos desprestigian, nos cosifican

Por otro lado, comentaré que hace unos días leí un artículo que me impresionó vivamente. Salía en Aula de Infantil, publicación pedagógica dedicada a la pequeña infancia, y hablaba de las situaciones de pobreza que afectan cada vez a más familias. La maestra que lo escribía, Leire Garatea (2018), hablaba de que su centro está en un barrio desfavorecido y que en una ocasión supo que una de sus alumnas de cuatro años no asistía a la escuela porque no tenía zapatos.

Contaba también que los niños le explicaban que «cuando tienen frío por las noches se meten en la cama de sus padres porque no tienen mantas; que van a casa de la abuela a comer cuando se les acaba la comida; que el día que les dan el cheque de ayuda familiar tienen que ir corriendo a comprar porque la nevera está vacía…». Los maestros de esa escuela hacen provisión de la fruta que sobra del comedor y recogen galletas, o bien de las que traen los alumnos que pueden hacerlo, o bien del Banco de alimentos. Así tienen algo que darles a los que llegan en ayunas por las mañanas.

Hablamos de niños. Hablamos de carencias. Hablamos de realidades que están aquí, al lado nuestro. Tan cerca como las tazas negras de las que veníamos hablando. Es a esto a lo que me refiero cuando hablo de deshumanización y de tontuna generalizada. A este vivir tantas clases de vidas. A este abanico de infancias que se despliega cada mañana al levantarnos y que en unos casos se toma un desayuno completo en la cocina caliente de casa y en otros apenas unas galletas que le facilitan en la escuela. O que en unos casos no tienen zapatos y en otros tienen unas tazas insultantes y absurdas.

Y es que no se puede hablar de la infancia en singular. ¡Hay tantas infancias! Algunas pasan por nuestro lado cada día y ni nos damos cuenta, a pesar de que el contraste entre las infancias con falta y las infancias con sobra es abismal.

Por eso hoy, a cuenta de las tazas, he querido nombrar a los innombrados, para invitar a visualizarlos, para darles un lugar. Aunque sea de papel.

Juguetes que dan juego

Estos días he visitado una preciosa exposición de juguetes antiguos en el Instituto Alicantino de Cultura Juan Gil —Albert: «Juguetes». Un siglo de historia del juguete en Alicante». En ella había triciclos, cocinitas, coches, camiones, yates, tíovivos, muñecas, tanques, peluches, motocicletas, un coche de muñecas, mueblecitos, aviones, helicópteros, una casa de muñecas que tomó de modelo a la Casa Bardín y hasta un magnífico tren que llenaba de color y de pitidos la estancia del primer piso en la que estaba instalado. Los juguetes habían venido de viaje desde Castalla, Ibi, Onil, y Denia, algunos de nuestros pueblos jugueteros, y llegaban acompañados por sus fabricantes, sus diseñadores, sus cuidadores y algunos de sus más fervientes coleccionistas.

Los asistentes íbamos por allí mirándolo todo con la sonrisa puesta en la boca, asombrados, contentos. Recorriendo los diferentes expositores me encontré con imágenes, recuerdos y sueños de mi infancia que fueron capaces de emocionarme sentimentalmente. Y no me pasó a mí sola, las personas que me rodeaban iban verbalizando en un añorante tiempo pasado lo que aquellos juguetes les despertaban y les traían de nuevo a la conciencia:

—Yo me peleaba con mi hermano por coger la máquina de hacer cine.

—Mi abuela le hacía a mi Nenuco los mismos vestidos que a mí.

—Mi hermana le rompió un dedo a la muñeca andadora de los meneos que le daba.

—A mí me gustaba el helicóptero de mi primo, pero no me lo dejaba, «era de chico».

—Me acuerdo que un día soñé que me hice pequeña y vivía en la casita de muñecas.

—Mi tío me regaló una planchita eléctrica que planchaba de verdad.

—Yo tenía pasión por las «Barriguitas», aún tengo 17 coleccionadas.

—Mi hermano tenía un «Biscutter» con pedales color plata.

—¿Os acordáis de los «Juegos Reunidos"?

—Yo jugaba con los soldaditos de plomo de mi abuelo.

—¡La cantidad de horas que habré pasado jugando con los cromos y los recortables!...

Me gustó que se hablara de jugar con el cuidado y respeto que se merece esta actividad tan importante para los niños (y que está en crisis), porque considero que el juego es imprescindible para la salud y el buen desarrollo de un niño pequeño, y que para lograr que sea un jugar sano y placentero, hay que dar a los niños tiempo, libertad y una compañía adulta no excesivamente invasora. El niño ha de notar que no se le ponen demasiadas condiciones para que juegue: que puede elegir el juguete, el lugar y el compañero, que puede repetir, cambiar o inventar interminablemente, que puede imitar a los adultos, dramatizar sus situaciones agradables o conflictivas (para irlas controlando), representar un cuento, crear guiones nuevos... Y que jugando no cuentan ni errores, ni compromisos, porque uno puede probar una y mil veces a hacer algo, y sentirse mago, princesa, caracol, Supermán o mamá, según el rato.

Me gustó no tropezarme en la exposición con Walt Disney, con las adictivas maquinitas de ahora, con las propuestas televisivas, automatizadas, didácticas, violentas… Me gustó ver que los juguetes que se exponían eran de los que no lo hacen todo, de los que se prestan a ser compartidos con otros niños, de los que facilitan la autonomía, el entretenimiento y el placer. Juguetes que se dejan querer.

Coincidí allí con una amiga que me contó que uno de sus juegos favoritos era hacerse casas con habitaciones utilizando las piedras de su patio. Yo le conté que jugaba a escribir en la arena, intentando que el mar no me borrara las palabras, y que me coleccionaba conchas, cristales de colores y otros tesoros, con los que organizaba juegos extendiéndolos encima de la mesa camilla de mi abuela. Acabamos acordándonos de los pétalos de geranio con los que nos adornábamos las uñas, y de las cerezas que nos colgábamos de las orejas como pendientes. Juegos baratos, juegos al aire libre, juguetes que se tomaban prestados a la naturaleza... maneras universales de jugar.

Con esto no quiero decir que haya que desandar lo andado, (además, no se puede), ni que ponerse añorantes o ñoños, sino que no tendríamos que hacer un barrido tan tremendo a los juegos y juguetes de antes, ni una aceptación tan ciega a los de ahora, por mucho que los recomienden la televisión o los grandes almacenes. Pensemos más bien en cada niño, en lo que interesa y conviene a cada cual. Y regalemos juguetes que les permitan divertirse, crear y disfrutar, juguetes de antes o de ahora, juguetes teñidos de nuestros afectos y recuerdos, juguetes que les den juego y que les lleven de la mano a un crecer saludable y alegre.

Precisamente este mes de diciembre los niños de mi clase, que tienen cinco años, no hablan de otra cosa que no sea la Navidad. Comentan los juguetes que «se van a pedir» los que les traerán en su casa o en la de sus abuelos, y si les serán solicitados a Papá Noel o a sus majestades los Reyes Magos. Hay discusiones frecuentes sobre quién llegará antes, sobre si corre más un reno o un camello, sobre qué animal aguanta más peso... También se preguntan dónde viven todos estos personajes, dónde guardan tantos juguetes, quién manda más, y cómo se enteran del comportamiento de los niños durante el año. Dependiendo de qué familiar responda a sus interrogantes, de qué explicaciones les den sus hermanos, de qué vean en la televisión, o de sus propios pensamientos, cada niño se hace una versión del evento magnífico de recibir regalos a montones sin más motivo que ser ellos quienes son, y sin más obligaciones, ni agradecimientos que su respuesta ilusionada, su contento y su excitación ante el misterio, la magia y el secreto que envuelven la llegada de los esperados regalos. Es un momento bonito esta visita de la fantasía a cada casa.

Lo que vengo notando de unos años aquí es que la mayor parte de las veces que mis alumnos me cuentan los juguetes que han pedido, no tengo ni la menor idea de lo que me están hablando. O tienen los nombres en inglés, o se refieren a artefactos cuya diversión no alcanzo a vislumbrar, o peor aún, no les encuentro la gracia, lo mire por donde lo mire. Al principio esa sensación de «extrañeza», me generaba un rechazo importante. Por una parte, sentía pena al considerar que, si no podía entender las preferencias de los niños en los juegos, me alejaría de ellos inevitablemente. Por otra me entraba una rabia tenaz, que me hacía luchar contra los juguetes que me parecía que invitaban a la competición, la pasividad, al individualismo, o a la violencia. A los que potenciaban actitudes sexistas, no daban margen a la creatividad, o eran exageradamente didácticos o mecánicos.

Muchos de estos juguetes surgen de personajes de películas de dibujos animados, que al niño le gustan y le entretienen. Otros son anunciados en la televisión con presentaciones con frecuencia engañosas, con un despliegue de colores y músicas, que producen un gran efecto seductor al que es difícil resistirse. Los hay que obedecen a la política del botón, poniendo a los niños de espectadores y no de sujetos activos de sus juegos, tendiendo a sobreestimular, provocando que los niños deseen cosas por encima de su edad, y creando adicciones tempranas. También hay abundancia de juguetes pensados para convencer a los padres, (deseosos de que sus hijos «prosperen"), de que por un poco más de precio, ese oso blandito le servirá a su niño para aprender, ya que sólo con tocarle la pata, dirá los números, las letras o los colores en castellano y en inglés.

Pero en realidad lo que pasa en que esos juguetes tan «listos» interrumpen el juego imaginativo y natural de los niños, obligándolos a escuchar retahílas, cuando ellos lo que están queriendo a lo mejor es jugar a hacer como si su osito durmiera o diera saltos. O sea, que hay muchos juguetes ahora que descolocan a los niños de las necesidades y los privilegios de su momento infantil y los abocan al consumo, como público potencial que serán en un futuro próximo. Y esto es preocupante.

Sabiendo que lo que se juega en el juego de los niños son asuntos tan importantes como: la gestación de la identidad, el crecimiento de la autoestima, el estreno de la capacidad creadora, la elaboración de los conflictos, el inicio del acercamiento a los demás y la puesta en marcha de los primeros aprendizajes, estaría bien cuidar un poco más la elección de los juguetes que van a ir a parar a sus manos.

Recordemos que hay muchos juguetes que siguen dando juego: la arena de la playa, las piedras, las hojas, el agua, las cacerolas, las telas, las sillas, las cajas, las pinturas, los humildes balones, las muñecas, las bicicletas, los rompecabezas, el parchís...Sin olvidar los buenos cuentos leídos con calma y con cariño en los brazos de mamá, o de papá.

Propongo, pues, que busquemos juguetes sencillos, que inviten a los niños a inventar, a moverse, a probarse a sí mismos, a crear relatos simbólicos, a imitar a los mayores, a compartir con los amigos, a elaborar sus vivencias, a disfrutar y a crecer.

«Nos has dicho una mentira»

Cuando estábamos preparando mi despedida por la jubilación, en mi clase hablamos bastante sobre el futuro inmediato, un tiempo que, literalmente, se nos estaba echando encima. Comentamos qué haría yo cuando no fuera a la escuela, qué harían ellos el curso siguiente, quién sería su maestra, a qué clase asistirían, cómo nos comunicaríamos... Los niños tenían cuatro años entonces, les quedaba un curso para acabar la etapa de Educación infantil, y luego, lógicamente, irían a Primaria.

En ese contexto y, buscando una continuidad con el vínculo conmigo que les hiciera sentirse seguros, les dije que podríamos vernos a menudo, porque yo tenía pensado venir al colegio para saludar a las compañeras:

—Pero cuando ya nos hayamos ido a Primaria no te veremos.

—Pues iré a vuestra clase a veros —les aseguré convencida de que así sería, como había ocurrido otras muchas veces.

Sin embargo, en esta ocasión, las circunstancias y mis múltiples ocupaciones de «jubilada emprendedora», hicieron que no llegara a cumplir mi promesa. Y hace dos semanas, ¡después de un año y medio de jubilación!, me encontré con Laura, una de las alumnas de aquel último grupo del que fui maestra, que me formuló esta contundente queja: «Nos has dicho una mentira. Dijiste que vendrías a vernos a Primaria y no has venido».

Lo dijo como si hubiera sido ayer mismo, así de presente lo tenía. Por un momento me quedé sin palabras. Después me excusé y le aseguré que en breve recibirían mi visita. Me supo muy mal no haber cumplido con mi compromiso, la niña tenía toda la razón. Dos días después, previo aviso a la maestra, mi buena amiga Marisa, acudí a verlos para enmendar mi falta.

Nada más entrar, los saludé uno por uno con mucha ilusión. Hubo abrazos, besos y alegrías sentidas. ¡Los encontré guapísimos! Me presentaron a los niños nuevos que no conocía, me enseñaron su aula y me fueron contando algunos acontecimientos recientes: su participación en un concierto escolar, su última excursión, los carnavales, el concurso que estaban organizando para encontrar palabras derivadas, un rincón que tenían para expresar los sentimientos…

Les dije que había ido a visitarlos porque Laura se había quejado de que yo no había cumplido mi promesa de ir a verlos a Primaria, y les pedí disculpas por haber tardado tanto, además de agradecerle a Laura su claridad al decirme lo que pensaba.

Entonces les conté mis últimos viajes, y nos pusimos a hablar un rato. Supe que Pablo seguía siendo el más alto de la clase, que Sira había vuelto a viajar a Sudamérica, vi que Iker y Daniel no paraban de hablar, que Manuel y Alexandra se mostraban un poco vergonzosos, que Pau estaba melladísimo, que Lola y Sofía seguían siendo amigas íntimas. Eva y Álex me dijeron que eran campeonas de judo, Joaquín, Antonio, Jaume y Aitana me sonreían con expresiones mimosas… Sentí que no estuvieran todos, Siena y Estela no habían ido a clase ese día.

Ver sus caras chispeantes, sus bocas melladas y graciosas, sus trabajos pulidos y cuidados, sus crestas y sus falditas tutú, me fue muy agradable. Charlar con las maestras también. Estaban Marisa, la tutora, e Inma que había entrado a hacer un rato de apoyo. Me enseñaron un vídeo del concierto y algunas fotos en la pizarra digital. Y los niños, que estaban sentados en pequeños grupos, iban añadiendo detalles y matices con bastante orden, mientras me lanzaban miradas coquetas y cómplices.

Noté la buena evolución de la pronunciación en varios de ellos que habían tenido dificultades tiempo atrás, vi que levantaban la mano para pedir la palabra, que estaban muy atentos a la conversación, que hacían caso a lo que se les sugería, que se sentaban con más cuidado y control… Los vi mayores. Qué emocionante.

Me gusta que los niños piensen por sí mismos, que sean decididos y que tengan la suficiente confianza para expresar lo que quieren, ya sea una idea, una opinión, un sentimiento o una crítica.

Me gusta haberme sentido en el punto de mira de sus ojos y haber podido reparar un poco mi inadecuado comportamiento. Pensándolo bien, si Laura me ha criticado por «no cumplir», es señal de que me recuerda, me añora, y desea verme, y eso es algo no sólo bueno, sino buenísimo.

Me gusta pertenecer a una escuela en la que los niños son considerados personas y los maestros también. Con derecho a la palabra, a la queja, al error, a buscar apaño, a la relación, a seguir…

Dicen que hay unos «pájaros del frío» que se pasan los días de invierno dando vueltas y persiguiéndose unos a otros a ras de suelo. Para no helarse del todo, para conservar la vida, para ser y para estar. Los niños hacen algo parecido cuando entra mucho frío en el patio de la escuela. Los ves formando una especie de pequeñas piñas corriendo de un lado a otro, apoyándose, empujándose o paseándose bien abrazados. A mí me gusta verlos con las narices coloradas, con los pelillos al viento, con las manos muy activas y sin dejar de jugar, de charlotear y de ir pegaditos. Lo hacen para lo mismo que los pájaros del frío, para estar y para ser.

Aunque a veces también lo hacen sin tener frío, para ser mirados, para decirnos que algo les pasa, para que notemos que están alterados. Y casi siempre lo consiguen, porque en este sistema educativo de mesas y sillas, de lápiz y papel, hemos ideado una extraña manera de mirar sin ver, de evaluar sin ponernos las gafas y de interpretar que el movimiento siempre es malo y distrae a los niños de sus aprendizajes. De manera que cuando vemos a algún niño inquieto, que tiene dificultades para mantenerse sentado, que todo lo toca, entramos en «modo diagnóstico», y damos la voz de alarma a los padres, al claustro, y al propio niño. Aunque sólo tenga tres o cuatro años, sea de padres nerviosos o viva alguna situación afectiva que le resulte estresante.

El camino habitual entonces es enviarlo a los servicios psicopedagógicos, al pediatra, o a los servicios de salud mental infantil. Ahí empieza un camino de pruebas y cuestionarios, cuya finalidad es demostrar (numéricamente) que el niño se levanta de su silla tantas veces por la mañana y tantas por la tarde, que le cuesta hacer las tareas o que no siempre atiende a las consignas que se le dan. Pero es raro que alguien entre tantos se pregunte: ¿Qué será lo que le pasa a este niño que no para de moverse?

Una vez reunidos los cuestionarios y sumadas las preguntas que recuentan el supuesto descontrol, se dictamina que el niño padece de «hiperactividad», y se aconseja a los padres que le den una medicación que lo ayudará a estar más tranquilo, le permitirá atender en clase y no poner nerviosa a la maestra. Con miras a restablecer la paz familiar y el aprendizaje de sus hijos, los padres suelen aceptar el tratamiento. El fármaco que se les receta es un estimulante, una anfetamina, algo que siempre ha asustado a todo el mundo, pero que ahora está disfrazado de «útil» ignorándose unos efectos secundarios que con toda seguridad tiene.

Quien dice de la hiperactividad, dice de la falta de atención, y de unas cuantas cosas más. Hace unos días me contaba una vecina, con preocupación, que a su hijo de tres años y medio «lo estaban vigilando para ver si tenía TDA», (Trastorno por déficit de atención). El motivo que les habían dado en la escuela era que notaban que se distraía. Les pusieron como ejemplo uno de los despistes de Diego. Por lo visto un día ante la pregunta de su maestra sobre qué cosas le faltaban al coche que le mostraba en una lámina, él primero respondió bien: le faltaban el volante y las ruedas, pero al pedirle que las dibujara y coloreara, «se distrajo» y pintó las ruedas y el capó. Las dudas de la profesora eran: ¿Será una falta de atención problemática? ¿Será que lleva mal hacer lo que se le manda? ¿Será que ha acertado por casualidad la respuesta correcta? ¿Le traerá esto en el futuro problemas de aprendizaje, de concentración, de obediencia a las consignas?

Pero quizás se podría mirar de otras maneras esta «falta de atención». Por un lado, recordemos la edad del niño, es probable que una vez que ha respondido a la pregunta inicial, sienta que ya ha cumplido con la demanda exterior y no considere necesario seguir con la idea de pintar esos elementos que faltan, optando por colorear otra cosa que le resulte más atractiva. No por distracción, sino por decisión. Digamos que es comprensible que prefiera pintar lo que ya está dibujado, o lo que en ese instante le atraiga más. Lo cual no quiere decir que haya que aplaudir esto, pero sí comprenderlo y no adjudicarle desatención al hecho. Entra en el lote de tener esa edad. Por otro lado, pensemos que su reacción es la propia de quien suele colorear lo que ya está dibujado en las fichas o los cuadernillos que se facilitan en la escuela y en casa. Si siempre se les pide a los niños rellenar siluetas dadas, es raro que se lancen de buen grado a dibujar «lo que falta».

Lo que vengo a decir es que, aunque hemos de ser claros y explicar a los padres cómo van sus hijos en la escuela, no hay que alarmarlos a la primera de cambio. Habría que observar al niño en situaciones diversas, esperar un poco, seguir mirando, hacer que otros lo miren contigo, tener en cuenta todos los aspectos de la vida del niño. Es importante cuidar la transmisión a los padres de las dificultades de sus hijos. La angustia de las familias ante estos «diagnósticos» es grande. Cuidado…

El otro lado de la mesa

Hace ya cuarenta y cinco años que cambié mi lugar de alumna por el de maestra. Hasta entonces pisaba la escuela, el instituto o la universidad con pies confiados, correntones, desenvueltos y alegres. Estaba en posición de niña, de escucha, de invitada, de comensal. Estaba preparándome para un oficio que me resultaba familiar, porque yo me crié en una escuela. Con mi madre haciéndome de maestra y con sus alumnos dejándose organizar por mí, en un juego que me hizo coger costumbre y confianza, que me hizo sacar voz y energía, que me generó poco a poco ganas de ponerme al otro lado de la mesa.

Como alumna disfruté de buenos momentos. Escuchando lecturas, averiguando palabras, descubriendo cosas, imaginándome aventuras, preguntando incansablemente, leyendo y escribiendo. Aunque hubo también ratos que no fueron tan buenos. En un colegio de monjas al que fui dos cursos, cuando varias compañeras me inventaron un mote, «La ratita» por mi escaso tamaño y mi vocecilla. En el instituto en las clases de Matemáticas, porque no me manejaba bien en el mundo de los conceptos matemáticos. Y en la universidad cuando me obligaban a memorizar sin alternativa.

En este recorrido como alumna aprendí bastantes cosas sobre el oficio de maestra. De los profesores que me gustaban incorporé sus gestos, la claridad en el trato y en las explicaciones, el afecto hacia los alumnos, la confianza en nuestras capacidades, la escucha a las dudas y los miedos, el acompañamiento a nuestros errores y aciertos, y la pasión que le ponían cada uno de ellos a sus respectivas materias. De los que no me gustaban aprendí a no soportar sus modos, cosa que me ha servido para alejarlos al máximo de mi práctica educativa. Nada de repetir por repetir, de aprender sin comprender, de hacer tareas sin verles el sentido, de ignorar a los alumnos, de no apoyarlos, ni valorarlos en su ser genuino. Nada de no estimar mi trabajo.

Por eso el día en que pisé por primera vez una escuela en calidad de maestra, lo que más quería y necesitaba era hacer mi síntesis particular, mi modelo, mi estilo. Por un lado estaban las imágenes de mi madre, de las monjas y demás profesores que había conocido. Por otro los maestros de los que me habían hablado en la carrera y que me habían generado admiración: Makarenko, Pestalocci, Montessori, Freinet, Freire, Décroly, Piaget, Don Milani... Y por otra estaba yo, con mis diecinueve años, mis sueños, mis planes, mis ilusionantes ideas y mi deseo imperioso de encontrarme con los niños.

Así llegué a mi primera escuela, a mi primer día y a mi primer año. Empecé a trabajar en una unitaria con cuarenta y ocho niños y niñas de seis a catorce años. No me alarmó el número, ni la tarea. Organicé la clase con varias pizarras en las que había planes de trabajo para pequeños, medianos y mayores. En el horario había tiempo y hueco para todos. Había orden, buen ambiente, alegría. Los niños aprendían y estaban contentos, sus padres también. Yo acababa la jornada cansada, pero satisfecha.

Todo fue marchando bien durante las primeras semanas, hasta que la directora decidió un día ver como le iba el negocio. Y ahí se produjo una situación que me supuso una auténtica rotura porque no le gustaron mis maneras, no le gustó que los niños jugaran, cantaran y trabajaran según las pizarras y los acuerdos. Ella quería que hicieran copiado, cuentas, caligrafía, y dictado, que leyeran en voz alta y que memorizaran los libros. Así que me dio una reprimenda delante de mis alumnos y se fue dejándome con las piernas temblonas y la cara colorada como un pimiento morrón. Aún puedo rememorar el desgarro que sentí ante su dura desvalorización, así como mis sensaciones de desconsuelo, desilusión, desorientación y pena.

Al día siguiente empecé el «nuevo» sistema, pero estaba tan triste que hasta se me quitaron las ganas de ir a trabajar. Una mañana los niños me pidieron que llenara las pizarras con «nuestras cosas» porque lo que estaban haciendo no les gustaba. Me puse muy nerviosa ante su demanda (yo era muy joven y aún no sabía luchar), pero los niños insistieron y me ayudaron a decidir, así que volvimos a nuestros modos habituales. Y el día en que volvió a entrar la directora, vi que los mayores empezaron a sacar las caligrafías, y que los demás se unieron a su gesto.

Cuando se fue, me saltaron las lágrimas de pura emoción. No sé quién ideó ese plan, ni cómo pudo llegar a pasar, pero pasó. Y yo supe que podíamos seguir aprendiendo juntos. Y que los niños notan, y sienten, y saben. Así que, a pesar y gracias a este empezar acalorado y rompiente, aprendí a defender mis deseos, y me reafirmé en mi elección de vivir con los niños mi recorrido de maestrica. Y en eso estoy y estaré hasta el próximo verano en que acabaré mi travesía desde el otro lado de la mesa. A ver cómo se me da el tránsito.

Volare

Ha sido viendo una película sobre la escuela de Barbiana, en la que salía como música de fondo la canción de Volare, cuando se me ha desencadenado el sentimiento que me embarga ahora. En forma de calor, de lágrimas y de palabras al borbotón, como siempre me pasa. Lo que ha brotado esta vez es una mezcla de admiración y de añoranza. Una suerte de recuerdo impalpable que me trae sensaciones calladas, sensaciones de hace ya mucho tiempo. De cuando olía el mar siendo niña. De cuando les ponía imagen o color a las palabras, a los sueños, a los números, a la gente de los cuentos. De cuando confeccionaba collares de estrellitas de sopa y lazos de papel de seda. De cuando hacía de maestra con todas las fuerzas y las ilusiones que podía recopilar.

Y es que Volare para mí es una especie de símbolo. Es como una actitud llena de vida, de fuerza, de energía, de trabajo, de pasión. Así que se me ha abierto la espita de los quereres y noto que no voy a poder resistirme a contar lo que llevo ya un tiempo pensando en voz muy baja y que viene a ser una sentida admiración hacia los niños con los que he convivido durante tantos años: los alumnos de mi clase con sus cuatro o cinco flamantes años y sus veintitantas flamantes personalidades en plena expansión y relucir venturoso.

Uno por uno dando saltos, pasos y algún que otro retroceso en su recorrido sentimental. Uno por uno subiendo los escalones de la curiosidad y del descubrimiento. Uno por uno encontrándose con los otros desde su universo familiar protector. Recuerdo a Ana, que se escondía en el armario para atreverse desde allí a cantar con su amiga Nina, a voz en grito y hacerse oír al menos, ya que dejarse ver, le costaba bastante más trabajo. A Esther, que miraba amorosamente a su novio Edu y le regalaba los piñones que se encontraba en el patio. A Daniel que no había aprendido aún a masticar y quería tragarse los bocados enteros. A Óscar, que le decía a Ignacio que no le besara en la oreja, porque no podía oír el cuento. A Saúl, que les explicaba a Luis y a Gustavo que «las chicas tienen unas mollitas muy ricas por todas partes"…

Era realmente asombroso constatar las diferencias. Cada cual con su historia, sus gustos, sus afectos, y sus particularísimas maneras de mostrarlos, de pensarlos, de contarlos. Maneras que a mí me gustaba ver por la simple alegría de ser testigo de que «la vida sigue» con sus golpes de sorpresa o de cotidianidad. Por eso me gusta que aparezcan aquí las voces de esta pequeña infancia con la que he compartido mi tiempo, mi afecto y mi trabajo, y a partir de ellas, quisiera hacer un pequeño canto a los días de cada día en la escuela. Un homenaje sentido a los acontecimientos que nos atraviesan sin cesar, a las bondades y las dificultades que nos pasan a la gente, a los instantes que nos llenan el tiempo y que configuran, sencillamente, la vida. Y es que, aunque he tardado años en reconocerlo, ahora siento que realmente se puede vivir porque existen las cosas corrientes: las casas, el pan, las naranjas, la ropa para planchar… Sin estas pequeñas ocupaciones que forman los renglones de las grandes palabras, no habría grandes palabras. No habría apenas nada sin la cotidianidad.

Y como el curso escolar empezará dentro de poco, quiero expresar mis buenos deseos para que el día a día de esta nueva andadura sea venturoso y amable:

Ojalá cada maestro logre hacer una escuela donde haya escucha, afecto, miramiento y vínculo. Una escuela en la que los niños puedan estar tranquilos y crecer viviendo minuto a minuto, con ilusión, con placer y sin aceleramientos. Una escuela en la que puedan mirar con holgura los objetos cotidianos, el reflejo del sol en la ventana y las cosas bonitas. Una escuela en la que los niños y las niñas puedan moverse, jugar, conocer, tocarlo y chuparlo todo con el permiso y la complacencia de los adultos al cargo. Una escuela en la que se sientan mirados, cuidados, queridos y acompañados a lo largo de todo el día. En la que puedan notar que hablamos de ellos, que los soñamos, los observamos, los esperamos, los sabemos únicos.

Una escuela en la que se consideren tan importantes los juegos como los aprendizajes, los libros como la naturaleza, las palabras como las caricias, los sentimientos como las reflexiones, los vínculos como las soledades, la autonomía como la dependencia. En la que los móviles estén apagados y las pantallas no suplanten el encuentro entre las personas. Una escuela en la que las familias y los maestros se pongan de acuerdo para criar a los niños con respeto y coherencia. Una escuela en la que la suciedad y el ruido convivan con la higiene y la música, el movimiento y la exploración se den la mano con los poemas y los cuentos y los conflictos y las cabezonerías caminen junto a los besos y las amistades a estrenar.

Una escuela que crezca con los niños y que aprenda de su historia, de sus agujeros, de sus deseos y de sus sueños.

El ajuar de la maestra

Hace unos meses mi amiga Virginia me contó que tenía una serie de cosas que iban con ella a todas las escuelas por las que había pasado a lo largo de los años. Se trataba de cosas cuidadas, reunidas poco a poco, hermosas, útiles. Ella llamaba cariñosamente al conjunto: «el ajuar de la maestra». Una era una pizarra en forma de tríptico que usaba de mil maneras, otra una preciosa colcha de bolillos, cacharros de cerámica para la cocinita, muñecas de trapo, cunas de madera, también había un lebrillo para hacer pan, bolsitas de té y tazas para tomar infusiones en las entrevistas de padres. Y bastantes cosas más. Me imagino lo agradables que resultarán sus clases vestidas con todas estas lindezas. Y el ambiente que se creará a partir de estos elementos de juego, relación y placer.

Por otra parte, esta semana me ha llegado por correo un regalo, un libro entrañable que se llama: «Con cuentos he remado» (Abeyà, 2020) y ha sido escrito por otra buena amiga: Elisabet Abeyá, maestra y escritora. En su texto habla de muchas cosas interesantes, entre las que nombra, (¡menuda coincidencia!), a «los objetos que nos acompañan a las maestras» valorándolos encarecidamente y definiéndolos de un modo parecido a como lo hacía Virginia. O sea, como objetos ayudantes, amables y atractivos.

Elisabet cuenta que algunos de los objetos que usaba para contar cuentos, eran: los primeros zapatos de sus hijos, dos botellitas de cristal que utilizaba para contar el cuento de «Los dos gemelos» un espejo pequeño, un peine de madera, un gorro verde, una rama de romero… Mientras las escuchaba a ellas pensaba en mi propio ajuar como maestra, tan copioso y sentido como el suyo, aunque muy diferente en su contenido, como diferentes somos cada una de nosotras.

El diccionario nos dice que el ajuar es «el conjunto de ropas, muebles, alhajas, etc. que aporta la mujer al casarse». Pues bien, el ajuar de la maestra vendría a cumplir el papel de pertrecharse de cosas eficaces, seguras y fieles. Sería como ponerse un abrigo forrado de recursos para facilitarnos el día a día en la escuela, como impregnar el ambiente con nuestro perfume, particularizarlo, rociarlo de afecto.

Lo que está claro es que según sea el maestro o la maestra, el ajuar será diferente. Y es que los elementos que utilizamos los maestros dicen mucho de nosotros mismos, de nuestro estilo, de nuestra línea educativa, de nuestra formación y nuestras experiencias. Habrá quien llene su ajuar de elementos naturales, de libros, de juegos, de música. Habrá quien solo considere imprescindible su ordenador. Habrá ajuares minimalistas y ajuares barrocos. Ajuares didácticos y ajuares artísticos. Pero me cuesta trabajo creer que haya algún maestro en el mundo que entre a su clase sin nada en las manos, sin algún presente personal para compartir con los niños.

En mi caso, hablaré de un ajuar variado, colorista y abundante, porque yo necesito tener a la vista cosas bellas para invitar a los niños a apreciarlas. Necesito disponer de materiales poco estructurados para pedir a los niños a que los jueguen y los pongan en orden: piedras, caracolas, maderas… Necesito rodearme de recuerdos para poderlos contar, de músicas para bailar, de libros para leer. Con el tiempo mi colección de objetos acompañantes, ha ido creciendo, así que tengo un ajuar tan grande que cuesta de guardar, pero es disfrutable y hermoso, y transforma mi aula en un lugar habitable, segurizador, bonito, a la vez que sorprendente y aventurero.

En mi ajuar, además de lo ya comentado, hay cosas que siento como necesarias, pero que pertenecen más al terreno de lo simbólico, de lo afectivo, de los recuerdos. Una de ellas es una pequeña manta de cuadraditos de lana de colores que trajo David y que había sido tejida por su abuela. La utilizábamos para envolver el cuento que leíamos cada semana «para que no se enfriase». Otra cosa es la oreja verde que me enviaron desde el Museo de Van Gogh, Javier y Ange. Esta oreja me sirve para explicar a los niños que quiero escucharlos, que me interesa lo que tengan que contarme. Otro es una falda larga llena de bolsillos en los que meto palabras con las que me invento historias.

En mi ajuar hay muchas cosas más, pero están repartidas por mi casa, porque forman parte de mi vida. En realidad, cuando empieza el curso mi «ajuar base», está dispuesto y expuesto en el aula para uso y disfrute de los niños que van a habitarla. Pero después, si las conversaciones o las curiosidades lo requieren, irán visitándonos otros objetos de mi ajuar personal, que aportarán a los niños nuevos saberes sobre los asuntos en que están interesados, con la fuerza de mi implicación personal inevitable y con el feliz añadido que ellos le ponen y que a mi me encanta: «Cuidado, que no se estropee esto, que es de su casa».

Y es que los ajuares de las maestras son un cobijo, no solo para ellas, sino para el grupo en su conjunto. Son como una piel que recubre los vínculos que se crean entre los niños y ellas, como un vestido caliente para los momentos entrañables, como un lazo para las relaciones, como un aperitivo para el saber y como un despertador para las fantasías.

¡Qué suerte haber tenido tan buen ajuar!

Practicando en la escuela infantil

En una ocasión, hace varios años ya, paseaba por el patio de mi escuela acompañada por una alumna que hacía sus prácticas formativas aquí. Mirábamos a los niños jugar relajadamente y hablábamos de los diversos acontecimientos cotidianos en el aula y en el comedor. De tanto en tanto algunos niños se acercaban para explicar sus juegos, enseñar sus inventos o quejarse de algún pequeño conflicto con los compañeros. Yo los iba escuchando y les decía lo que pensaba en cada caso, intentando hacerlo brevemente y con claridad para no interrumpir demasiado su tiempo de juego libre.

La chica escuchaba atentamente los diálogos que mantenía con los niños, queriendo captar todo lo que pasaba, a veces hasta tomaba notas. Y a mi me parecía bien que lo hiciera, era su cometido como persona que quiere aprender un oficio: observar, reflexionar, acudir a sus saberes teóricos y a sus experiencias prácticas, dudar, criticar, preguntar, probar…

En un determinado momento un niño se acercó con la intención de decirme algo, pero no llegué a escucharlo, sino que lo giré y le di un suave empujoncito remitiéndolo de nuevo hacia el patio, el juego y los amigos. No mediaron palabras, ni del niño, ni mías. Sólo el gesto con el que lo alejaba de mi.

Entonces vi que la cara de la alumna empezó a oscilar entre expresiones de asombro, extrañeza, duda, y abierta desaprobación después. El caso es que se puso muy seria, enrojeció, dejó de hablar y se dedicó a escribir en su cuaderno de notas todo aquello que le generaba un malestar cada vez más notorio. Intuyendo su desacuerdo, le pregunté por qué pensaba ella que no había atendido la demanda del niño y me dijo, con vergüenza y nerviosismo, que debía ser «porque me caía mal":

—¿Y no podría ser por alguna otra razón?, insistí.

—No, porque a todos los has escuchado menos a él.

—¿Y crees que a estas alturas yo me dejaría llevar tan tranquilamente por un sentimiento negativo hacia el niño sin intentar controlarlo? Y además delante de ti…

No supe qué decir y se azaró bastante. Así que le expliqué algo obvio y que está implícito en nuestro trabajo de maestros, aunque no se comente tanto como otras cosas. Le conté que cada niño tiene una historia, unas características, unos puntos exitosos y otros no tan buenos. Y que por eso no se puede interaccionar con ellos de una manera estandarizada, sino que cada cual requiere una forma particular. Y eso dice mucho de la escucha, de la atención personalizada, de la diversidad, de los vínculos, del seguimiento y de la demanda al cambio que hace el maestro a cada uno de los niños y niñas.

Ese niño en concreto, le dije, proviene de una familia en la que él es y será el primero (y el único) hijo, nieto, sobrino… De modo que desde que nació ha gozado de muchos privilegios y atenciones, hasta el punto de que cuando abría la boca, los demás se callaban para escuchar lo que tuviera a bien decir. Y así ha seguido siendo, de modo que su autoestima ha crecido muchísimo y él se ha afincado en ese papel central, exigiendo algo parecido de cualquier persona que esté a su lado. Pide y exige que se le escuche aunque lleve ya un rato hablando, aunque esté hablando otro, aunque sea la hora del cuento, aunque se esté hablando de otro tema, etc. Lo cual le sitúa en un papel bastante prepotente y le provoca conflictos con los demás, cosa que hay que ayudarle a regular poco a poco.

Hemos hablado sobre esto ya muchas veces, él y yo, con el grupo en clase y con sus padres. De hecho, todo el núcleo familiar está haciendo el esfuerzo de frenarlo cuando habla sin tomarse un respiro o cuando arrolla el hablar de otros, intentando hacerle entender que ha de respetar la palabra y el tiempo de los demás, pero le cuesta. Dejar un sitio de privilegio no es fácil. Sin embargo, está claro que le conviene situarse en un lugar más real, más repartido, menos centralizado.

Cuando me mira a mi, sonríe seductoramente y empieza a regalarme sus mil y un comentarios. Es su costumbre y como siente que lo que sale de él es algo bueno, lo hace de una manera casi automática. Pero entonces yo he de resituarlo en su tarea de buscar la descentración y el control de sus palabras. De ahí venía mi aparente «no-escucha», en esa intervención que tanto te ha extrañado. ¿Le ves sentido a todo esto que te cuento? ¿Qué piensas?

—Sí, lo entiendo. Creía que los niños, solo por tener cinco años, son todos prácticamente iguales, pero no es así. Cada uno es diferente y requiere una intervención distinta. Ser maestra no es nada sencillo. Tengo mucho que aprender.

Las tareas de un maestro

Últimamente se habla mucho de nosotros, los maestros. Que si tenemos que gozar del rango de autoridad pública. Que si hemos de enseñar mucho, pero no adoctrinar. Que si tenemos que ser inclusivos. Que si hemos de sensibilizar a los niños y las niñas sobre la igualdad de género. Que si tenemos que recomendarles mesura en el uso de las pantallas y precaución en las redes sociales. Que si hemos de concienciarles sobre el cambio climático, el cuidado de la Naturaleza, el reciclaje, los valores, la gestión de las emociones, la educación vial, etc etc.

Desde el ámbito de las instituciones educativas, se nos pide también que nos formemos, que seamos innovadores y creativos, que sepamos manejar nuestros grupos —clase, que enseñemos a los niños a respetar los valores y las normas, que atendamos al alumnado con dificultades integrado en las aulas, que trabajemos en equipo, que tengamos buena relación con las familias, que introduzcamos a los niños en el mundo de la cultura, que sepamos inglés y valenciano, y, claro está, que cumplamos con nuestra principal responsabilidad, que es hacer que los niños dominen el currículum marcado para cada edad por la Ley de Educación.

Parece que cualquier cosa que la sociedad considera preventiva o imprescindible para la educación de los niños, nos es encomendada a los maestros, aunque se trate de tareas y responsabilidades que en realidad corresponderían a muchas más personas, empezando por las familias y siguiendo por los amigos, vecinos, médicos, políticos, y ciudadanía en general. Parece que se ha olvidado que educar no es tema exclusivo de las escuelas ni de los maestros, sino que es cosa de todos.

Considero que cada vez es más preciso que los maestros y las maestras nos posicionemos en nuestro lugar y nos atrevamos a decir que no a las demandas excesivas de parte de la sociedad. Hace falta que la profesión docente recupere el sitio de consideración que le corresponde, un lugar de respeto por enseñar y educar a los niños y las niñas de todos, que ya es bastante.

Nuestro trabajo incluye ya de por si demasiadas cosas, algunas de las cuales no siempre se ven a simple vista y quisiera hoy nombrar aquí, porque la tarea de un maestro no es exclusivamente técnica, sino que tiene mucho de afectivo, de humano y va a requerir una sensibilidad especial para con la infancia y sus familias, una formación rigurosa y un desprendimiento que nos haga estar disponibles para atender a los niños no sólo en los aprendizajes, sino en los temas emocionales, de relación y de personalidad. O sea, que por un lado está la instrucción, pero por otro están: la escucha, el acompañamiento, la guía y el esfuerzo implicado de cara a que los pequeños se hagan buenas personas.

Hemos de ser maestros que miren y escuchen a sus alumnos. Que se preocupen por ellos y les acompañen en sus particulares recorridos. Que les inviten a investigar, a expresar su sentir, a relacionarse y a aprender a manos llenas. Que valoren sus diferencias como signos de identidad. Que promuevan en ellos actitudes críticas, divergentes, creativas, nuevas. Hemos de animarlos a que se expresen, a que piensen, sueñen, inventen, ofreciendo a cada cual no sólo el saber, sino un auténtico reconocimiento como personas.

Además, habría que considerar el trabajo de alfabetizar sentimentalmente a los niños tanto en casa, como en la escuela, de tal modo que vayan entendiendo qué sentimientos les conmueven, qué es lo que sienten los demás, cómo manejar los conflictos, cómo tolerar las frustraciones, etc. Y ofreciendo una intervención lo más clara y coherente posible con cada niño y con el grupo-clase.

Otra de las cosas más significativas y desconocidas de nuestro quehacer es el poner palabras a lo que va ocurriendo, ofrecer un hilo conductor a las relaciones y a los acontecimientos cotidianos, armar un relato que sirva de memoria colectiva y de cimiento individual a los miembros del grupo. Un relato en el que la pertenencia particular se engarce con las pertenencias de los otros para formar una trama flexible, cohesionada, vital y amable. Un relato que dé sentido a lo que va sucediendo, porque buscar el sentido y ayudar a los niños a que lo encuentren será fundamental para que aprendan a seguir las pistas que nos deja la significación a nivel interno, reconocer que nos hacemos personas partiendo de lo que sentimos: sensaciones, sentimientos, emociones, deseos, curiosidades, afectos. Y todo ello yendo hacia lo que nos rodea para envolverlo en un sentido que nos haga entenderlo, integrarlo, identificarnos con ello, o rechazarlo.

A mí me parece urgente que la escuela sea vista, sentida y considerada como el lugar de encuentro y aprendizaje que es. Hemos de hacer saber a la sociedad el valor de nuestro oficio, las responsabilidades que conlleva y el esfuerzo de estar en la escuela sabiendo que cada momento puede ser relevante para los niños que tenemos como alumnos.

Porque importante será que aprendan a sumar, a reconocer lo que es un verbo o a utilizar el ordenador, pero más importante aún será que aprendan a saber cómo son, qué sienten y de qué modo pueden relacionarse apacible y placenteramente con los demás.

La «contentación»

El mes pasado me invitaron a visitar una escuela infantil alicantina en la que dos creativas maestras y sus correspondientes grupos de niños y niñas, habían logrado conformar un ambiente bañado en una maravillosa onda poética, que a mí me hacía ilusión conocer y contemplar.

Por lo visto, habían estado leyendo, ilustrando y bailoteando al son de unos versos que les habían hecho disfrutar. Y resultó que esos poemas formaban parte de un poemario de mi autoría: «La hormiguita colorá». De ahí que las maestras hubieran pensado en abrirme las puertas de su centro para que los niños conocieran de primera mano a la persona que había creado las poesías musicales y tiernas que tanto les gustaban.

Cuando llegué a la escuela (La Almadraba), me vi envuelta por multitud de manos y de sonrisas. Algunos niños me abrazaban directamente, otros me hablaban y todos me miraban con gran curiosidad. Enseguida nos fuimos al salón dónde se celebraría el encuentro y nos sentamos formando un círculo que, como un nido cobijador, contenía las emociones de todos los presentes ante el esperado momento.

Ruth y Bea, las poéticas maestricas, con gran delicadeza y entusiasmo, dijeron apenas unas brevísimas palabras introductorias y animaron a los niños a preguntarme lo que quisieran saber de mis versos o de mí.

«¿Cuántos años tienes?» fue la primera pregunta, que me sugirió explicarles que yo hace tiempo fui una niña a la que le gustaban las palabras. Las iba coleccionando en una caja blanca con flores rosas. Las tomaba prestadas de las conversaciones de la gente, de los cuentos que me contaba mi madre, de las canciones que me cantaba mi padre o de las poesías que me leía mi abuelo. Después, fui una chica que juntaba esas palabras y con ellas inventaba poesías y cuentos. Luego fui una madre que contaba historias a mis hijos y ahora soy una abuela que les cuenta relatos a los nietos. También fui maestra y en mis clases siempre relucían los destellos poéticos y narrativos.

«Pero ¿cómo te inventas tantas poesías y tan bonitas?», me preguntaron después. Aquí les dije que a mí me nacían los versos cuando algo me emocionaba, porque las poesías se hacen con el lenguaje del sentir. Cuando te pones alegre, triste, tranquilo, asustado, emocionado… Cuando has visto algo bello, cuando tienes ganas de estar con alguien, cuando te pones a soñar y a imaginar, o cuando quieres regalar un recuerdo que simbolice tu cariño.

—Mi poesía preferida es la de «El conejito Vicente» —me dijo un niño con la cara muy alegre—. ¿Te la digo?.

—A mí la que más me gusta es «El pájaro fresa».

—A mí me encanta la de «El leoncito».

—A mí lo que me gusta es pintarlas con acuarelas.

Los niños me recitaron varias poesías y yo también les dediqué unas cuantas, que ellos me ayudaron a representar como en un teatrillo. La de «Zu zu zu» les gustó mucho y me lo hicieron saber enseguida. La de «El niño pequeño que se perdió en un sueño» también les gustó. Y a mí me gustó que les gustarán. El círculo afectivo se ensanchaba, se mecía, se ahondaba.

> Érase una vez un niño pequeño que se perdió en un sueño
> Corría, corría y nada veía
> Miraba, miraba y a nadie encontraba
> Andaba, andaba y el camino nunca se acababa.
> Perdido lloró y se despertó
> Llegó su mamá … ¡y encontrado está!

Entonces les pregunté qué sentían cuando escuchaban o decían mis poemas.

—Yo me siento bien.

—Yo, feliz.

—Yo siento emoción.

—Yo, felicidad.

—Yo siento «contentación» —dijo Sara, una niña menudita y vivaracha con los ojos chispeantes de alegría.

Menudo vuelco me dio a mí al oír esta palabra tan nueva. Recién nacida para esta precisa ocasión, recién estrenada para nombrar el sentimiento de serenidad e ilusión que habían producido mis pobres y humildes versos. Recién peinada como el flequillo de la nena que acababa de inventarla.

En el rato que estuvimos juntos, nos dio tiempo a hablar de la rima y del proceso poético en el que estaban inmersos. Las maestras me contaron que anotaban los pareados que habían empezado a hacer los niños y que, al iniciar esta andadura, eran pocos los versos que salían. Pero que ahora, pasados unos meses, no paraban de crear sus propios poemas, como me demostraron varios recitando sus creaciones más recientes.

Para ampliar su repertorio les gasté una broma en verso que les hizo reír:

—¡Dame la caja!

—¿Qué caja?

—La que sube y baja

Partiendo de ahí, les aclaré que las poesías podían servir para muchas cosas: para divertirnos, para bromear, para pasarlo bien, para felicitar… Lo cierto es que hicimos un buen desmontaje de la poesía considerada como algo sublime y lejano, y me alegré de colaborar en esa desmitificación.

Esta entrañable visita me reafirmó en la necesidad de habitar una cultura arraigada en la relación, el sentimiento y la vida. Y me confirmó en la idea de que hay que bañar en poesía a los niños desde el primer momento para que se apropien de ella, para que la jueguen y la disfruten, para que se sientan dueños de la posibilidad de crear, para que comprendan en vida propia que el sentir tiene un lenguaje que está muy a la mano, que da placer y, sobre todo, que produce … «contentación».

¿Están raptando los móviles a nuestros niños?

El otro día estuve charlando con mi amiga Chabela, de Montevideo, maestra como yo. Dialogamos sobre los currículos educativos tan cargados de exigencia en todas partes, sobre el tirón creciente hacia la tecnología, sobre las metodologías que siguen las modas del momento, sobre las pantallas que nos invaden. De ahí pasamos a un plano más personal y nos pusimos a comentar el uso excesivo que les daban nuestros nietos adolescentes a los móviles, que no nos tenía demasiado contentas.

Hablamos de la utilización desmedida de estas máquinas, de la adicción que provocan a pequeños y mayores, y de la sensación de impotencia que compartimos ante la enorme seducción que generan. Y acabamos coincidiendo en que parece que estos artefactos se hayan colado sorpresivamente en nuestras casas y hayan raptado a nuestros niños, que ni nos hablan, ni nos escuchan, ni nos miran cuando están móvil en ristre.

Sin ir más lejos, a mi nieto pequeño le dieron el móvil a los once años, con el pretexto de que el aparatito facilitaría conocer su ubicación y mantener la comunicación con él en todo momento. Como si para comunicarnos las personas o para saber dónde estamos, necesitáramos un artilugio, o como si pudiera uno estar disponible siempre. Pero los que venden móviles saben dónde tocar, y han logrado convencer a muchos padres de que, si sus hijos tienen móvil, tendrán seguridad y estarán controlados.

Algo así como si tuvieran al hijo amarrado por un fantástico hilo protector que no lo soltará jamás. De modo que se venden móviles para niños y preadolescentes, valiéndose del deseo de las familias de proteger a sus hijos de este loco mundo. Se persuade a los padres de que el móvil les va a contar dónde paran sus hijos, que va a ayudar a los chicos a «encontrar su casa» si les pasa algo, además de que va a acompañarlos como lo haría un hermano mayor, o un buen amigo.

Pero no es así. Esta ilusión de comunicación y control que nos plantean como algo excelente, no solo tiene detrás unos intereses muy definidos, sino que tiene los pies de barro. Pensemos lo que suele ocurrir si el niño o la niña no quiere comunicarse o ser encontrado. Sencillamente, se desconecta, «desaparece», y lo que fluye es toda una sarta de excusas que huelen a mentira hasta de lejos: «Te hemos llamado, ¿por qué no nos has cogido el móvil?», preguntan los padres. «Me lo dejé en casa de mi amiga», «me quedé sin batería», «no tenía datos», «no había cobertura».

Un segundo argumento a favor de los móviles que satisface mucho a las familias es que, con estos aparatos, los niños pueden estudiar, informarse, preparar trabajos e investigar. Es decir, aprender, cultivarse. Lo cierto es que se asombrarían al ver los sitios que visitan sus hijos en esas supuestas investigaciones, que más bien son «correrías digitales». Desde luego, casi nunca juegan al ajedrez, o a las damas. Y es rarísima la ocasión en que se ponen a estudiar en comandita.

Más bien se dedican a practicar juegos de competición, (con frecuencia violentos o asaltadores de normas), a comprar aplicaciones, a apostar dinero. También hay inicios de visualizar pornografía, (¡desde los 8 años!), de grabar insultos y peleas para difundirlos en las redes. E incluso se da aquello de inventar bulos contra otros y hacerlos circular, aun siendo conscientes de que son mentira y pueden hacer sufrir a alguien. Primero lo hacen por puro entretenimiento o por presumir de atrevidos, luego porque quedan atrapados en ese poderío semi-anónimo, en el que parece que cualquiera puede señalar, atacar o difamar, como si los demás fueran cosas y no sintieran las consecuencias de estos actos. Actúan sin pensar, envalentonados por la moda, o «porque lo hacen todos», y también, por el secreto que acompaña estas prácticas, en las que cuando los adultos se enteran, ya ha pasado lo que tenía que pasar.

Desgraciadamente, de ahí pueden ir a mayores. Es cuando suplantan la personalidad de otra persona, o graban luchas y escenas más o menos íntimas de otros, lo que les acentúa la sensación de omnipotencia y les hace sentirse creativos, divertidos y potentes. Aunque, al mismo tiempo, se sientan inseguros y desconfiados, porque temen que les hagan a ellos cosas parecidas, entrando en una manera de estar medio falsa que aparenta fuerza, pero lo que trae es fragilidad, alteración y miedo.

Mantener contacto con los amigos «sin tener que salir de casa por la noche», es otro de los argumentos que se utilizan y llegan bien a las familias. Lo que no se dice es con qué «amigos» se va a reunir *online* el niño o la niña, ni qué edad tienen, o con qué fin se reúnen. Si los padres mirasen los juegos en los que pasan el tiempo sus hijos, se asombrarían y se asustarían, porque verían: competición, engaños, insultos, violencia, propuestas continuas de consumo, iniciación sexual temprana…

Además, el estado de sobreestimulación por la excitación visual y auditiva en las que se sumergen los niños con el móvil, suele ser grande y esto los altera, los lleva a mirar el móvil sin parar, a poner *whatsapps* febrilmente, a enviar fotos, ver vídeos y escuchar *youtubers* sin descanso. Y al cabo de un tiempo, (no demasiado largo), ya no ven atractivo nada que no pase por el móvil.

Pierden la noción de los horarios, no se acuestan a la hora, duermen poco, estudian a los mínimos, caminan absortos contemplando el móvil por la casa, por las calles y por todas partes. No hablan de las cosas que siempre han hablado, no les ven sentido a las normas habituales de convivencia, se entretienen en armar burlas y persecuciones, que son cacareadas a través de las redes, y que algunos niños no soportan, poniendo en duda, a veces, hasta su deseo de vivir.

Es como si cada cual tuviera en la mano un arma, una manera de sentirse más fuerte y listo que los demás, de permitirse hacer lo que quiera en todo momento, de no tener que acatar la ley, de desconectarse, o de sentirse acompañado por unos supuestos otros que habitan en el móvil, como un nutrido ejército de amigos invisibles, dispuestos a seguir al líder, sin tener en cuenta muchas veces ni obligaciones, ni cuidados, ni respeto.

Y los niños empiezan a girar en la órbita de los móviles y a abandonar radicalmente otras órbitas más tranquilas, más procesales, más socializadoras, más humanas: la familia, los amigos, los libros, las bromas, los juegos de mesa, las excursiones, ver una película con los compañeros... Total, que, en vez de que el móvil ayude a encontrar el camino, como se prometía, les ayuda a perderlo, y se meten precozmente en la selva del consumo, del poder, del desorden, de la crueldad o del aislamiento.

Intentando entender la magnitud con la que se han arraigado los móviles en nuestra sociedad, podríamos pensar en su efecto calmante y consolador ante unas perspectivas de vida inciertas en las que no están claras las seguridades básicas que las personas necesitamos: ni la casa, ni el trabajo, ni la salud, ni el futuro. Todo queda atravesado por la incertidumbre, las dificultades económicas, los peligros de las enfermedades, las guerras, el cambio climático…

También hay otro efecto que proporcionan los móviles: una fuerte sensación de libertad. Se mira lo que uno quiere, se pone y se quita a voluntad, se usa el tiempo que cada cual desea, se da paso o no a la comunicación, se escuchan las músicas preferidas, se hacen fotos, se recogen las informaciones que vemos útiles. Es como si el móvil fuera el representante de nuestros deseos, el lugarteniente de nuestro narcisismo, nuestro esclavo. Lo malo es que los que acabamos siendo esclavos, somos nosotros.

Porque todo eso que ofrecen los móviles no es gratuito, se da a cambio de algo importante: nuestra sumisión, nuestra dependencia y, sobre todo, nuestra adicción al consumo. Así que se nos van el tiempo, el dinero y las relaciones a cuenta de que los móviles nos calmen ante el futuro incierto y nos entretengan haciéndonos sentir que somos los amos del mundo.

También hay, desde luego, quienes usan bien el móvil, aceptando las restricciones, mayores o menores, que les ponen sus padres. Quienes no lo utilizan para meterse con los demás. Quienes toman la parte buena de tener un medio de comunicación que les permite quedar, hablar y juguetear un poco. Pero, cuidado, vigilemos, los dioses del consumo están alerta para cazarlos, atrapándolos en sus peligrosos enredos.

Los niños también están respirando el ambiente de inquietud e incertidumbre que viven sus padres y padeciendo que no estén tan disponibles como sería oportuno. Y se les contagia. Así que, como estas cosas se gestan despacio y empiezan desde muy temprano, considero que no convendrá poner nunca en las manos de un niño menor de tres años un móvil «para que se calme», «para que nos deje comer tranquilos», o «para que se entretenga». Este será el modo que buscará en lo sucesivo de encontrar calma y relax. Tampoco convendrá eso de «dejarles el móvil un ratito si se portan bien». Cada vez lo pedirán más y no habrá manera de alejarlos del deseo de disfrutar de las músicas, colores y demás estímulos adictivos que ofrecen.

Por tanto, no tengamos miedo de retrasar al máximo el momento de entregar un móvil a nuestros niños, aunque sean los únicos de su clase que no lo tienen. Ni de ponerles condiciones, o de limitarles el tiempo. No pensemos que somos duros si no les dejamos llevar el móvil a la escuela o al instituto, eso les distrae sobremanera y les hace estar desconectados de la clase, que es su tarea y su objetivo principal. Recordemos que el mismísimo Bill Gates, el creador de Microsoft, no dejó a sus hijos usar dispositivos que tuvieran conexión a Internet hasta los 14 años.

Sería bueno también suprimir esa nueva costumbre de regalar un móvil a los niños para la comunión, o sea, a los diez años. Es un regalo envenenado. Supone sacarlos de su condición de niños y transformarlos en «personas de corta edad con capacidad de comprar». Es decir, en consumidores precoces, porque, como venimos comentando, lo que está detrás de este asunto, es el interés económico.

Todo esto que comento aquí no es ninguna broma, ni un miedo absurdo de abuelas asustadizas. Los expertos nos advierten al respecto.

> La semióloga Cristina Corea y el historiador Ignacio Lewkowicz escribieron un libro: «¿Se acabó la infancia? Ensayo sobre la destitución de la niñez». Su principal hipótesis es que, debido a las mutaciones culturales, los niños ya no se diferencian de los adultos, fundamentalmente por dos razones: la relación con el consumo y el acceso a la información a través de la tecnología. Los niños ya no esperan la sorpresa del regalo inimaginado que traerá el abuelo, piden a la familia los objetos de consumo que la televisión, el cine y la publicidad en general le ofrecen al pequeño consumidor. Consumo y virtualidad aparecen asociados en este cambio subjetivo actual (M. E. López).

Y esto es peligroso, porque dejan de pertenecerse a sí mismos y pasan a ser sumisos compradores de lo que la propaganda les ofrezca.

> La irrupción de las pantallas en nuestras vidas está incidiendo significativamente en el abandono del juego placentero y natural, que es consustancial al niño y que tanto aporta a la construcción creativa de su subjetividad. La cultura de la digitalización pone en marcha lo visual y lo auditivo, pero no el cuerpo y la integralidad de la persona. ¿Podríamos hacer algo como adultos para favorecer los juegos vitales de nuestros niños? ¿Podríamos lograr que tuvieran un acercamiento a la tecnología que les aportara riqueza, pero no dependencia? (M. C. Díez)

Lo que convendría es no dejar a los niños a merced de los móviles, sino asomarse a los móviles con ellos, manejarlos en su compañía, controlar lo que ven, desmitificarlos y decirles nuestra opinión de los juegos, videos y demás ofertas digitales. Sería bueno mantener las conversaciones, las bromas, los juegos de mesa, los cuentos, los paseos, los encuentros con otros. Y, sobre todo, evitar que el aparato sustituya la relación, el mirarse a los ojos, el dialogar, o el darse un buen abrazo.

Lo diré con toda claridad: cuanto más tarde llegue el móvil a las manos de un niño, mucho mejor para su equilibrio, su salud, su autonomía, su creatividad y su capacidad de hacer relación con los demás.

Esta frase-refrán tiene peso y entidad, y viene a nombrar el hecho de que cada maestro tiene unos saberes, unas costumbres y un estilo personal que presiden su modo de hacer. A todo ello se le llama: el librico, y se considera algo respetable, ya que no solo está amasado a partir de las imprescindibles teorías, sino de las múltiples experiencias prácticas contrastadas con la realidad.

A lo largo de mi recorrido como maestra, he vivido momentos de búsqueda, de duda, de reflexión, de calma y de arrebatada pasión innovadora. Me entusiasmé con los talleres, con los proyectos de trabajo, con la poesía, el teatro, la lectura, la alfabetización emocional, el juego libre, el arte y unas cuantas cosas más. Todo menos quedarme quieta, repitiendo lo conocido. Aunque no siempre es así, hay épocas tristes, en las que cuesta estrenar cosas nuevas. Y también hay otras maneras. En una ocasión en que impartía un seminario sobre proyectos de trabajo, una maestra me dijo que le parecía una forma de aprender interesante, pero que para 18 años que le quedaban para jubilarse, no le valía la pena cambiar de metodología.

Considero que la profesión de maestro está tan llena de complejidades, de personas y de tareas, que los cambios habrían de estar totalmente incorporados a nuestra práctica, la creatividad habría de marcar su impronta en las actividades y relaciones, y el tiempo no tendría que ser un obstáculo para mejorar. Sin embargo, como se puede ver, hay quienes se aferran con tanta fidelidad a sus métodos, como el maestro del dicho se aferraba a su librico.

En estos momentos observo dos posiciones diferenciadas con respecto a este tema. Una se parece a la de la maestra a la que faltaban 18 años para jubilarse y ponía eso como excusa para no cambiar. Y es que en algunos casos no hay manera de que los maestros introduzcan cambios en su modo de llevar la clase, ni de que transformen los espacios, los materiales, la forma de plantear los aprendizajes, de encarar los conflictos o las relaciones con las familias. Se resisten con fuerza a lo nuevo, quizás por haberse acomodado a lo suyo, quizás por no querer arriesgarse a fracasar estrenando otras maneras, quizás por evitarse trabajo.

En la otra posición están quienes van cambiando de maneras a cada instante, probando métodos, criterios o teorías para no quedarse atrás, para ser maestros actualizados, para avanzar. Hace poco una maestra joven me contó que su compañera de nivel había hecho un curso sobre ambientes de aprendizaje, y a partir de ahí se pasaba el día cambiando de sitio los muebles de la clase, con lo que tenía a los niños, que eran de tres años, bastante desorientados.

El inmovilismo condiciona mucho la práctica. Un maestro que no cambia nada, puede denotar inseguridad, apatía, pasividad… Y esta manera de estar repercute en el ambiente, en el modelo de actuación que se ofrece a los niños, en la dificultad para tomar decisiones, en la rigidez de las costumbres, en los vínculos que no son suficientemente flexibles y no animan a evolucionar. Aunque también los cambios excesivos y muy frecuentes pueden suponer cierta confusión para los niños de edades tempranas.

En realidad, no se trata de cambiar por cambiar, ni de apuntarse a cualquier método por el solo hecho de que sea nuevo, o esté de moda. La cuestión sería intentar cambiar lo que el maestro percibe que no funciona bien, o no llega a los niños. Constatar el vacío o el error sería el motor para ponerse en marcha y buscar otras opciones. Y después de ver lo que hay que modificar, habría que buscar cómo cubrir las necesidades y cómo adecuar lo nuevo al conjunto del ambiente de la clase, al estilo de la escuela, del maestro y del grupo de niños. Después, habría que ir adquiriendo experiencia, analizar los resultados y evaluar.

Cuando empezamos a hacer talleres en mi escuela, nuestra idea era lograr que en el horario hubiera actividades en pequeño grupo, de modo que los niños no siempre hicieran todos lo mismo y a la vez. También queríamos conseguir que aprendieran a elegir autónomamente qué tarea deseaban realizar. Los proyectos de trabajo vinieron de la insatisfacción que sentíamos los maestros al ver que los intereses de los niños iban por un lado y nuestras propuestas por otro. Algunas de las novedades que he vivido vinieron de la mano de la pura ausencia, como la poesía. Otras fueron demandadas por los niños que, con sus comentarios y actitudes, nos hicieron entender lo que para ellos era más conveniente y placentero.

Si lo de cada maestrico tiene su librico quisiera decir que cada maestro ha elaborado una manera particular de estar y de invitar a los niños a aprender abierta a los cambios, tendría un buen sentido el dicho. Pero si lo que se viene a defender es un saber acuñado solo por el paso del tiempo y la repetición, que se mantiene cerrado a la mejora, ya no sería tan bueno.

Cierto es que cada maestro tiene una peculiar forma de hablar, de escuchar, de acompañar y de enseñar, y eso es lógico y conveniente. Pero no es menos cierto que hoy en día ir abrigado solo por un librico, va resultando algo pobre. Hay muchas formas de enriquecer nuestro trabajo. Sobre todo, pensando, profundizando y compartiendo con otros maestros. Así aprendemos todos y mejoramos nuestro actuar.

¡Cuidado con los libricos cuando nos atan y nos impiden el cambio!

¡Buen inicio de un curso creativo y hermoso a niños, maestros y demás familia!

Me mudo

Hace ya bastantes años que «vivo en la escuela». En total sesenta y seis, de los cuales cuarenta y seis he hecho de maestra, y los demás, o bien de alumna, o bien de «simpatizante». Por eso, el hecho de jubilarme me ha despertado inquietudes, en cierto modo, inevitables.

Así que cuando empezó el curso el septiembre pasado, me armé de una libreta «preparatoria» porque, como a estas alturas ya debe saberse, las escrituras para mi no sólo son una fuente de aprendizaje, reflexión y placer, sino además un lugar de desahogo, de defensa, de aislamiento, de paz. De modo que me propuse escribir lo que me viniera a la cabeza o al corazón sobre el vértigo de pensarme sin los niños, sin la escuela y sin el ambiente educativo que siempre he respirado desde que nací y me crié en la escuela de mi madre. (Voy a copiar algunos trocitos para que sirvan de portavoz de este tránsito).

«Me da miedo jubilarme. Mañana empieza el curso, es mi último año de trabajo en la escuela y me siento rara ¿Para qué miraré los museos, los escaparates, las revistas, o los libros de aquí en adelante? Siempre ando recogiéndome ideas, palabras, diseños, músicas… «para cuando me hagan falta». Sin embargo, ahora empiezo una cuenta atrás en la que no me va a hacer falta nada relativo a la escuela. Y no sé pensarme así, de «no maestra». Si pudiera canalizar lo que pienso, invento o planeo hacia los libros o la formación, no sería tanta la extrañeza. Pero, ¿podré?».

«Hoy he trotado por el colegio como toda la vida en el primer día de curso. Sin poder parar, sin beber, sin entretenerme más que lo justo. Saludando a todas, alegrán dome de verlas, entendiendo los kilos de unas, los bronceados de otras, las anécdotas mil… Y contando lo mío también. La clase llena, los niños mirándome fijamente y aventurando una sonrisa o algún comentario, los padres con sus recaditos de última hora. El empezar.

"Y la verdad, no me imagino de paseo cuando el colegio se llena de gente y de vida. Pero el «curso» que viene para mí ya no será un "curso", será un "año" corriente. Enero será simplemente enero y no el mes en el que se vuelve de las vacaciones de navidad, junio no será el mes de acabar el curso, sino cuando empieza el verano, y así… Menudo cambio. Dejaré de contar el tiempo con el ritmo escolar, ¿cómo lo contaré entonces?».

«Al ir a trabajar me tropiezo con toda una sarta de jubilados varios que inician sus rituales matutinos de ejercicio corporal. Unos caminan, otros corren, algunos van en bici. Solos o en grupo. Acicalados para la ocasión, o, simplemente, cómodos. Unos llevan ropas nuevas y conjuntadas, auriculares, zapatillas buenas, y los otros, ropilla blanda, personalizada, sin brillo, pero con bastante alma. Es como un ejército de opositores a la pasividad, de luchadores contra la inercia, la obesidad, o la depresión, de organizadísimos seres a la caza de ocupaciones satisfactorias y útiles, demostrando que saben sacarle jugo a su cotidianidad.

"Tengo amigos que han planificado un horario y un calendario, con el fin de llenar su tiempo en la jubilación, de no notar el vacío que deja el trabajo. Así que están apuntados a senderismo, gimnasia, grupos de lectura, tertulias, teatro, coros, informática, bailes de salón o inglés. Algunos viajan de una punta a otra del mundo, ávidos de sensaciones postergadas, de experiencias soñadas, o de puras novedades. Con la cantinela interna de no perderse detalle, de no dejar de intentar cumplir todos los deseos. Otros, en cambio, se han puesto a ordenar papeles y libros, a despejar, a tirar lo inservible. E incluso sé de quienes no hacen absolutamente nada, y se dedican a perder el tiempo que, por fin, sienten por entero de su propiedad. A saber qué haré yo».

«Me cansa ir de un lado a otro del colegio dando recados, recogiendo materiales o haciendo cualquier tarea rutinaria. Es la parte que evitaría. Pero cuando estamos haciendo teatro en clase y noto el nerviosismo ilusionado de Claudia, la timidez poderosa de Marina, las ganas de juerga de Manuel, la seguridad alegre de Álex y tantas otras cosas bonitas, pienso que estaría en la escuela siempre.»

«Hoy alguien se ha asombrado de mi jubilación y me he visto explicándole que «ya tengo edad», que «las cosas empiezan y acaban», que «es mejor hacerlo ahora que estoy bien». Falta que me lo crea.»

«Hay muchas cosas que tendré que reacomodar… Regalar, guardar, tirar, dejar en la escuela. ¡Cuánta vida acumulada! Me acuerdo de cuando iban a operarme y me puse a arreglarlo todo y a despedirme de la gente como si fuera a morirme. También a limpiar. Como antes de parir. Lo que está claro es que esto es una especie de parto, de duelo, de cambio importante. Me "partiré" de la escuela, que ahora está integrada en mí. Un desgajamiento… Me "doleré" con la ausencia de los "niños diarios". Una pérdida. Cambiaré de manera de estar, de verme con los demás, de relacionarme. Todo un vuelco.»

«Está ocurriendo el final de curso, de despedida y cierre, de amores y de adioses. Está ocurriendo escribirle a cada alumno un poema y a cada compañera un bolero: "Contigo aprendí". Está ocurriendo la melancolía en el desmontaje de la clase y del despacho, y también al pasar los ojos de adentro por todos mis papeles, mis carpetas, mis dibujos, mis telas, mis cajitas…

"En el último día ha habido besos, abrazos, felicitaciones, buenos deseos, regalos, fiesta sorpresa. Yo estoy muy conmovida. Con cosquillas por los brazos y las manos de las que me dan cuando quiero escribir, pero que ahora me han hecho lanzarme a abrazar. Me he quedado al pairo de los acontecimientos, frágil, desprotegida ante tanto cariño.»

En fin, que no tengo más remedio que despedirme. No es cosa mía, es cosa del tiempo, que nació para correr, y ha corrido durante cuarenta y seis años, desde que empecé a ser maestra, hasta hoy. La verdad es que estoy un poco temerosa, pero también estoy contenta. Estar viva tiene estos malabares. Mi hermano, que murió hace dos años, no pudo vivir tantos matices. No le dio tiempo, tenía el corazón gastado de tanto querer.

Me ha gustado ser maestra, y aún me gusta.

Me ha gustado trabajar contemplando cómo surge la vida ante mis ojos, y cómo se desenvuelve, canta y se enrosca con otras vidas, a fuerza de cariño, de cuidados, de energía y de explosiones nuevas.

Me ha gustado ser hija de maestra, sentir que mi madre me enseñó a hablar, a escribir, a leer, a reñir, a mandar, a querer.

Me ha gustado que mi padre me enseñara a nadar, a bromear, a pensar críticamente, a cantar habaneras y zarzuelas.

Me ha gustado que mi marido y mis hijos hayan podido sostener, a base de mucho amor, mis entusiasmos, mis manías y mis deseos desmedidos de ideales no siempre posibles.

Me ha gustado reinventar el oficio a base de desacuerdos con lo tradicional, de protestas contra la rigidez, de anhelos por una escuela humana, sencilla, alegre.

Me ha gustado compartir con mis compañeras palabras, sentimientos y aventuras. Tan cobijada por ellas, tan querida.

Me ha gustado comentar con las familias de mis alumnos, las dudas, las preocupaciones y las esperanzas acerca de la crianza y la educación de sus hijos.

Me ha gustado que los niños se fiaran de mi, me enseñaran a escucharlos, se divirtieran conmigo y aprendieran a leer, a bailar y a gustar de la poesía. Y que me regalaran las chispas de sus ojos, sus colores de cara, sus dibujos preciosos y su alegría inevitable.

Me ha gustado ser maestra y aún me gusta.

Y desde esta sensación tan clara de placer y cercanía, digo adiós y también hasta pronto, porque creo que me va a ser imposible dejar de recorrer las sendas de la escuela, que han marcado amorosamente sus huellas dentro de mi.

Ya veremos si será escribiendo, charlando, admirando la tarea de otros, o recordando... Pero de una manera u otra, seguro que me seguiréis encontrando por alguno de estos lugares de tiza y de papel. Lo que hace la querencia.»

A modo de reflexiones finales: Y ahora ¿qué?

Querida lectora, querido lector:

Si comenzábamos este libro dirigiéndonos a ti a propósito de compartir algunas ideas para comenzar a leer, en este momento toca hacerse la pregunta: y ahora ¿qué?

Terminar de leer una obra nos deja en una situación ambigua, pues algo ha acabado y al mismo tiempo sigue latiendo. Las páginas se han recorrido, aunque la lectura no tiene por qué haber concluido. Y es que la pregunta ahora qué busca precisamente alargar la experiencia de la lectura; invitándonos a permanecer un poco más en el entre: entre estas últimas líneas y el gesto de cerrar el libro.

Dice Jorge Larrosa (1998) que de lo que se trata al leer es de que a uno le pase algo; porque «leer, cuando es de verdad, es hacer vulnerable el centro mismo de nuestra identidad» (p. 64). Y aunque el peligro de una excesiva tutela pedagógica de la lectura nos sobrevuele, hemos querido hacer el intento de proponer algunas mediaciones con la obra que aún tienes entre las manos, para que —quizás— algo pueda pasarte.

No está en nuestro ánimo contradecirnos. Sabemos que de lo que habla Larrosa es de echarse a un lado y dejar en paz al lector. Sin embargo, la vocación de una obra como esta es la de invitar a pensar; es desde ahí que para nosotros tenga sentido ofrecer esas mediaciones.

Una mediación es el gesto que pone en relación dos partes. Esto se puede hacer de muchas formas: a la fuerza o con amor; bruscamente o con delicadeza; normativa o poéticamente. Nuestra elección pasa por las segundas opciones de ese muestrario: por el amor, la delicadeza y la poética.

Y porque no te subestimamos, lo que ofrecemos son algunas formas de reconsiderar la lectura; de volver a los relatos; de reparar en cómo han podido afectarte; de abrirte a la posibilidad de otras interpretaciones… A eso nos referimos con alargar la experiencia de la lectura.

Los relatos deben poder hablar por sí solos… y hacernos hablar.

Un producto narrativo no necesita mayores explicaciones, es decir, debe poder hablar por sí mismo. Como ocurre con una obra de arte, nuestra relación con los textos se basa en su potencial para resonar (Rosa, 2020), para generar alguna clase de conversación interior. Luego podremos disponer los relatos en un marco formativo; pero, de entrada, esos relatos funcionan como marcos de inteligibilidad de la realidad.

Cuando leemos una novela o vemos una película, es decir, como lectores o espectadores, entablamos una relación directa con las obras, sin mediaciones. Estas nos afectan de algún modo al presentarnos una perspectiva de la realidad. Nos pueden conmover o dejar indiferentes. Nos pueden emocionar o aburrir. Hay una relación de historia a historia, en el sentido en que las tramas que se nos presentan y los avatares de los personajes, ponen a funcionar nuestra mente y buscamos modos de entender a qué clase de experiencias se enfrentan y cómo los modos en que las atraviesan nos interpelan. Así que aquí tenemos ya una primera forma de pensar con los relatos que se asemeja a lo que Bruner (2019) llamó «comprensión hermenéutica de la narración». Ninguna historia tiene una interpretación única, y toda historia se deja pensar porque nos induce a hacernos preguntas.

Las historias muestran siempre alguna tensión

Decíamos también al inicio del libro que las personas vivimos a través de historias, pues es a través de ellas que damos sentido al mundo. Cuando componemos una historia, lo que hacemos es articular el modo en que determinadas circunstancias, más o menos generales, se han convertido en «unas» circunstancias particulares. Hablan de lo concreto y de lo general al tiempo; y hablan de algo problemático que está en el centro de nuestra vivencia. Claro que no componemos historias sobre cualquier nimiedad, sino que aquello sobre lo que narramos deja de ser nimio a nuestros ojos, porque encierra alguna clase de tensión que podemos reconocer y explorar, yendo más allá.

A eso se referirán Alonso-Sainz y Gil Cantero (2020) cuando nos cuentan que el valor educativo de la narración tiene que ver con «saber pasar de una dimensión episódica o anecdótica de los sucesos, acontecimientos o experiencias a una dimensión configurante, comprensiva» (p. 39). En los relatos que componen este libro, su autora trata de dar cuenta de esa clase de tensiones. Por eso no son meras anécdotas, sino narraciones que convocan al lector a ponerse a pensar en torno a tensiones sustantivas de la experiencia educativa. Por poner un ejemplo, en el escrito Contentar o estar contento, se dice que: Nos estamos refiriendo a que no necesitamos que un director de cine nos explique la película antes de verla. Eso sí, la propia película ya es en sí una mediación entre nosotros y algunas facetas de la experiencia humana en el mundo. escrito Contentar o estar contento, se dice que:

En la verdulería, una señora pedía tomates que fueran pequeños, porque eran para ella sola, ya que sus hijos no tomaban verdura.

—No quieren ni verdura, ni pescado. Sólo pasta, arroz y carne. De ahí no salimos.

—Los míos igual, decían otras señoras.

—Mi hijo no consiente ni probar la verdura, y eso que, en mi casa, es lo que abunda, comentaba la verdulera.

—Es que hoy en día hacemos cualquier cosa por contentar a los hijos, concluía otra clienta con el asentimiento general.

¿Qué significará este «hacer cualquier cosa» por contentar a los niños? ¿Será algo nuevo? ¿Acaso los padres de antes no querían tener contentos a sus hijos? ¿Habrá que contentar a los niños a costa de todo? ¿Qué pasaría si estuvieran descontentos en algunas ocasiones?».

Este pequeño fragmento muestra cómo un suceso cotidiano pone a la autora a reflexionar. Y al escribirlo, extiende sus dudas en forma de interrogantes, a quienes hablen con ella o la lean. El juego de pensar en lo que pasa alrededor de un maestro en materia educativa y de crianza viene a ser algo así. Algo no se ve claro y se sigue en ello, se le da vueltas. Hay que posicionarse, hay que hacerse una opinión, hay que definir de qué otra manera actuar, hay que buscar activamente mejorar las cosas. Aprendiendo el arte de preguntar y aprendiendo, también, a quedarse un rato más en las preguntas.

Los relatos no son normativos, aunque deben poder estimular algún aprendizaje

En tanto que narraciones que apelan al mundo de la vida (en nuestro caso, al universo de vivencias sobre la crianza y la escuela), su propósito no es el de acabar formulando una moraleja que encuadre una sola enseñanza ejemplarizante. Como venimos diciendo, los relatos buscan ponernos a pensar, de tal manera que, al mostrarnos algunas tramas de vida, nos invitan a considerar la experiencia desde su complejidad y su eventualidad.

Difícilmente podremos extraer una conclusión del tipo «así es como deberían hacerse las cosas». Los relatos inspiran, nos hacer ver las capas de una determinada vivencia, las implicaciones quizá no previstas de algunas interacciones, lo sorpresivo de las elecciones de los protagonistas… Y no es que no podamos aprender nada concreto, sino que aquello que podamos aprender tendrá mas que ver con enriquecer nuestra mirada pedagógica que con encontrar soluciones. Esto quiere decir que reparar en situaciones cotidianas y explorarlas desde lugares singulares (por donde nos van llevando los relatos) es una invitación a considerar lo paradójico de la experiencia. En el sentido de que a la misma vez que reconocemos situaciones típicamente escolares, las apropiaciones de los actores y de las actrices le otorgan una particular existencia.

Formar una mirada comprensiva, rigurosa y madura necesitará escucha, formación, introspección y una cuidada observación de la realidad. Aprender a leer niños, a leer circunstancias, a leer sentimientos… no es sencillo, pero es imprescindible en una relación educativa profunda y de calidad. Sobre todo, si asumimos que la teoría pedagógica es una teoría de lo único, del caso particular (van Manen, 2003). Por eso dirá Emilia López (FHAyCS Audiovisuales, 2021) que «El trabajo con bebés y niños pequeños exige de las personas a cargo `aprender a leer niños´, una de las tareas más complejas que podamos imaginar. Leer entre líneas, leer entre gestos, leer marcas del tiempo o leer sin palabras». Entendido así, pensar con los relatos tiene que ver con educar nuestra lectura del mundo, que es como decir aprender —seguir aprendiendo— a mirar, a escuchar, a sentir, lo que nos pasa en la vida educativa.

Los relatos nos piden paciencia, atención y que permanezcamos en las preguntas

Ya hemos dicho algo así como que los relatos no se pueden explicar y que no son casos que ejemplifiquen directamente la teoría, aunque esta nos pueda ayudar a pensarlos. Que no se puedan explicar significa que las interacciones que nos muestran, las decisiones que los protagonistas toman, los modos en que experimentan las situaciones difícilmente responden a un único modo de estar en el mundo (por parte de las criaturas y, también, por parte de las educadoras y de los educadores). Por eso nos piden paciencia, atención y capacidad interrogativa.

La paciencia tiene que ver no tanto con esperar a que se desvele un misterio (ya llegará la explicación…), como con ir aparcando nuestra tendencia natural a resolver esos mismos misterios con una pauta de actuación. ¡Claro que podemos aprender de las buenas (y malas) decisiones que han tomado otros! Sin embargo, aquello que los relatos nos ponen delante no son problemas-tipo, invitándonos a idear cómo resolverlos, sino situaciones cotidianas de la vida escolar que, aún siendo reconocibles (de algún modo siempre son típicamente escolares), apuntan a la cuestión del sentido; a cómo cada sujeto incorpora las situaciones y las interacciones que vive, configurando un modo particular de ser y estar en el mundo; y a las maneras en que un maestro o una maestra lo vive, lo piensa y lo acompaña.

Nos piden entonces atención para escudriñarlas, pero sin apresurarnos a caer en lo ya previsto, haciendo coincidir dichas situaciones con la gramática de los casos. El movimiento es otro y de ahí llegamos al hacernos preguntas que nos invitan a considerar esos sentidos plurales. Preguntas que no necesariamente buscan respuestas (¿qué le pasa a este chico y cómo hago para resolverlo?), sino que nos espoleen emotiva e intelectualmente.

La fórmula quedarnos en las preguntas es un modo de decir que la educación no tiene tanto que ver con dar con la tecla sino con reconocer al yo que mira y escucha (Conteras, 2002). Siendo así, la paciencia y la atención, también la capacidad interrogativa, a donde apuntan es, como decíamos, a la educadora y al educador, al desarrollo de su saber pedagógico. Y como ese saber, según lo venimos abordando desde el comienzo de este libro emana de la experiencia y posee un carácter narrativo, la última forma de alargar la lectura no podía ser otra que la invitación a la escritura.

Leer es leernos (y escribirnos)

Notas en los márgenes; papeles arrugados que se atrincheran entre las páginas de un libro; cuadernos y útiles de escritura que nos acompañan como botiquín de primeros auxilios durante la aventura del leer… Diríamos que no es demasiado complicado recuperar algún recuerdo en el que la lectura de un libro nos puso en el camino de la escritura. Porque leer es muchas cosas, entre ellas reescribir-leyendo: hablándoles a los personajes, como Bastian en La historia Interminable; tomando otras decisiones, conmocionándonos con ciertos pasajes o quedando indiferentes ante otros.

Decimos entonces que leer es reescribir en el sentido de volvernos autores de un pensamiento que nace a la luz de lo leído, no para corregir o juzgar la historia, sino para, como antes hemos expresado, trascender lo anecdótico. Porque entendemos pensar con los relatos, pensar narrativamente, como una manera de «acompañar la historia para hacerla pedagógicamente pensable» (Contreras y Quiles, 2016). Ese pensamiento pedagógico, que es el propio y el apropiado para las educadoras y los educadores, es el que nutre y da sentido al saber pedagógico con el que afrontamos nuestro oficio. Un saber sostenido personalmente, en ese punto de conexiones vivas entre la experiencia directa del mundo, el estudio de los conocimientos teóricos y la experiencia de otras y de otros (Contreras, 2010). Y decimos que leer da a escribir bajo el propósito formativo de aprender a colocarnos en el territorio de la experiencia y del sentido.

Esa escritura de la experiencia puede practicarse con múltiples recorridos, aunque siempre preserva el propósito de no quedarse atrapada en la auto referencialidad, buscando así hacer resonar lo que se escribe y se piensa con una vocación pedagógica (Van Manen, 1998), es decir, respecto de lo que acabe resultando como un pensamiento orientado a nuestras relaciones con la alteridad. Algunas de las posibilidades de esta escritura son las siguientes:

—La escritura autobiográfica: leer relatos de aula puede resultar una luz nueva con la que iluminar nuestras historias escolares. Lejos de la ejemplaridad, la vida corriente está llena de momentos con una poderosa fuerza subjetivadora. Hay recuerdos esquivos que, como consecuencia del eco que provocan algunos relatos como los aquí contenidos, se reactivan y se resignifican; de tal manera que lo que nunca significó gran cosa, ahora se redescubre como una experiencia decisiva para algunos de nosotros. Porque la escritura no es la experiencia, ni persigue serlo. Pero la escritura sí puede ser pasaje hacia la experiencia, al fundar un camino nuevo de sentidos sobre el acontecer de las cosas. Cuando realizamos una autobiografía en un sentido amplio o bien cuando relatamos alguna vivencia concreta, el producto de la escritura tiene un valor, aunque lo que tratamos de resaltar aquí es el tipo de pensamiento que activa. Entrar en una relación reflexiva distinta con la experiencia vivida como una forma de identificar esa cualidad narrativa de la que hablamos en el capítulo introductorio. A la vez, ese pensamiento nos va enseñando a pensar pedagógicamente, esto es, captar y desarrollar aspectos que podían estar contenidos en la vivencia y que la escritura revela como sustanciales, produciendo nuevas preguntas.

¿Cómo es que nunca reparé en que aquella actitud cariñosa de mi maestra de 4º cuando mi abuela falleció? Su voz cálida, su caricia en la espalda, su permisividad ante mis silencios. ¿Cómo aprendió a hacer así de maestra?, ¿quién se lo enseñó? ¿Acaso es eso ser maestra, prestar atención y cuidado a las personas que tenemos delante? ¿Cómo se aborda la pérdida en la escuela? ¿Cuántas experiencias de cierre en falso hemos podido ir coleccionando? ¿Quién está pendiente de nosotros en las clases? ¿Qué «estar pendiente» es ese? ¿Cómo se enseña? ¿Y cómo se aprende?

—La escritura en prácticas: otro de las concreciones de la escritura de la experiencia puede darse en los contextos de prácticas externas durante la formación inicial Sierra et al, 2017; Pañagua, Martín y Blanco, 2019). Es habitual recurrir a los diarios en esta clase de contextos formativos, y los estudiantes suelen padecerlo al no encontrar un modo significativo de escribir; que es como decir, al no encontrar un modo significativo de moverse entre lo que viven en las escuelas y lo que se les pide desde las facultades de educación. Aunque puede que no sea solo un problema de desconexión entre ambos mundos… Diremos que se trata también de un asunto concerniente a cómo se habita la escuela y a cómo un maestro o una maestra, se relaciona con aquello que vive, siendo capaz de desarrollar un pensamiento pedagógico situado. La escritura en prácticas tiene que ver entonces con comenzar a entender el carácter narrativo de la enseñanza; esa cualidad de la experiencia a la que nos referíamos al comienzo. Cuando la enseñanza comienza a experimentarse como vida que se vive, lo que pasa y lo que nos pasa responde a otro orden de sentido. Escribir relatos durante las prácticas es un modo de avanzar en esa dirección, entendiendo que las situaciones que claramente vivimos por nosotros mismos no son solo cosas que nos pasan sino situaciones relativas a asuntos profesionales cuyos núcleos pedagógicos hemos de aprender a captar, pensar y desbordar.

¿Por qué está Luis siempre solo en el recreo? ¿Es la soledad de Luis algo que le perjudique? ¿Diría que está sufriendo? ¿Qué me provoca su soledad?, ¿frente a qué me coloca? ¿A qué sabe la soledad? ¿Son todas las soledades iguales? ¿Qué me apremia cuando siento que debería hacer algo? ¿Qué se supone que tendría que hacer al respecto? ¿Es el objetivo de la escuela no estar solos? ¿No pedimos al ser mayores autonomía? ¿Respetamos las decisiones de los niños? ¿Habrá elegido estar solo?

* * *

Quizá toque ahora dejar de leer, y que lo leído siga haciendo su trabajo. Y quizá toque también dejar de escribir, y que las manos toquen el mundo. Pues está bien que las cosas tengan un principio y un cierre, ya que así adquieren contornos y sabemos a qué atenernos.

Abrir y cerrar el libro. Entrar y salir de la lectura.

Querida lectora, querido lector, en tus manos queda.

J. Eduardo Sierra Nieto y Ester Caparrós Martín

EPÍLOGO:
Desde mí

No puedo asegurar si mis recuerdos en torno a los primeros contactos con las letras fueron más chicos o más grandes de cómo los conservo en mi. Ni si venían antes o después unos de otros. Me llegan mezclados como la fritanga de la tía Teresita, o como el olor a «Flor de blasón» del armario de la abuela Rosario. Lo que sí sé es que se me despiertan, invariablemente, cuando abro «La buena Juanita», o cuando cierro los ojos para mirar atrás. Pero, sobre todo, cuando veo bailar una letra en el brillo feliz de los ojos de un niño.

Mi primer libro fue uno de esos librillos de Comunión, de nácar y de oro, al que pasaba, febrilmente, las hojas, mientras recorría el pasillo de la escuela de mi madre, puesta de batín de franela hasta los pies, y de dos breves años. Claro está que no lo leía, pero lo palpaba muchísimo, y ese contacto con el papel fino y apergaminado, fue un bautizo en toda regla para mi andadura lectora.

El colegio y la casa eran todo lo mismo, así que yo solía trastear en el patio interior, al pie de la palmera, con mi capazo de cachivaches, mientras se me iba llenando el oído de: «la m con la a: ma...» Es por eso que no puedo saber con certeza ni cuándo ni cómo empecé a leer por mí misma. Lo que sí me ha llegado por Vicentina, la carnicera, es que un buen día y casi sin despuntar del suelo de tan diminuta, me puse a leer en voz alta los precios de los filetes para sorpresa y asombro de la clientela. A partir de entonces, me dedicaba a leer con gran entusiasmo los cartelitos del cine, los anuncios de los tranvías, el papel del bote de La lechera, el prospecto del bicarbonato...y, en fin, todo lo que caía en mis manos (con tal que cayera cerca, claro, porque era bastante miope).

Mi familia amamantaba mi afición de mil maneras. Aportando elementos a mis colecciones de Cuentos de Calleja, de libritos de papel de fumar, de octavillas de propaganda de películas... o regalándome preciosos cuentos ilustrados... Mi abuela, que era analfabeta, me instruía con el entonadísimo cante de coplas (de Juanita Reina, de Conchita Piquer...), mis padres con habaneras, que hablaban de barcos, de cubanas y de dorados soles, mi tío con zarzuelas a todo pulmón... El abuelo, llevándome los domingos por la tarde al cine y, a veces, colándome a las revistas y funciones de teatro, en las que me hacía sitio en su asiento del segundo piso, al lado de los focos. Por supuesto, ayudaron mucho las historias contadas de viva voz por mi mamá (mi preferida era Blancabella) y las cantatas acompañadas de xilófono del libro «Canciones de la abuelita» (AA VV, 1946), en donde me acerqué por primera vez a los tristes y apasionantes romances, como «Delgadina», o «En Cádiz hay una niña...» (Ahí no sólo moqueaba yo, sino también mi papá, que era el experto xilofonista).

No cabe duda que fueron fundamentales las maravillosas visitas al kiosko del Portal de Elche (que era de una conocida de mi familia), en donde me daba una auténtico hartazón de leer, (¡gratis!), sentada en una banquetita debajo del mostrador: «La pequeña Lulú», «Superman», «Pumby», el «TBO» ... ¡Qué ratos tan calmos, tan oscuros, tan especiales...! ¡Qué olor a papel tan sentido y delicioso...!

La casa de huéspedes de mi abuela, que se llenaba en verano de biombos, de camas, y de gente con olor a pepino y a aceite de coco, también supuso una importante fuente para mi pasión lectora. Sólo que allí no leía de los papeles, sino directamente de las caras y de las vidas de las personas. Justo lo mismo que había estado haciendo desde que me mantuve en pie en casa de «las sordas» tres modistas solteras, que vivían en el piso de abajo. Allí fue donde más aprendí yo del arte de hablar unos de otros, de los modos y costumbres, de las penas de la vida, de cómo combinar los botones con los zapatos, de cómo esconder en un pliegue un prominente trasero, o en un pastel de almendras, un descarado soborno. («A ver si puedes acabarme la bata para el domingo").

Mis tías de Valencia tenían una «casa-museo» cerca del río, y en ella pasaba muy buenos veranos rebuscando en los cajones, y escuchando las conversaciones de los que pasaban por el balconcillo, casi a ras de tierra, que daba a la plaza. Un día mi tía me dio la idea de apuntar lo que iban diciendo unos y otros, y leerlo fue tan divertido, que adquirí un nuevo vicio, gracias a esta curiosidad insaciable con la que, se ve que he nacido. Así que, o bien leídas sin orden ni concierto -para la risa-, o bien compuestas en forma de historias para alimento de mi loca fantasía-... me dediqué durante largos ratos por la tarde a escribir aquellos retazos de vida, y a decorarlos con dibujos primorosos, y con calcomanías, que me encontraba desperdigadas por los cajones.

Y, poco a poco, les fui cogiendo el gusto a las palabras, a las personas, a las historias... Así que cuando volvíamos del Instituto Aurora y yo, con nuestros flamantes diez años recién cumplidos, íbamos desgranando una aventura cada día para regalo nuestro. Un día la inventaba yo, al otro ella, y así.

En ese tiempo, más o menos, apareció en mi vida don Francisco, el profesor de literatura. Un señor alto, mayor, de pelo blanco, que recitaba con voz profunda: «Abenámar, Abenámar, moro de la morería», y toda una sarta de lindezas, que me tenían enamoradísima. Y no sé si por el amor, o por el interés que me despertaban las cosas que nos leía, empecé a leer libros «de verdad": Platero, El romancero gitano, Las 1000 mejores poesías de la lengua castellana, y teatro, fábulas, novelas de aventuras...Pero sin abandonar los tebeos del Kiosko, ni los Cuentos Indostánicos, ni la colección de Historias de Bruguera, con su «Heidi», sus «Mujercitas», su «Corazón», etc. etc.

Y, al tiempo, el copiarme las letras de las canciones favoritas y pronunciarlas despacito, como si chupara un caramelo de canela, o bien cantarlas a voz en grito al subir las escaleras de mi casa. Y el esmerarme escribiendo las famosas «redacciones». Y el ponerles música a las poesías que me parecían bonitas, o el leerlas «fuerte». O el bailarlas. Según. Y cuando encontraba un momento propicio, el hacer incursiones en la librería de mis padres, para leer a escondidas: «Las uvas de la ira». «Cumbres borrascosas.» Y a leer, y a leer.

Y ahora, después de tantos años, seguir en ello con las mismas ganas de entonces. Y más.

Y necesitar perentoriamente escribir, escribir. Aunque lo que escriba no le guste a nadie más que a mí. Aunque me sirva sólo para hacer regalos a la antigua, o para deshacer enredos particulares. Aunque se me vaya la vida en ello. Escribir. Derramarme en las palabras. Reconocerme en ellas. Sentir su apremio, su calor, su vivir, mi vivir... Escribir.

MARI CARMEN DÍEZ NAVARRO

REFERENCIAS BIBLIOGRÁFICAS

ABEYÀ, E. (2020): *Amb contes he remat*, Rosa Sensat.

ALBALAT, H. (1992): *Inventando juguetes*, Colección Espiral. Ed. SEP. Unidad Publicaciones Educativas.

ALONSO-SAINZ, T. y GIL CANTERO, F. (2020): «La condición narrativa de la identidad docente», en Eduardo S. VILA MERINO e Isabel GRANA GIL (Coords.), *Investigación educativa y cambio social* (pp. 35-50), Octaedro.

ARANGO MELO, A. M.ª (2014): *Vélo qué bonito*. Mincultura. Asin. Universidad tecnológica del Chocó.

AA. VV, (1958): *Cuentos indostánicos*. Cies.

AA. VV, (1946): *Canciones de la abuelita*. Molino.

BERARDI, F. (2007): *Generación post-alfa. Patologías e imaginarios en el semicaopitalismo*, Tinta Limón.

BLEICHMAR, S. (2011): *La construcción del sujeto ético II*, Paidós.

BRAZELTON, T. (2001): *Momentos clave en la vida de tu hijo*, Plaza Janés.

BRUNER, J. (2019): *La educación, puerta a la cultura* (3.ª edición), Antonio Machado Libros.

HERNÁNDEZ-HERNÁNDEZ, F., & REVELLES BENAVENTE, B, (2019): *La perspectiva post-cualitativa en la investigación educativa: genealogía, movimientos, posibilidades y tensiones*. Educatio Siglo XXI, 37(2 Jul-Oct), 21–48. https://doi.org/10.6018/educatio.38700

CALVINO, I. (1993). *Cuentos populares italianos*. Siruela.

CONNELLY, J. y CLANDININ, M, (1995): «Relatos de experiencia e investigación narrativa», en J. Larrosa (Comp.) *Déjame que te cuente* (pp. 11-59), Laertes.

CONTRERAS, J. (2016): *Tener historias que contar. Profundizar narrativamente la educación*. Roteiro, 41 (1), 15-40.

——, (2013). *Ponerse a la escucha*. Cuadernos de pedagogía, 430, 63-65.

——, (2010): *Ser y saber en la formación didáctica del profesorado: una visión personal*, Revista Interuniversitaria de Formación del Profesorado, 24 (2), 61-1. Disponible en: https://www.redalyc.org/pdf/274/27419198004.pdf

——, (2002): *Educar la mirada… y el oído. Percibir la singularidad y también las posibilidades*, Cuadernos de pedagogía, 311, 61 —65.

CONTRERAS, J. y Pérez de Lara, N. (Comps.) (2010): *Investigar la experiencia educativa*. Morata.

CONTRERAS, J. y Quiles, E, (2016): *Un lenguaje narrativo para la educación,* Cuadernos de Pedagogía, 470.

FELIPE, L. (1994): *León Felipe para niños*, De la Torre.

FULGHUM, R. (1989): *Todo lo que realmente necesito saber lo aprendí en el parvulario*, Plaza Janés.

GARATEA, L. (2018): *Transformar una escuela de medio social desfavorecido*. Revista Aula de Infantil, 93, 17-20.

GONZÁLEZ REY, F. L. (2010): *El pensamiento de Vygotsky. Contradicciones, desdoblamientos y desarrollo*. Ed. Trillas.

HOUSTON, N. (2017): *La especie fabuladora*. Galaxia Gutenberg.

JAVACHEFF, C (2008) *Over the river*. Polígrafa.

LARROSA, J. (1998): *La experiencia de la lectura*. Laertes.

L'ÉCUYER, C. (2012): *Educar en el asombro*. Plataforma Actual.

LLEDÓ, E. (2011): *El silencio de la escritura*. Austral.

LÓPEZ, M.ª E. [FHAyCS Audiovisuales] (24 de junio de 2021): Conversatorio de MARÍA EMILIA LÓPEZ «*Aprender a leer niños y niñas*», [Archivo de vídeo] https://www.youtube.com/watch?v=_80YCD4L-0Y

——, Mª E. (2019): *Un mundo abierto*. Cultura y primera infancia.

MARTÍN-ALONSO, D., BLANCO, N. y SIERRA, J.E. (2019): E*l proceso de creación curricular en estudiantes de educación secundaria*. Una indagación narrativa. Profesorado. Revista de Currículum y Formación de Profesorado, 23 (2), 377-395. https://doi.org/10.30827/profesorado.v23i2.9692

MARTÍN GARZO, G. (2012): *Una casa de palabras*, Océano Travesía.

MALLORQUÍ, F/Lozano, D. (1946) *Canciones de la abuelita*. Molino.

McEwan, H. y Egan, K. (1998): *La narrativa en la enseñanza, el aprendizaje y la investigación*. Amorrortu.

MONTES, G. (1999): *La frontera indómita*. Fondo de Cultura Económica.

PAÑAGUA, L., MARTÍN, D. y BLANCO, N. (2019): *Escritura reflexiva y desarrollo de saberes experienciales*. Tensiones y posibilidades. RIFOP: Revista interuniversitaria de formación del profesorado, Vol. 33, N° 94, 3, 11-28. https://doi.org/10.47553/rifop.v33i3.74883

PELEGRÍN, A. (1982): *La aventura de oír,* Cincel.

PIAGET, J. (1976): *Seis estudios de Psicología*, Barral.

ROSA, H. (2020): *Lo indisponible,* Herder.

SENDAK, M. *Entrevista en Home Arts* (23-9-2017).

SIERRA, J. E, CAPARRÓS., E., MOLINA, D. y BLANCO, N, (2017): *Aprender a través de la escritura. Los diarios de prácticas y el desarrollo de saberes experienciales.* Revista Complutense de Educación, 28 (3), 673-688. http://dx.doi.org/10.5209/rev_RCED.2017.v28.n3.49708

TRUJILLO, L.F. (1953) *Cuentos indostánicos. Colección Amenus*, número 8.

VAN MANEN, M. (2003). *Investigación educativa y experiencia vivida*. Ideabooks.

——, (1998): *El tacto en la enseñanza*. Paidós.

VIGOTSKY, L (2006) *Interacción entre aprendizaje y desarrollo*. Editorial Félix Varela.